Baedeker

Allianz ⑪ Reiseführer

Sylt
Amrum · Föhr

www.baedeker.com

Verlag Karl Baedeker

TOP-REISEZIELE ✶ ✶

Von endlosen weißen Stränden über Wald- und Heidelandschaften bis hin zu Leuchttürmen, alten Mühlen und reetgedeckten Friesenhäusern in malerischen Dörfern bieten die Inseln jede Menge Abwechslung. Hier finden Sie, was Sie dabei auf keinen Fall versäumen sollten.

1 ✶✶ Ellenbogen
Am nördlichsten Zipfel Sylts (und damit Deutschlands) treffen Nordsee und Wattenmeer aufeinander und präsentieren ein spektakuläres Wellenspiel. ▶ Seite 134

2 ✶✶ Listland
Eine ebenso bizarre wie imposante Dünenlandschaft, die einen glauben macht, mitten in der Wüste zu stehen. ▶ Seite 134

»Sahara«
im Listland

3 ✶✶ Keitum
Verschlungene Wege führen durch das hübsche Dorf an alten Kapitänshäusern, schicken Boutiquen und den Werkstätten der Töpfer, Weber und Goldschmiede entlang.
▶ Seite 125

1 Ellenbogen

2 Listland

Nordsee

S Y L T

3 Keitum

4 Morsum-Kliff

©*Baedeker*

Nordsee

5 St. Laurentii

F Ö H R

6 Nieblum

A M R U M

7 Nebel

8 Kniepsand

9 Halligen

Blicke in die Erdgeschichte
an der Steilküste von Morsum

Dem Meer abgetrotzt
Hallig Hooge

DIE BESTEN BAEDEKER-TIPPS

Erleben und genießen Sie die Inseln von ihrer schönsten Seite! Hier finden Sie Tipps zu Ausflügen in die Natur, zu Gaumenfreuden, Rundblicken oder musikalischen Erlebnissen.

❗ Spektakuläre Wanderung
Sylt: Diesen Ausflug an die raue Nordsee sollten Sie sich auf keinen Fall entgehen lassen! ► Seite 116

❗ Echte Naturschönheiten
Sylt: Wer Stufen auf sich nimmt, wird mit einem atemberaubenden Blick über die Insel belohnt. ► Seite 120

❗ Aber bitte mit Sahne!
Sylt: Hier werden Sie mit sensationellen Kuchen und erlesenen Kaffeespezialitäten verwöhnt. ► Seite 125

Relaxen
an der Hörnumer Odde

❗ Eindrucksvolles Orgelspiel
Sylt: Die berühmten Mittwoch-Abend-Konzerte in der Kirche St. Severin bei Keitum sollten Sie nicht verpassen. Karten im Voraus bestellen! ► Seite 127

❗ Wanderung für Naturfreunde
Sylt: Vom Schöpfwerk bei Keitum aus werden Wattwanderungen und vogelkundliche Führungen auf die vorgelagerten Sandinseln angeboten. ► Seite 130

❗ Einsame Spitze
Sylt: Wer dem Inseltrubel entfliehen möchte, sollte sich an den nördlichsten Zipfel der Insel zurückziehen. ► Seite 135

❗ Geologische Lehrstunde
Sylt: Aufschlussreiche Führungen zum Morsumer Kliff. ► Seite 136

❗ Paradies für Wassersportler
Sylt: Optimal für Segler und Surfer – auch Anfänger kommen hier voll auf ihre Kosten. ► Seite 138

Ruhe auf Friesisch
Machen Sie Pause am Ellenbogen.

! Legendäres Strandlokal
Sylt: Wer einen Platz auf der Terrasse der
Sansibar ergattert hat, darf sich glücklich
schätzen. Hier gibt es nicht nur tolles
Essen, sondern auch grandiose Blicke auf
Nordsee und Dünen. ► **Seite 140**

**! Spielplatz, Streichelzoo
und Ponyreiten**
Sylt: Perfekter Familienausflug: Kinder
lieben diesen Tierpark. ► **Seite 142**

! Sänger gesucht
Amrum: Mitmachen beim Gästechor in
St. Clemens – wer etwas Chorerfahrung
hat, ist in den Sommermonaten herzlich
willkommen. ► **Seite 156**

Vogelbeobachter
können hier ihrem Hobby nachgehen.

! Vogelparadies
Amrum: Der Naturschutzverein Jordsand
bietet von Mai bis Oktober Führungen in
das Vogelschutzgebiet Odde an.
► **Seite 159**

! Spaziergang nach Amrum
Föhr: Eine geführte Wattwanderung ist ein
Muss für Inselbesucher. ► **Seite 171**

! Eine Seefahrt, die ist lustig ...
Föhr: Die Wyker Dampfschiff-Reederei
bietet neben zahlreichen Ausflugsfahrten
auch Touren für Kinder an. ► **Seite 184**

! Informationszentrum
Hallig Gröde: Monikas Kiosk versorgt
Urlauber mit Informationen rund um die
Welt der Halligen. ► **Seite 190**

Übers Watt
nach Amrum wandern

St. Clemens
Auch ohne Chorerfahrung einen Besuch wert

Badefreuden
auf dem Kniepsand
▸ **Seite 63**

Flanieren
auf Westerlands Promenade
▸ **Seite 145**

**Das Wahrzeichen
von Kampen**
ist der Leuchtturm.
► Seite 117

TOUREN

REISEZIELE VON A bis Z

nachdenken • klimabewusst reisen

Hintergrund

ÜBERSICHTLICH ANGEORDNET FINDEN SIE
HIER ALLERLEI WISSENSWERTES ÜBER DIE
NORDFRIESISCHEN INSELN: LAND UND LEUTE,
FLORA UND FAUNA, WIRTSCHAFT
UND GESCHICHTE,
KUNST UND KULTUR.

INSELN IM WIND

Urlaub auf den Inseln ist Balsam fürs Gemüt und Erholung pur. Schon auf der Fahrt übers Wattenmeer setzt ein Gefühl von Befreiung ein. Wie vom salzigen Seewind weggepustet, bleibt die hektische Betriebsamkeit des Alltags auf dem Festland zurück und immer näher rückt die faszinierende Welt der Nordfriesischen Inseln.

Eingerahmt von der ungestümen Nordsee im Westen und dem friedlichen Wattenmeer im Osten, liegt **Sylt** gegenüber der nordfriesischen Küste vor Anker. Ob ihr Name von der dänischen Bezeichnung für Hering (Sild) herrührt oder von der Tatsache, dass die Insel einst Teil des nunmehr überfluteten Landstrichs namens Seeland (Siland) war, konnte bislang nicht eindeutig geklärt werden. Sylts zierlicher Umriss ist von den Autoaufklebern hinreichend bekannt, ebenso wie die Klischees »Insel der Reichen« oder »Insel der Nackten«. So überkandidelt und abgehoben, wie zuweilen behauptet wird, geht es auf der Insel aber gar nicht zu. Es stimmt, dass hier einige pompöse Anwesen stehen, etliche – mehr oder weniger – Prominente Urlaub machen und vielleicht ein wenig mehr Champagner getrunken wird als anderswo. Und tatsächlich sind unter den Badegästen auch hüllenlose Sonnenanbeter zu finden, die die versprochenen 1750 Sonnenstun-

Seehunde
Die Heuler erweichen das Herz von Jung und Alt.

den im Jahr am 40 km langen Sandstrand genießen. Aber das ist nicht alles, was die Insel ausmacht. So schmal und zerbrechlich das Eiland auch sein mag, bietet es erstaunlich viel Platz für die unterschiedlichsten Menschen mit ihren jeweiligen Bedürfnissen und Interessen.

Naturliebhaber zieht es nordwärts in die unberührten Dünengebiete des Listlandes und des Ellenbogens, wo sie sich von der ebenso imposanten wie bizarren Landschaft verzaubern lassen. Individualisten lieben das ganz vom Wasser umbrandete ehemalige Seeräubernest Hörnum mit seinem stolzen Leuchtturm. Kinder baden und buddeln besonders gerne an den familienfreundlichen Stränden von Rantum oder Wenningstedt. Wer sich für friesische Kultur begeistert, ist im malerischen Dorf Keitum mit seinen reetgedeckten Häusern bestens

Sylter Sahara
Abendstimmung in den Wanderdünen im Listland

Strandkörbe
Bequemer Schutz vor Sonne und Wind

»Sagenhaft«
*Die Heidelandschaft ist ein wunderbarer
Nährboden für Geschichten.*

Leuchttürme
sind die Wahrzeichen der Inseln.

Friesenhäuser
Malerisch mit dicken Reetmützen

Erholung pur
*Bei einem Strandspaziergang kann man
sich den Kopf freipusten lassen.*

aufgehoben. Die quicklebendige Inselmetropole Westerland bietet mit Strand, Kurpromenade und Fußgängerzone nicht nur tagsüber genügend Abwechslung, sondern dank Casino, Diskotheken, Bars und Kneipen auch nachts. Ebenso das mondäne Kampen, wo sich Vergnügungswillige zur Happy Hour in der Whisky-Straße treffen.

Kleiner, aber genauso hübsch und landschaftlich abwechslungsreich präsentiert sich die südliche Nachbarinsel **Amrum**: satte Wiesen und Wälder, hohe Dünen und ein unendlich weiter Strand. Der 15 km lange und bis zu 1,5 km breite sogenannte Kniepsand ist der größte zusammenhängende Badestrand Europas. Warum die Insel Amrum heißt, weiß niemand so genau, Erklärungen fallen ins Reich der Spekulation: Leitet der Name sich von dem germanischen Volksstamm der Ambronen ab, die hier im 2. Jahrhundert siedelten, oder lässt er sich auf Am Rem zurückführen, was »sandiger Rand« bedeutet?

Als wahres Paradies für Kinder gilt **Föhr**, das geschützt vor den Fluten hinter Sylt und Amrum liegt. Aber nicht nur wegen der sanften Brandung und dem milderen Klima wissen Familien die »grüne Insel« zu schätzen, sondern auch wegen der urgemütlichen, ländlichen Atmosphäre: Schafe, Kühe, Ziegen und Pferde tummeln sich auf Wiesen und Weiden und lassen Kinderherzen höher schlagen.

Einen ganz eigenen Kosmos und ein weltweit einzigartiges Landschaftsphänomen stellen die **Halligen** dar, die von ihren stolzen Bewohnern »Perlen der Nordsee« genannt werden. Dabei ist das Leben hier ein ständiger Kampf gegen das Meer. Oft genug heißt es »Land unter«, wenn salzige Wassermassen die Mini-Eilande überfluten und nur die Häuser dank künstlich aufgehäufter Hügel aus der Wasserwüste ragen. Der Name Hallig geht auf »hal« zurück, was »Salz« bedeutet. Die zehn Inselchen Gröde-Appelland, Habel, Hamburger Hallig, Hooge, Norderoog, Nordmarsch-Langeneß, Nordstrandischmoor, Oland, Süderoog und Südfall liegen im Wattenmeer vor der Westküste Schleswig-Holsteins sozusagen als Wellenbrecher, indem sie die Nordsee beruhigen und so die Festlandsdeiche schützen.

Die Welt der **Nordfriesischen Inseln** nimmt einen augenblicklich gefangen. Jede Jahreszeit, ja jeder Tag verbreitet eine ganz eigene Atmosphäre. Mal kräftiger Wind, ohrenbetäubende Brandung, starker Geruch nach Salz und Seetang, mal spiegelglatte See, stille, seidige Luft, Duft von Dünenrosen, Heide und Sanddorn und immer die Schreie der Möwen in der Luft.

Kinderparadies
Sandstrände inspirieren zu neuen Kreationen.

Fakten

Wird Sylt irgendwann ganz von den Nordseefluten verschlungen? Wie sieht das Leben auf den einsamen Halligen aus? Warum lieben die Zugvögel das Wattenmeer? Und was hat es mit den Gezeiten auf sich?

Natur

Die Nordfriesischen Inseln bezeichnen eine Inselgruppe im Wattenmeer vor der Westküste Schleswig-Holsteins und Nordschleswigs, zu
der neben den Inseln Sylt, Amrum, Föhr und den Halligen auch Pellworm und Nordstrand sowie Fanø und Rømø in Dänemark gehören. Diese Inselgruppe ist in ihrem Erscheinungsbild erdgeschichtlich
eine noch **relativ junge Landschaft**, deren geografische Gestalt nach
wie vor ständigen Veränderungen unterworfen ist. Soweit man heute
weiß, hat sich der sogenannte Geestkern (abgeleitet vom niederdeut-
schen Wort gest = trocken) der Inseln im Rahmen der Eiszeiten, namentlich der Saale-Eiszeit (180 000 – 120 000), entwickelt. Gletscher
haben gewaltige Geröllmassen aus dem skandinavischen Raum vor
sich hergeschoben und als Endmoränen hier aufgetürmt und abgela-
gert. Aus diesen Ablagerungen besteht der Geestkern der heutigen
Inseln. Das Rote Kliff auf Sylt und das Goting-Kliff auf Föhr sind in
dieser Zeit entstanden, das Morsum-Kliff bereits im Rahmen einer
früheren Eiszeit. Am Ende der Eiszeiten (um 10 000 v. Chr.) lag der
Meeresspiegel vermutlich 50 m tiefer als heute, der Küstenstreifen
verlief wesentlich weiter westlich. England, die heutigen Niederlande
und Norddeutschland bildeten eine zusammenhängende Landmasse,
der Bereich der heutigen Nordfriesischen Inseln war Festland. Mit
dem Abschmelzen der Gletschermassen stieg der Meeresspiegel an
und das Wasser überflutete mehr und mehr die niedrig liegenden
Landgebiete. **Sturmfluten** taten im Lauf der Jahrhunderte und Jahr-
tausende ein Übriges und sorgten für eine ständige Verlagerungen
der Küstenlinie. Um 3000 v. Chr. drang das Wasser wohl erstmals bis
in den heutigen Küstenbereich vor. Eine amphibische, von Wasserrinnen (Prielen) durchzogene Landschaft entstand, die hin und wieder überflutet war und dann wieder trockenlag. Aus diesem Watten-
bereich ragten die erhöhten Geestkerne als kleine Inseln heraus, auf
denen sich Heide, Wälder, Wiesen und Moore bildeten. Eine grundlegende Veränderung des Küstenbereichs brachte die Sturmflut im
Jahr 1362, als sich unter der Gewalt der Wassermassen die Form der
heutigen Inseln herausbildete. Bei der Sturmflut 1634, der Burchar-
diflut, die als Zweite Große Mandränke gilt, wurde die Insel Strand
in Nordstrand und Pellworm zerrissen.

**Entstehungs-
geschichte**

Wie und wann es zur Bildung von Dünen kam, ist bis heute nicht geklärt. Einige Forscher glauben, dass sich westlich der Inseln Sandbänke oder trockene Böden befanden, von denen Sand mit den vorherrschenden Westwinden nach Osten auf die höhergelegenen Geestkerne geweht wurde. Andere meinen, dass dem heutigen Insel-
bereich vorgelagerte Sandansammlungen per Strömung nach Osten
transportiert wurden, sich an die Geestkerne anlagerten, trockneten

Dünen

← *Sehenswert ist die Heidelandschaft um Braderup.*

Auch die Halligkirchen stehen erhöht, wie diese hier auf Hooge.

und als Wanderdünen auf die Landflächen vordrangen, wo sie landwirtschaftlich genutzte Böden und ganze Dörfer unter sich begruben. Als relativ sicher gilt, dass die Entstehungszeit um 1000 n. Chr. oder sogar einige Jahrhunderte später gelegen haben muss.

Geest Neben den hoch aufragenden Kliffs auf Sylt finden sich auch etwas flachere Geestbereiche, auf denen viele Inselorte erbaut worden sind. Sylt besteht aus einem Geestkern, der sich zwischen den Orten Kampen, Westerland und Keitum erstreckt. Im Gegensatz zur Marsch sind die Geestböden relativ unfruchtbar.

Marsch Eine gänzlich andere Entstehungsgeschichte hat das Marschland. Im Verlauf der Jahrhunderte kommt es auf natürliche Weise zur Bildung von neuem Land durch Aufschlickung. Dabei spielt die Salzwasserflora eine entscheidende Rolle. Eine der Pflanzen, die Schlickpartikel anlagern und zusätzlich durch ihre Wurzeln den Boden festigen, ist der Queller, der an der Hochwasserlinie zu finden ist, also in einem Gebiet, das zeitweilig von Wasser überflutet ist. Durch die Schlickansammlung erhöht sich der Boden allmählich und wird nur noch in Ausnahmefällen, etwa bei Sturmfluten, überspült. Mit Eindeichungen und Entwässerungen entsalzt man den Bereich und erhält mit der Zeit fruchtbare Ackerböden. Künstlich kann man den Prozess der **Landneubildung** fördern, indem man niedrige Lahnungen aus Buschwerk anlegt, die die Strömung des Wassers abschwächen und ebenfalls Schlicke ansammeln. Auf den Inseln sieht man mehrere solcher in das Meer gebauter Dämme, die heute allerdings dem Küstenschutz dienen.

Halligen Südlich und südwestlich von Föhr liegen die Halligen im Wattenmeer. Sie stellen ein **weltweit einmaliges Phänomen** dar. Halligen sind Überbleibsel des Festlandes, das sich einst viel weiter nach Westen zog als heute. Während das Meer immer weiter landeinwärts vordrang, sind diese **Mini-Eilande** bis heute stehen geblieben. Die meisten Halligen sind, wie Sylt, Amrum und Föhr, bei der Sturmflut von 1362 entstanden. Durch die ständigen Überflutungen ist ein Großteil des Bodens salzig. So erklärt sich auch der Begriff Halligen, der sich von »hal« (»Salz«) ableitet.

Aus der früheren Insel Strand, die bei der Sturmflut 1634 auseinandergerissen wurde, entstanden Pellworm und Nordstrand sowie die Hallig Nordstrandischmoor. Nordstrand ist inzwischen durch einen Damm mit dem Festland verbunden und hat eher den Charakter einer Halbinsel.

Pellworm ist nach der Flutkatastrophe von 1634 eingedeicht worden, heute wird die Insel von einem 25 km langen Seedeich umzogen. Die Häuser von Pellworm verteilen sich auf 156 Warften (Siedlungshügel), die aus dem umgebenden, ein wenig unter dem Meeresspiegel liegenden Marschland herausragen.

Lebensraum Wattenmeer

Zwischen den Inseln und dem Festland existiert mit dem Wattenmeer ein auf der ganzen Welt fast einmaliges Revier, das seit Juni 2009 zum Weltnaturerbe der UNESCO gehört. Es ist eine **amphibische Landschaft**, die im Wechsel der Gezeiten mal überflutet und dann wieder halbwegs trockenes Land ist. Als Streifen von 10 bis 20 km Breite zieht es sich an der niederländischen, deutschen und dänischen Nordseeküste entlang. In diesem Bereich sind der eigentlichen Festlandsküste Inseln vorgelagert, die quasi einen Schutzwall für die

Eine Wattwanderung ist großartig, am besten mit Führung, denn wenn unvermutet Nebel aufzieht, kann man schnell die Orientierung verlieren.

dahinter liegende Wattregion darstellen. Südwestlich von Den Helder, wo der Bereich der vorgelagerten Inseln aufhört, endet auch das Wattenmeer, und die Küste hat von hier an einen völlig neuen Charakter. Als äußere Grenze zum offenen Meer hin gilt die 10-Meter-Tiefenlinie, die im Fall der Nordfriesischen Inseln westlich vor Sylt und Amrum liegt. Damit werden diese auch dem Wattenmeer zugeordnet.

Die Wattregion besteht aus drei unterschiedlichen Zonen: Watt, Unterwasserbereich und **Salzwiesen**. Das eigentliche Watt ist der Bereich, der zweimal täglich überflutet und dann wieder trocken wird. Schlick und Sand bilden den Boden, der extrem dicht von Kleinstlebewesen besiedelt ist. Der Unterwasserbereich bleibt auch bei Niedrigwasser noch überflutet. Er besteht aus Wasserrinnen und Prielen, durch die das ablaufende und auflaufende Wasser mit starkem Druck strömt, und die infolgedessen selbst für geübte Schwimmer ausgesprochen gefährlich sind. Zumeist trocken und nur noch bei starken Überflutungen von Wasser bedeckt sind die Salzwiesen. Zu dieser Wattzone zählt man auch die Sandbänke und Strände, die zumeist trocken sind, ihre Lage und Form aber durch starke Strömungen immer wieder verändern, sowie die Seehundsbänke zwischen Sylt und Rømø und bei Pellworm.

Das Wattenmeer ist eine der letzten Naturlandschaften in Mitteleuropa, die noch einer natürlichen Dynamik unterliegen. Es stellt einen bedeutenden Lebensraum für seltene Pflanzen- und Tierarten dar, ist Brutgebiet für zahlreiche bedrohte Vogelarten und Rastgebiet für 7 bis 9 Mio. Zugvögel sowie Aufzuchtplatz für viele Nordseefische.

Das gesamte Wattenmeer vom dänischen Esbjerg bis zum niederländischen Den Helder wurde 1985 wegen seiner Empfindlichkeit und Störanfälligkeit gegenüber menschlichen Einwirkungen zum Nationalpark erklärt. Mit einer Fläche von 525 000 Hektar gilt er als größter Nationalpark Europas. Er ist in drei **Schutzzonen** gegliedert: Zu Zone 1 zählen ein Teil der Salzwiesen, Brutplätze von Vögeln und die Seehundsbänke. Diese Bereiche dürfen nicht betreten werden. Zone 2 ist für eine naturverträgliche Nutzung zugelassen: Jäger, Fischer und Landwirte dürfen hier tätig werden und Gemeinden dürfen öffentliche Wege anlegen. Alle übrigen Bereiche, also die gesamte Zone 3, können als Erholungsgebiete genutzt werden.

Nationalpark Wattenmeer ▸

Gezeiten Deutlich sichtbar und immer wieder faszinierend sind auf den Nordseeinseln die Gezeiten des Meeres, die sogenannten Tiden. Sie werden durch das Zusammenwirken von Schwer- und Fliehkräften verursacht, die bei der Bewegung des Mondes um die Erde und der Erde um die Sonne entstehen. Durch die Massenbewegung des Meeres kommt es zweimal am Tag zum Absinken des Meeresspiegels und anschließend wieder zum Ansteigen. Das Absinken wird als Ebbe bezeichnet, das Auflaufen als Flut, der höchste Wasserstand als Hochwasser, der niedrigste als Niedrigwasser. Zur Zeit des Hochwassers und des Niedrigwassers kommt es jeweils zu einer etwa dreißigminütigen Phase des Stillstandes, dem sogenannten Stillwasser.

Unter dem Tidenhub versteht man den Höhenunterschied des Wasserspiegels zwischen Niedrig- und Hochwasser. Er kann bis zu 14 m betragen und macht sich an flachen Küsten dadurch bemerkbar, dass der Strand enorm breit bzw. der Meerboden wie beim Wattenmeer größtenteils trocken wird. Im Durchschnitt beträgt der Tidenhub an der deutschen Nordseeküste etwa 3 m. **Tidenhub**

Pflanzen

In den jeweiligen Regionen sind den Böden entsprechend unterschiedliche Pflanzen zu finden. Die Wattgebiete der Inseln bieten vollkommen andere Bedingungen als die trockenen Dünengebiete, sodass sich jeweils eine neue Form der Flora ausgeprägt hat. **Flora**

In den Dünenregionen sieht man vorwiegend die langen Stängel des **Strandhafers** mit den bis zu 1 m hohen, weißlich-grünen, steif eingerollten Blättern und dichten gelben Ähren. Er zieht sich in großen Feldern über die Dünenkuppe und trägt zu deren Befestigung genauso bei wie der Strandroggen, dessen Wurzeln über 40 m lang werden. Auch die Sandsegge verfügt über unterirdisch kriechende Wurzelstöcke mit einer Länge von bis zu 10 m, die in regelmäßigen Abständen Ableger hervorbringen; daher wird sie im Volksmund »Nähmaschine Gottes« genannt.
Auf den Stranddünen sieht man außerdem die **Stranddistel**, auch Seemannstreu genannt: eine 15 bis 50 cm hohe Edeldistel mit dornig-gezähnten, blaugrünen Blättern und grünlicher Blüte. Stängel und Blätter sind meist weiß bereift. Im Volksglauben symbolisiert die vom Aussterben bedrohte Pflanze Heimweh und Treue. Weiterhin sind die Kriechweide, die Krähenbeere und die gelb blühende **Dünenrose** charakteristische Dünenpflanzen. **Dünenflora**

In etwas feuchteren Dünentälern breitet sich die **Glockenheide** aus, die im Hochsommer rosafarben blüht. Die bekanntere **Besenheide** wächst dagegen auf trockenen Sandböden. Etwas feuchtere Böden bevorzugt auch der sehr seltene Lungenenzian, den man an den fliederfarbenen, innen grünlich längs gestreiften Blüten erkennt. **Heide**

An höheren Gewächsen sieht man in den Dünen neben kleinen Kiefern vor allem Sanddornbüsche, die bis zu 6 m hoch werden. Die ovalen, gelb-orangefarbenen Früchte des Sanddorns sind dank ihres hohen Vitamin-C-Gehalts sehr gesund. **Sanddornbüsche**

SISYPHUSARBEIT AUF SYLT

Bereits am 17. Februar 1962 befürchtete man, Sylt werde in Stücke gerissen. Die damalige Sturmflut, die in der Nacht zuvor in Hamburg 315 Menschen das Leben gekostet hatte, bewirkte im Norden und im Süden Sylts Abbrüche der Dünenkette bis zu 16 Metern. Am 3. und am 21. Januar 1976 trafen noch stärkere Fluten die Insel.

Damals ergoss sich bei Kampen und Hörnum das Wasser über die Dünen und überflutete die dahinter liegenden Dünentäler. Starke Schäden gab es bei List, Wenningstedt und an der Küste vor Westerland, die Straße zwischen Rantum und Hörnum war komplett überflutet. Am 24. November 1981 stand sie bereits wieder unter Wasser, zudem nagten die Fluten am Hindenburgdamm und spülten insgesamt rund **zwei Millionen Kubikmeter Sand** vom Inselkörper fort. Zwischen 1986 und 1988 gingen allein an der Südspitze 120 000 m² Landmasse verloren – und das nicht durch Sturmfluten, sondern allein durch die **Strömung der Nordsee.** 1989 wurde Sylts Südspitze schließlich ganz abgetrennt. Eine vorgelagerte Sandbank ist heute der klägliche Rest.

Die reduzierte Insel

Wie sehr sich die Gestalt der Insel im Laufe der Jahrhunderte unter dem Einfluss der Elemente verändert hat, offenbart ein Blick auf alte Karten: Man erkennt, dass die Küstenlinie einst viel weiter westlich lag. Unter dem nagenden **Einfluss von Wind und Strömungen** verlagerte sie sich im Lauf der Jahrhunderte nach Osten. Sturmfluten und der seit dem Ende der Eiszeiten ständig ansteigende Wasserspiegel taten ein Übriges.

Sylt ist wegen seiner Lage und Form von allen Nordseeinseln am meisten gefährdet, da sie wie ein Schutzschild vor dem Festland liegt und als Wellenbrecher fungiert. Es gibt kein Flachwassergebiet oder eine breite Sandstrandzone wie beispielsweise auf Amrum, die die Wucht der Wellen abfangen könnten. Mit ihrer vollen Schlagkraft trifft die Brandung auf den schmalen Inselkörper, der eine knapp 40 km lange Angriffsfläche bietet: Das Wasser unterspült die Dünen, die Sandmassen rutschen ins Meer und kontinuierlicher Küstenabbruch ist die Folge.

Kampf mit dem Meer

Bereits die Preußen haben 1872 erste **Küstenschutzmaßnahmen** getroffen, um dem Substanzverlust Einhalt zu gebieten. Mit Dämmen aus Holzpfählen, die im rechten Winkel zur Uferlinie ins Meer hineinragen, versuchten sie die Strömung abzufangen. Als das Wasser mit der Zeit diese vernichtet hatte, wurden massive Varianten ausprobiert mit Bezeichnungen, die dem Laien kaum über die Lippen kommen: etwa **Stahlbetonpfahlbuhnen, Stahlspundwandbuhnen, Flunderbuhnen**, die aus 12 000 Tonnen Steinblöcken auf Bongosiholzmatten bestanden.

An Ideen zum Thema Küstenschutz mangelt es nicht. Immer wieder flattern im zuständigen Kieler Ministerium neue Vorschläge auf den Tisch. Da ist die Rede von Beton-Riffs, gewirkten Textil-Würsten, gestapelten Plastik-Matten, Staudämmen, durchlöcherten Betonformsteinen, die in die Kliffküste einbetoniert werden müssten, und eisernen Kunstriffs, die die Kraft- und Sogwirkung der Wellen brechen sollen. Blankes Entsetzen dürfte in Kiel ausgebrochen sein, als 1993 schließlich von ausrangierten Panzern die Rede war, die auf einer Länge von sechs Kilometern vor Sylt im Meer versenkt werden sollten.

Den größten Glauben schenkt man indes nach wie vor den in den Niederlanden erdachten **Sandvorspülungen**. Seit 1972 hat sich dieses Mittel neben dem Anpflanzen von Strandhafer und Aufstellen von Sandfang-zäunen zum Schutz der Dünen als die wirksamste Methode erwiesen. Mit **Baggerschiffen**, sog. **Hoppenbaggern**, wird Sand vom Meeresboden durch Rohrleitungen an den Strand gepumpt und dort mit Planierraupen verteilt. In der Regel werden zwischen 800 000 und 1 000 000 Kubikmeter Sand an die Strände von Rantum, Hörnum, List und Kampen gepumpt. Billig ist das Verfahren nicht, etwa 3,5 Millionen Euro dafür müssen jedes Jahr vom Steuerzahler aufgewendet werden. Der Sand wird innerhalb

Der Küstenverlauf Frieslands um 1240

Dem Wetter schutzlos ausgesetzt: die völlig umspülte Hallig Hooge

kurzer Zeit wieder abgetragen, doch kann man den Substanzverlust etwas verzögern – Sisyphus kann es kaum schwerer gehabt haben.

Neben den Sturmfluten, die seit Jahrtausenden der Küste und den Inseln zu schaffen machen und die Landschaft immer wieder verändert haben, gefährdeten in den vergangenen Jahrzehnten die von Menschenhand produzierten Einwirkungen nicht nur Sylt, sondern das ganze ökologische System der Nordfriesischen Inseln – angefangen bei dem starken Fährverkehr durch den Tourismus über industrielle Großverschmutzung aus allen Industrieländern bis hin zum Treibhauseffekt, der einen wesentlichen Anteil am **Anstieg des Meeresspiegels** hat. Klimaforscher gehen davon aus, dass aufgrund des Klimawandels in wenigen Jahrzehnten von Sylt und seinen Nachbarinseln nicht mehr viel übrig sein wird.

Auf den Inseln und an der schleswig-holsteinischen Festlandsküste bemüht man sich, durch sanften Tourismus die Region so weit wie möglich zu erhalten und zu retten. Dazu gehören der Ausbau des öffentlichen Busliniennetzes und der Fahrradwege sowie der Einsatz von Fahrradbussen. Viele Teile der Inseln sind zu Naturschutzgebieten erklärt worden, und bei vielen Dünen und Naturschutzgebieten heißt es: **Betreten verboten**. Auf Sylt sind die stark gefährdete Hörnum-Odde ganz im Süden sowie Nord-Sylt unter Schutz gestellt, weiterhin die Rantumer Düne, die Dünenlandschaft Baakdeel, die Dünenlandschaft auf dem Roten Kliff, die Braderuper Heide, das Morsum-Kliff, die Vogelschutzgebiete Nielönn und Rantumbecken sowie die Kampener Vogelkoje.

Amrum und die Halligen

Auf Amrum sind die Nordspitze und die gesamte Dünenlandschaft geschützt. Zum Teil dürfen diese Gebiete gar nicht oder nur unter fachkundiger Führung betreten werden. In den meisten Naturschutzgebieten ist das Betreten auf gekennzeichneten Wegen erlaubt. Alle Halligen bilden einen Teil des **Nationalparks Schleswig-Holsteinisches Wattenmeer.** Die Hamburger Hallig, Norderoog und Südstrand stehen unter Schutz. Auf den Inseln sind verschiedene Institutionen aktiv, die sowohl die Betreuung der Naturschutzgebiete als auch Führungen übernehmen und interessante Informationszentren eingerichtet haben: der 1907 gegründete Verein Jordsand, die **Schutzstation Wattenmeer**, die 1962 auf der **Hallig Hooge** gegründet wurde, das Nationalparkamt in Tönning und einige kleinere regionale Vereine.

Direkt am Strand wächst die anspruchslose Strandsalzmiere, eine sukkulente, gelbgrüne Pflanze, die gut an ihren fleischigen Stängeln und Blättern und an den weißrosa Blütenständen zu erkennen ist. In ihrer Nachbarschaft trifft man oft die hellviolette Blütentraube und die paarig gefiederten Blätter der Strandplatterbse.

Vollkommen andere Bedingungen herrschen auf den **Salzwiesen** der Inseln. Weil diese ab und an noch überflutet werden, müssen alle Pflanzen, die hier gedeihen wollen, in der Lage sein, Salzwasser aufzunehmen.

Reetgras wiegt sich im Wind.

Häufig findet man den tiefviolett blühenden **Strandflieder**, der das aufgenommene Salz interessanterweise über Drüsen wieder ausscheiden kann. Seine Existenz war durch übermäßiges Abpflücken bedroht, sodass er unter Naturschutz gestellt werden musste. Die **Grasnelke**, auch Strandnelke oder Wattnelke genannt, hat dunkelgrüne, grasartige Blätter, die büschelartig aus dem Boden wachsen. Sie bildet hübsche Blütenstände mit rosafarbenen oder karminroten Blüten aus. In den Salzwiesen wachsen auch kleine Strandastern mit zartlila bis hellblauen Zungenblüten und das Löffelkraut mit weißen oder violetten Blüten und löffelförmigen Blättern.

In Regionen, die häufig von Wasser überschwemmt sind, siedelt sich der **Queller** an, ein glasig-fleischiges Gänsefußgewächs, das bis zu 40 cm hoch werden kann. Sein Stängel ragt einfach oder kandelaberartig verzweigt aus dem Boden. Diese Pflanze steht an der Hochwasserlinie und besitzt die Fähigkeit, Schlickteile anzusammeln, den Boden mit seinen Wurzeln zu festigen und so die Landneubildung zu fördern. Der Queller lagert das aufgenommene Salz in den fleischigen Trieben ein und geht im Herbst an zu hohem Salzgehalt ein. Dagegen transportiert die Salzmelde das Salz in spezielle Haare, die abgeworfen und neu gebildet werden. Die Salzbinse lagert es in älteren Blättern ab, die dann absterben; neue Blätter wachsen nach.

Überschwemmungsgebiete

Weiter draußen im Watt gibt es den **Meersalat** sowie verschiedene Algen und Tange, die als »Teppi-

? WUSSTEN SIE SCHON …?

- Brandgänse sind sehr treue Vögel und halten nichts von flüchtigen Bekanntschaften: Hat sich ein Paar gefunden, schließt es einen Bund fürs ganze Leben.

Pinkfarbene Schönheit: die Syltrose

che« von der Strömung hin- und herbewegt werden. Besonders häufig sieht man den braunen Blasentang, der durch paarig angeordnete Schwimmblasen im Wasser aufrecht gehalten wird. Seine heilende Wirkung war schon im Altertum bekannt.

Neben Dünenvegetation und Salzwiesenflora gibt es auf den Inseln eine reichhaltige Pflanzenwelt, die im Wesentlichen der Festlandsvegetation entspricht. Die **Wäldchen**, die man auf allen Inseln findet, bestehen größtenteils aus Ulmen, Fichten, Kiefern und kleinen Erlen. Alle Bäume, die hier stehen, wurden eigens angepflanzt und sind relativ jung, die ältesten sind nicht mehr als 200 Jahre alt.

Tiere

Fauna Auch die Tierwelt der Inseln ist äußerst vielfältig. In den Dünen und Dünenwäldchen trifft man auf Hasen, Kaninchen und Igel. Ausgesprochen artenreich präsentiert sich die Insektenwelt, die dank der relativ gesunden Natur gute Bedingungen vorfindet. So gibt es auf Sylt an die 600 verschiedene Schmetterlingsarten. Wer sich für die Vogelwelt interessiert, kommt auf den Nordseeinseln allemal auf seine Kosten, da sie als Brutregion für heimische Vögel und Rastregion für Zugvögel dienen, die hier für ihre Flüge in den Süden Afrikas Kräfte sammeln.

Fische In den Gewässern rund um die Inseln findet man zahlreiche bekannte Fischarten wie Schollen, Dorsche, Seezungen, Heringe, Aale, Kabeljaus und Sprotten. Sowohl Heringe als auch ein Großteil der Schollen und Seezungen wachsen in den flacheren Wattgewässern auf und übersiedeln erst ab einem Alter von ein bis drei Jahren in die Tiefen der Nordsee.

? WUSSTEN SIE SCHON …?

■ Die Lachmöwe trägt ihren Namen nicht etwa ihrer Stimme wegen, sondern weil sie ursprünglich in Lachen (flachen Binnengewässern) brütete.

Eine Begegnung der unangenehmen Art kann das Zusammentreffen mit einer **Qualle** sein: Mit ihren bis zu 5 m langen Tentakelfäden kann sie allergische Reaktionen wie Hautausschlag, Fieber und sogar Atemnot auslösen. Bei der Berührung »explodieren« kleine Kapseln, aus denen Stacheln hervorgestoßen werden, die sich in die Haut bohren und das Gift abgeben. Besonders die Gelbe Haarqualle und die Feuerqualle können für ausgesprochen schmerzhafte Verbrennungen sorgen.

Seehunde

Derzeit leben etwa 15 000 Seehunde im Wattenmeer der Nordsee. Sie liegen am liebsten auf kleinen Sandbänken, von denen aus sie sich hin und wieder ins Wasser begeben. Man kann sie in der Nähe von Pellworm sehen und auf den Bänken zwischen Sylt und Rømø sowie zwischen Sylt und Amrum. Auch Kegelrobben werden wieder beobachtet. Junge Seehunde werden nach einer Tragezeit von elf Monaten geboren. Wer einen kleinen Seehund (Heuler) entdeckt, der von seiner Mutter getrennt wurde, sollte eine der Naturschutzstationen informieren.

Schweinswal

Mit etwas Glück kann man einen der Schweinswale sichten, die sich in den Gewässern der Nordfriesischen Inseln besonders gern tummeln. Die nur etwa zwei Meter langen Tiere sind gut an ihrer dreieckigen Rückenfinne zu erkennen.

Seeschwalben

Vogelbeobachter haben auf den Inseln reichlich Gelegenheit, ihrem Hobby nachzugehen. Rund 6000 Brutpaare finden sich alljährlich

Mit Abstand betrachtet, fühlen sich die Seehunde und Robben nicht gestört.

hier ein. Seeschwalben, von denen man an der Nordsee vor allem die Fluss- und Küstenseeschwalben antrifft, nisten vorzugsweise auf Sandbänken und in Dünentälern.

An die **1000 Brutpaare** kommen jedes Jahr auf die Hallig Norderoog, vor 30 Jahren waren es noch mehrere Tausend. Seeschwalben legen Flüge bis zu 20 000 km zurück, um im Mai/Juni auf den Inseln zu brüten, wo sie im Watt ausreichend Nahrung zur Aufzucht der Jungen finden. Ende August ziehen sie mit ihrem Nachwuchs in den Süden Afrikas und in die Antarktis zurück.

Eiderenten Einer der am häufigsten vorkommenden Vögel auf den Nordsee-inseln ist die Eiderente. Mehrere Tausend dümpeln auf dem Wattenmeer herum. Ihr wichtigstes Nahrungsmittel sind Miesmuscheln.

Möwen Ständige Begleiter sind die Möwen, die am Himmel ihre Kreise ziehen: Silbermöwen mit dem charakteristischen roten Fleck am gelben Schnabel, die etwas kleinere und dunklere Heringsmöwe, Lachmöwen mit braunem Kopf bzw. dunklem Fleck am Hinterkopf und Sturmmöwen mit grünlich-gelbem Schnabel und Beinen.

Austernfischer An seinem typischen Ruf, dem wohl lautesten und auffälligsten an der Wattseite, und an dem roten Schnabel ist der Austernfischer zu erkennen, der seine Nahrung vorzugsweise im Wattboden findet. Kopf, Rücken und Schwanz sind schwarz, die Bauchseite weiß.

Kiebitze Aufgeregt, laut und gezogen ist der Ruf des Kiebitz, der sich in den Marschwiesen und auf der Wattseite der Inseln tummelt. Zu erkennen ist er an seinem typischen Schopf am Hinterkopf und seinem schwarz-weißen Gefieder.

Rotschenkel Der Rotschenkel – wie sein Name verrät, hat er rote Beine – lebt ebenfalls in den Watt- und Marschwiesen. Er gibt sehr melodiöse Laute von sich, an denen er leicht erkannt werden kann. Sein braun-weiß gesprenkeltes Gefieder wirkt dagegen optisch eher unauffällig.

Wattboden Querschnitt

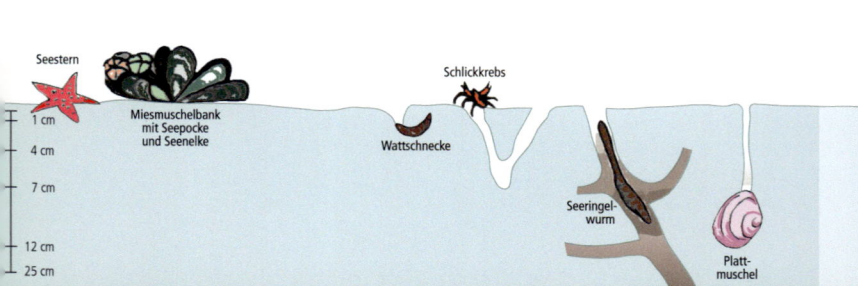

Seestern

1 cm
4 cm
7 cm
12 cm
25 cm

Miesmuschelbank mit Seepocke und Seenelke

Schlickkrebs

Wattschnecke

Seeringel-wurm

Platt-muschel

Hervorstechend ist dagegen die Uferschnepfe: Unverwechselbar ist ihr sehr langer und schmaler brauner Schnabel, mit dem sie den Boden nach Essbarem durchsucht. Auch ihr kräftiger Ruf ist charakteristisch für die Wattregionen und die deichnahen Wiesen.

Uferschnepfen

Ferner findet man vorwiegend im Wattbereich Brandgänse, die an ihrem braunen Bruststreifen und dem roten Schnabel zu erkennen sind. Zur Brutzeit ziehen sie sich in Sandhöhlen in den Dünen zurück.

Brandgänse

Generell stellen die Inseln einen wichtigen Rastplatz für die vielen Zugvögel dar, die hier alljährlich eine Zeitlang Station machen. Im Februar kann man unzählige **Ringelgänse** sehen, die auf ihrem Weg in den Norden einen Zwischenhalt einlegen.

Rastplatz für Zugvögel

Etwas später tauchen die Alpenstrandläufer auf, die in Scharen das Watt bevölkern. Ihre eigentlichen Brutplätze liegen weiter nördlich, jedoch sind in den letzten Jahren vereinzelt auch in Nordseegefilden Brutplätze entdeckt worden.

Alpenstrandläufer

Im August trifft man häufig auf Zwergstrandläufer, die ihrem Namen alle Ehre machen: Blitzschnell sausen die kleinen und eher unauffälligen Vögel, zumeist in einer kleinen Schar, am Brandungssaum entlang und machen sich ein Spiel daraus, jeder ankommenden Welle davonzulaufen. Strandspaziergängern weichen sie aus, indem sie alle auffliegen und sich hinter den Störenfrieden wieder niederlassen.

Zwergstrandläufer

Einzigartig ist das Leben, das sich im Schlick des Wattenmeeres abspielt. Durch die ständig wechselnden Bedingungen sind die Wattbewohner zu großer Flexibilität gezwungen, denn im Gezeitenrhythmus liegt der Boden einmal unter Wasser und dann wieder stundenlang trocken, Strömung und Salzgehalt des Wassers ändern sich, und die Tiere sind sowohl Wind als auch Sonneneinstrahlung mal mehr und mal weniger direkt ausgesetzt.

Leben im Schlick

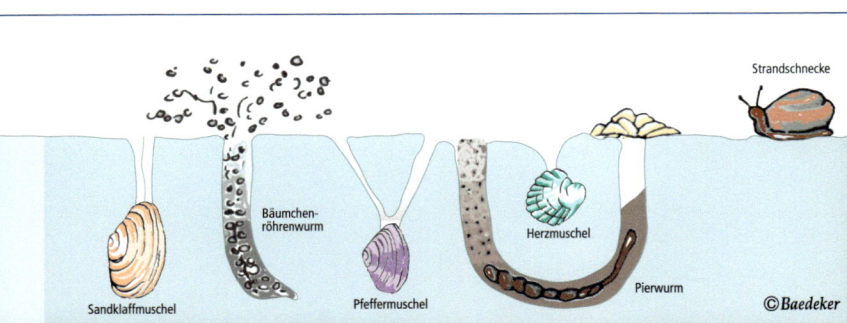

Strandschnecke

Bäumchen-röhrenwurm

Herzmuschel

Sandklaffmuschel

Pfeffermuschel

Pierwurm

©*Baedeker*

Am auffälligsten ist für das bloße Auge sicher die Strandkrabbe, die im typischen Seitengang über den Schlick huscht. In einem **leeren Schneckenhaus** versteckt der Einsiedlerkrebs seinen empfindlichen Körper, um ihn zu schützen. Der Vorderteil schaut heraus und zieht das Gehäuse mit sich herum.

Das charakteristische Geräusch des bloßliegenden Wattbodens, ein unermüdliches leises Schmatzen, stammt von kleinen Schlickkrebsen. Bis zu 20 000 Tierchen leben auf einem Quadratmeter in u-förmigen Gängen dicht unter der Oberfläche. Zwischen den Fühlern tragen sie eine kleine Wasserhaut, die beim Auseinanderziehen der Fühler platzt und das typische Geräusch erzeugt.

Pierwurm Augenfällig sind für Wattwanderer die zahllosen Kothäufchen des Pierwurms, der in einem etwa 25 cm tiefen u-förmigen Gang sitzt. Er ernährt sich vom Sand, den er aus der aufsteigenden Röhre aufnimmt. Der Sand durchwandert den Darm, Unverdauliches wird wieder hinausbefördert. Etwa alle 45 Minuten begibt sich der Pierwurm in Richtung Oberfläche und scheidet die Sandreste aus – für den Betrachter des Geschehens bildet sich quasi aus dem Nichts immer wieder ein neues Häufchen.

Der Pierwurm ist ein **Paradebeispiel für physiologische Anpassungsfähigkeit**: Er besitzt Kiemen und vermag Sauerstoff zu speichern. So geht ihm auch während der Ebbe, also in der Zeit, in der ihm kein Wasser zur direkten Sauerstoffaufnahme zur Verfügung steht, die Luft nicht aus.

Bäumchen-röhrenwurm Erstaunliches bringt der Bäumchenröhrenwurm zustande: Er klebt Sand sowie Teilchen von Muscheln, Schneckenhäusern und Stacheln von Seeigeln mit Schleim aneinander und baut so einen regelrechten kleinen Baum auf. Zwischen die Äste spannt er Schleimfäden, in denen sich seine mit dem Wasser herangetriebene Beute verfängt.

Muscheln Schließlich bewohnen natürlich die vielen Muscheln das Watt. Ihr Lebensraum liegt zwischen 2 cm und 25 cm unter dem Wattboden. Auch sie sind den einzigartigen Bedingungen perfekt angepasst. Durch ein Röhrchen, das die Verbindung hinauf zur Erdoberfläche darstellt, nehmen sie Wasser auf und ziehen daraus sowohl Sauerstoff als auch Nahrungspartikel. Da sie in der Lage sind, Wasser zu speichern, können sie die Trockenphase in der Gezeitenfolge überstehen. Wattspaziergänger erkennen den Wohnsitz der Muscheln an einer kleinen Fontäne, die aus dem Boden hochspritzt. Die Fontäne entsteht durch Zusammenziehen des Röhrchens.

Vier einzeln lebende Arten findet man im Wattboden zwischen den Nordfriesischen Inseln: die Herzmuschel, die etwa 2 cm unter der Oberfläche sitzt, die 5 cm tief lebende Plattmuschel, die etwas größere Pfeffermuschel in 10 cm Tiefe und die größte von allen, die Sand-klaffmuschel, die bis zu 25 cm tief sitzt. Sie bestehen alle aus zwei symmetrischen Schalenhälften, die durch Schließmuskeln fest ver-schlossen sind. Stirbt die Muschel ab, öffnen sich die Schalen und fallen auseinander – so werden sie von Spaziergängern für gewöhn-lich am Strand gefunden und gesammelt.

Miesmuscheln bilden häufig Massenansiedlungen, sie leben zu meh-reren Tausend auf Miesmuschelbänken zusammen. Hier siedeln sich außerdem Seesterne, Seepocken und Schnecken an.

Seepocken sind eine Unterordnung der Krebstiere. Bis zu 300 Tiere können auf einer Miesmuschel sitzen. Auch Wellhornschnecken sind mitunter im Watt zu finden, wo sie sich bei Ebbe eingraben, um nicht zur Beute von Silbermöwen zu werden.

Bevölkerung · Wirtschaft

Sylt

Insgesamt leben auf Sylt rund 27 000 Menschen. Dazu gesellen sich jeden Tag etwa 3000 Pendler, die zum Arbeiten auf die Insel kom-men. Eine Mietwohnung vor Ort können sich viele inzwischen nicht mehr leisten, weil die vielen auswärtigen Inselliebhaber die Preise in die Höhe getrieben haben. 12 000 Zweitwohnungen gibt es auf Sylt, davon allein in Westerland 4500, die oft über Monate leer stehen. Ganze Quartiere werden in Ferienhausareale umstrukturiert, die an-sässige Bevölkerung wird durch finanzkräftige Käufer verdrängt.

Erwerbsquellen

Hinsichtlich ihrer Erwerbsquellen mussten sich die Bewohner der Nordfriesischen Inseln im Lauf der Jahrhunderte **schon immer flexi-bel** zeigen: Waren es einst Salzsiederei, Strandräuberei, Fischerei – im 15. Jh. vor allem der Heringsfang –, dann Walfang, schließlich Handelsschifffahrt und Landwirtschaft, so leben die Insulaner heute in allererster Linie vom Tourismus. Fischfang spielt keine Rolle mehr, Landwirtschaft eine sehr geringe: Nur noch zwischen Tinnum und Nösse im Osten der Insel wird Getreide angebaut. Die Viehzucht konzentriert sich auf Ziegen und 3000 freilaufende Schafe.

Tourismus

Im Jahr 2010 standen auf Sylt mehr als 58 000 Gästebetten zur Verfü-gung, rund 832 000 Urlauber kamen auf die Insel, die 6,6 Mio. Näch-te hier schliefen. Zusätzlich wollen sich jährlich fast 600 000 Tagesur-lauber verköstigen, unterhalten und betreuen lassen. Klassische Ku-ranwendungen sind dabei eher »out«, Wellness und Beauty »in«. Das kulinarische .Angebot zaubert zudem einen dichten gastronomischen »Sternenhimmel« über der Inselt: Fünf Restaurants sind mit Miche-lin-Sternen ausgezeichnet, sieben Restaurants im Gault Millau ver-merkt. Westerlands Rolle als Touristenmagnet ist beeindruckend: 45 % aller Übernachtungen (fast 3 Mio.) entfallen auf die Stadt. Auf

Zahlen und Fakten Sylt, Amrum, Föhr, Halligen

Religion

▶ Der überwiegende Teil der Bevölkerung gehört der evangelischen-lutherischen Konfession an. Nur ein kleiner Teil ist katholisch, zudem gibt es einige Angehörige der dänischen Kirche.

Wappen

▶ Das sogenannte Friesenwappen, das auf Fahnen und über vielen Haustüren zu sehen ist, entstand etwa um 1840. Seine Bestandteile setzen sich folgendermaßen zusammen: Die Krone steht für den dänischen König. Der Grütztopf ist auf Sagen zurückzuführen, laut denen einst friesische Frauen die Feinde mit kochender Grütze in die Flucht geschlagen haben. Der halbe Adler wird auf angeblich von deutschen Kaisern verbürgte Freiheiten für die Friesen zurückgeführt.

Lage

▶ von 54°30′ bis 55°20′ nördlicher Breite und von 8° bis 9° östlicher Länge

Fläche

▶ 99 km² (Sylt), 20 km² (Amrum), 82 km² (Föhr), 23 km² (Halligen)

Bevölkerung

▶ 27 000 Einwohner auf Sylt, 2300 auf Amrum, 8600 auf Föhr und 300 auf den Halligen

der Nachbarinsel **Amrum** (2300 Einw.) sieht die Situation ganz ähnlich aus: Mit dem Einsetzen des Fremdenverkehrs ging die Landwirtschaft fast vollständig zurück. Von den 8600 Bewohnern auf **Föhr** leben alleine 4500 in Wyk, die anderen verteilen sich auf die Dörfer. Dabei müssen die Behörden bei ihren Zählungen immer auch die Zweitwohnungsbesitzer berücksichtigen. Nieblum hat beispielsweise

Nordfriesische Inseln *Orientierung*

Westerland • **Sylt**

DÄNEMARK

DEUTSCHLAND

Niebüll •

B 199

Dagebüll •

Föhr

Amrum

B 5

• Schüttsiel

Wittdün •

Bredstedt •

Halligen

―― Bahnlinie
----- Fährverbindungen

Pellworm

10 km

©*Baedeker*

Nordstrand

Husum •

gut 1100 Einwohner, aber deutlich mehr Zweitwohnungsbesitzer. Den etwa 180 000 Urlaubern, die jedes Jahr auf die Insel kommen, stehen 11 000 Betten zur Verfügung, davon allein über 8000 in der Gemeinde Wyk.

Im Gegensatz zu den beiden anderen Inseln ist auf Föhr die Landwirtschaft nicht in der Bedeutungslosigkeit versunken: Rund 100 Höfe sind noch in Betrieb, denen zusammen rund 6500 ha Fläche zur Verfügung stehen. Neben der Vieh- und Milchwirtschaft wird hier vor allem Getreide angebaut. Zusätzlich haben sich die meisten Landwirte auf Fremdenverkehr eingerichtet und bieten »Ferien auf dem Bauernhof« an. Und deren

 WUSSTEN SIE SCHON …?

■ Nur noch wenige Inselbewohner leben vom Fischfang. Was in den Inselrestaurants an maritimen Spezialitäten serviert wird, stammt hauptsächlich vom Hamburger Großmarkt.

Gäste trinken wieder Inselmilch, seit nach der Schließung der sechs Inselmolkereien dann 2006 die Föhrer Hofmolkerei »Eilun Moolk« eröffnet wurde.

Geschichte

Im ewigen Kampf gegen den »Blanken Hans« mussten die Bewohner der kargen Inseln oft unter bitterer Armut leiden. Für kurze Zeit brachten Salzsiederei, Heringsfang und das »Goldene Zeitalter« des Walfangs etwas Erleichterung, aber erst der Fremdenverkehr sorgte für einen breiteren Wohlstand.

Frühzeit · Altertum

Während der Saale-Eiszeit (180 000 – 120 000 v. Chr.) bildete sich der sogenannte Geestkern der Inseln. Gletscher schoben Gesteins- und Geröllmassen aus dem skandinavischen Raum vor sich her, die beim Schmelzen der Gletscher als Endmoränen liegen blieben. Nach dem Ende der Eiszeiten um 10 000 v. Chr. existierte zwischen Norddeutschland und England eine durchgehende Landmasse. Der Bereich der heutigen Nordfriesischen Inseln war Festland. Durch das Abschmelzen der Gletscher stieg der Meeresspiegel in den folgenden Jahrtausenden jedoch ständig an, und zwischen 4000 und 1000 v. Chr. drang die Nordsee schließlich bis nach Nordfriesland vor. Das Gebiet der heutigen Nordfriesischen Inseln wurde erstmals überflutet – im Lauf der Jahrhunderte bildetet sich ein Wattenmeer, aus dem die Geestkerne der heutigen Inseln herausragten. **Entstehung der Insel**

Jungsteinzeit · Bronzezeit · Eisenzeit

Aus megalithischen Grabanlagen, die auf den Inseln gefunden wurden, schließt man, dass die erste dauerhafte Besiedlung im Neolithikum ab 2500 v. Chr. durch Bauern und Viehzüchter aus Jütland erfolgte. Zuvor zogen lediglich Jäger und Fischer durch dieses Gebiet, worauf eine Knochenharpune und ein kleines Beil hindeuten, die man auf Föhr fand. **Erste Besiedelung**

Zeugnisse der Bronzezeit (1600 – 450 v. Chr.) sind **mehr als 1000 Grabhügel**, die man auf den heutigen Inseln ausgemacht hat. Vielfach fand man kostbare Beigaben (Bronzeschmuck und Waffen), die auf einen gewissen Reichtum schließen lassen. Durch den Handel zwischen den nordischen Ländern und dem Mittelmeerraum, der über den Seeweg vonstatten ging, gab es im heute nordfriesischen Küstenbereich eine vorübergehende Blütezeit.

Wie Funde bezeugen, war die Region während der Eisenzeit (ab 450 v. Chr.) besiedelt. Mit ansteigendem Meeresspiegel kam es jedoch häufig zu Überflutungen, wodurch Äcker und Viehweiden verloren gingen. Teutonen, Kimbern und Ambronen, die hier siedelten, wanderten im 2. Jh. v. Chr. nach Süden ab, was unter anderem auf eine schwere Sturmflut zwischen 120 und 115 v. Chr. zurückzuführen ist. Ab der Zeit um Christi Geburt beruhigte sich das Klima, der Meeresspiegel stagnierte auf der erreichten Höhe. In der Folge entstanden Marsch- und Weideflächen. Daraufhin wurde die Region wieder stärker besiedelt, was aus zahlreichen archäologischen Funden zu schließen ist. Man weiß, dass seit dem 2. Jh. n. Chr. Angeln, Sachsen und Jüten die nordfriesische Region bewohnten. Diese wanderten allerdings um 450 n. Chr. weiter nach England. **Harte Lebensbedingungen**

← *Der Harhoog ist ein etwa 4500 Jahre altes Hünengrab.*

Besiedlung durch Friesen

Ab 700 n. Chr	Friesen besiedeln die Uthlande
Ab 900	Beginn der Christianisierung
Ab 1000	Beginn des Deichbaus an der Nordseeküste
1362	Marcellus-Flut »Große Mandränke«

Einwanderung Namensgebend für das heutige Nordfriesland sind die **Friesen**, die zwischen 700 und 1000 aus dem heute niederländischen Raum an der Rheinmündung kamen und das als »Uthlande« bezeichnete, von Prielen (Wasserrinnen) durchzogene Marschgebiet an der Westküste besiedelten.

Wikinger Diverse Funde von Waffen und Schmuckstücken sowie Reste von Befestigungsanlagen belegen, dass die Friesen, kurz nachdem sie sich hier niedergelassen hatten, von Wikingern angegriffen und zeitweise auch beherrscht wurden.

Christianisierung Ab dem 10. und 12. Jh. wurde Nordfriesland allmählich christianisiert. Die neue Glaubenslehre stieß teilweise auf erhebliche Widerstände. An erhöhten und dadurch vor Überflutungen etwas besser geschützten Stellen baute man zunächst kleine Holzkirchen und richtete Begräbnisplätze ein, oft an heidnischen Kult- und Thingstätten. Um 1100 entstanden auffällig viele Kirchen, die inzwischen aus Stein gebaut wurden: Große Teile des heutigen Wattenmeeres waren besiedeltes Land. Allerdings wurden die noch nicht eingedeichten Regionen von breiten Prielen durchzogen; so existierten viele inselartige Landstücke. Längere Strecken konnten nur unter großen Schwierigkeiten zurückgelegt werden, deshalb baute man also möglichst viele Kirchen in der Nähe von Ansiedlungen.

Deichbau Ab 1000 begann man an der Nordseeküste Deiche zu errichten. An den Arbeiten, die auf den Erfahrungen der Friesen beruhten, war damals das gesamte Volk beteiligt. Die Eindeichungen des Landes ermöglichten nun einen **ertragreichen Ackerbau**.

Salzsiederei Vom 12. Jh. an lebten die Küstenbewohner über mehrere Jahrhunderte von der Salzsiederei. Die stark salzhaltigen Torfschichten im Wattboden wurden abgetragen und verbrannt. Mithilfe eines speziellen Verfahrens ließ sich das Salz aus der Asche herauslösen. Auf Föhr existierte noch bis ins Jahr 1780 eine Salzsiederei.

Den Fluten ausgeliefert Immer wieder waren die Uthlande von heftigen Sturmfluten betroffen. In der Regel wurden solche Flutkatastrophen nach dem Kalendertag benannt, an dem sie eingetreten waren: Im Jahr 1164 sollen mehr als 20 000 Menschen bei der Julianen-Flut ums Leben gekommen sein. Die sogenannte Lucia-Flut, die die gesamte Nordseeküste 1287 traf, kostete angeblich 50 000 Menschen das Leben.

1362 wurden bei der Marcellus-Flut, auch die »Große Mandränke« genannt, in einer einzigen Nacht 30 Kirchspiele, unter anderem das legendäre Rungholt, weggespült. Große Landflächen zwischen Sylt und dem Festland gingen verloren, der Hafenort Wendingstadt westlich von Wenningstedt und Listum im Norden wurde vernichtet. Zwischen Eider und Dänemark ertranken Tausende, an der gesamten Nordseeküste sollen insgesamt rund 100 000 Menschen umgekommen sein. Durch diese Flutkatastrophe erhielten die Inseln ungefähr ihre heutige Form. Bei einer weiteren Sturmflut 1436 wurde der Ort Eidum (südwestlich von Westerland auf Sylt) vollkommen zerstört.

Marcellus-Flut

Wirtschaftliches Auf und Ab

Ab 1500	Heringszeit
1435	Friede von Vordingbord
1634	Buchardi-Flut
Mitte 17 Jh.	Beginn der Walfangära, des »Goldenen Zeitalters«
Um 1800	Ende des Walfangs

In der ersten Hälfte des 15. Jh.s begann für die Nordfriesischen Inseln mit der sogenannten Heringszeit eine vorübergehende wirtschaftliche Blüte. Bei Helgoland hatte man beträchtliche Heringsvorkommen ausgemacht, und für etwa 200 Jahre lebten die Insulaner vom Fischfang – bis die Heringsschwärme zu Beginn des 17. Jh.s ausblieben.

Heringszeit

Unter dänischen Königen und Schleswiger Herzögen

Bis 1435 unterstanden alle Inseln der dänischen Krone. Sylt war eine der 13 Harden, in die die Uthlande aufgeteilt waren. Aufgrund von Auseinandersetzungen um die Thronfolge entstand das Herzogtum Schleswig, um das es zu Zwistigkeiten zwischen dänischen und holsteinischen Adeligen kam. In diesem Zusammenhang wurden die Inseln im Jahr 1435 politisch aufgeteilt: Das nördliche Sylt, Amrum und Westerland-Föhr waren bis 1864 direkt der **dänischen Krone** unterstellt. Sylts Süden und das östliche Föhr gehörten von nun an zum **Herzogtum Schleswig**, das allerdings auch unter der Oberhoheit der dänischen Krone stand. Dieser geteilte Zustand änderte sich erst 1866 mit der Eingliederung Schleswig-Holsteins in Preußen. Obrig-

Politische Aufteilung der Inseln

◄ weiter S. 38

INS NORDMEER ZUM WALFANG

1596 kehrten die Überlebenden der Barents-Expedition nach Holland zurück und berichteten von riesigen Walbeständen vor Spitzbergen. Ursprünglich waren sie aufgebrochen, um eine Nordroute nach China zu erkunden, und dabei stießen sie auf Land – nämlich Spitzbergen –, das sie für Grönland hielten. So begann das Zeitalter der Nordlandfahrten.

Walfischfett war zu dieser Zeit höchst begehrt. Der ölige Tran des Tieres wurde zu medizinischen Zwecken, als Nahrungsmittel und zur Beleuchtung genutzt.

Neue Verdienstmöglichkeiten

Die Inselfriesen witterten die Chance einer neuen Verdienstmöglichkeit, die sie auch bitter benötigten, denn seit ein paar Jahrzehnten brachte der Heringsfang nichts mehr ein, da die Fischströme weitgehend versiegt waren. Zudem wurde durch die Buchardi-Flut im Oktober 1634 auf den Inseln wertvolles Ackerland vernichtet, und im Übrigen wurden die Insulaner im Dreißigjährigen Krieg kräftig zur Kasse gebeten. So fuhren sie mit den Holländern und mit Hamburger oder Altonaer Kaufleuten, denen der dänische König im Jahr 1644 Grönlandfahrten gestattet hatte, gen Norden.
Die **Walfänger** stammten vor allem von den Nordfriesischen Inseln und Halligen. Zu Beginn des 18. Jahrhunderts stellten die Sylter allein ein Drittel der Kapitäne auf den Hamburger Schiffen. Die Kapitäne, auch Kommandeure genannt, waren finanziell am Walfang beteiligt, und viele brachten es damals zu Geld und Ansehen. Die Mannschaft bekam dagegen nur eine festgelegte Heuer. Folglich arbeiteten viele daran, in der Walfängerhierarchie aufzusteigen. Dieses war in erster Linie durch eine **gezielte Ausbildung** – Lesen, Schreiben, Navigationstechnik – möglich. Auf den Inseln entstanden Schulen, in denen die Grönlandfahrer in den Wintermonaten, in denen sie zu Hause waren, Wissen und Erfahrung weitergaben.

Hauszeichen, Ornamente und Türgriffe in Walform erinnern auf den Nordfriesischen Inseln an die Zeit der Grönlandfahrten.

*Waljagd mit Harpunen
(Holzstich aus dem
Jahr 1876)*

Ende Februar jedes Jahres ging es auf große Fahrt. Zuvor feierten die Inselbewohner noch das **Biike-Brennen**, ein feucht-fröhliches Fest, das auf den heidnischen Brauch, den Winter mit einem Feuer zu verabschieden, zurückging. Am folgenden Tag fand das

Harpuniert und bis zur Erschöpfung malträtiert

sogenannte Petriting statt, ein Treffen, bei dem Recht gesprochen und Übereinkünfte für die kommenden Monate getroffen wurden. Danach trat Ruhe auf den Inseln ein. In den folgenden Monaten mussten die Frauen die Felder bestellen, für Haushalt und Kinder sorgen. Zudem fielen auch die Geburten in die Zeit zwischen Frühjahr und Herbst – eine weitere schwere Belastung für die schwer arbeitenden Frauen.

Fahrten ohne Wiederkehr

Nach dem Biike-Brennen fuhren die Männer mit sogenannten **Schmackschiffen**, relativ kleinen und meist hoffnungslos überladenen Schiffen, nach Hamburg und Amsterdam. Von dort aus starteten sie zum Walfang Richtung Norden. Sobald ein Tier gesichtet wurde, ließen die Männer kleine Ruderboote, sogenannte **Schaluppen**, zu Wasser und ruderten so nah wie möglich an den Wal heran. Am Bug jeder Schaluppe wartete ein **Harpunierer** auf eine günstige Position und schleuderte sein Fanginstrument in den Körper des Wals. Nun entfernte sich das Boot wieder, um nicht von einem Flossenschlag des gequälten Tieres erwischt zu werden. Die Harpunen aber hatten sich unter der Haut festgesetzt, und da sie durch eine lange Leine mit den Schaluppen verbunden waren, wurden diese von dem flüchtenden Wal mitgeschleppt. Die ersten Befreiungsschläge des Tieres warteten die Walfänger aus sicherer Entfernung ab, dann malträtierten sie den getroffenen Riesen bis zur äußersten Erschöpfung, bis ihm endlich mit einer Lanze der Todesstoß versetzt wurde.

Im Herbst kehrten die Grönlandfahrer mit ihrer Beute in die Heimat zurück, wenn denn alles gut gegangen war. Die **Schattenseiten** dieses gefährlichen Broterwerbs waren neben allem Erfolg und Reichtum nicht zu übersehen. Denn viele Frauen feierten beim Biike-Brennen das letzte Fest mit ihren Männern – viele erhielten im Herbst die traurige Nachricht von deren Tod. Frauenüberschuss war in diesen Jahrhunderten auf den **»Witweninseln«** normal.

keitsdenken lag den Insulanern fern, Reibereien mit der Regierung waren normal. Durch die Abgeschiedenheit konnten sich die Inseln allerdings auch eine gewisse Eigenständigkeit erhalten.

Allerheiligen-fluten
Zwei Allerheiligenfluten suchten die Nordseeküste im 16. Jahrhundert heim: Die Sturmflut von 1532 hatte ihren Schwerpunkt an der Westküste Schleswig-Holsteins, die Flut von 1570 richtete westlich der Elbe die stärksten Schäden an.

Dreißigjähriger Krieg
Während des Dreißigjährigen Kriegs (1618–1648) waren Soldaten der englischen und dänischen Truppen für fast sechs Jahre auf den Inseln stationiert, 1300 allein auf Sylt. Die Bewohner mussten Einquartierungen erdulden und zudem erhöhte Abgaben zahlen. 1644 besiegte die dänische Flotte im sog. Königshafen, der großen Bucht im Norden von Sylt zwischen dem Listland und dem Ellenbogen, eine schwedisch-holländische Armada in einer großen **Seeschlacht**.

Buchardi-Flut
Die Buchardi-Flut sorgte 1634 für eine weitere grundlegende geografische Umgestaltung der nordfriesischen Küste. Unter anderem wurden Pellworm und Nordstrand, die bis zu diesem Zeitpunkt eine Landmasse gebildet hatten, auseinandergerissen.

Walfang
Die große Zeit des Walfangs, die wichtigste Blütezeit in der Geschichte der Nordfriesischen Inseln, begann in den Dreißigerjahren des 17. Jahrhunderts. Nach der Buchardi-Flut heuerten viele Insulaner auf niederländischen, dänischen und hanseatischen Walfangschiffen an. Bis zu 3000 Männer waren jedes Jahr auf See, Abfahrtstag war alljährlich um den 21. Februar. 1735 befreite der dänische König alle männlichen Insulaner von der Wehrpflicht, damit sie zur See fahren konnten.

Dank des Walfangs kam beträchtlicher Wohlstand auf die Inseln, aber auch viel Leid: Auf Sylt lebten damals 2820 Menschen – davon 1640 Frauen und 1180 Männer. Viele der am Walfang beteiligten Männer waren auf See ums Leben gekommen. 1769 lebten auf Amrum 600 Menschen, auf Föhr 4500 – das Geschlechterverhältnis war ähnlich wie auf Sylt. Um 1800 nahmen die Erträge im Walfang schließlich ab, da die Bestände durch die gewaltigen Jagderfolge völlig dezimiert waren. Das »**Goldene Zeitalter**« war zu Ende.

Wirtschaftliche Alternativen zum Walfang
Viele Seeleute heuerten nun auf Handelsschiffen an. Doch stellte die Kontinentalsperre während der Napoleonischen Kriege für die Handelsschifffahrt zu Beginn des 19. Jh.s eine enorme Behinderung dar,

sodass diese Möglichkeit des Gelderwerbs sich als ausgesprochen mühsam und schwierig erwies. Also besann man sich wieder auf die Landwirtschaft, die in dieser Zeit zu einem relativ wichtigen Wirtschaftsfaktor ausgebaut wurde.

Anfänge des Badebetriebs

1819	Wyk auf Föhr wird Seebad
1855	Westerland auf Sylt wird Seebad.
1864 – 1866	Deutsch-Dänischer Krieg: Sylt, Amrum und Föhr fallen an Preußen.
1890	Beginn des Badebetriebs auf Amrum
1920	Volksabstimmung
1927	Eröffnung des Hindenburgdamms

Im Jahr 1819 wurde **Wyk auf Föhr** als erster Ort in Nordfriesland Seebad. 36 Jahre später erhielt Westerland die Badekonzession, 1859 kamen bereits 470 Badegäste in den Ort.
Ausgesprochen umständlich war die Anreise: Mit dem Dampfschiff »Hammer« fuhren die Badegäste von Husum über Wyk auf Föhr nach Nösse auf Sylt, von dort aus mit dem Pferdewagen nach Westerland. 1859 nahm die legendäre »Ida« zwischen Hoyerschleuse auf dem Festland und dem Hafen Munkmarsch den Fährverkehr auf. **Erste Bade-konzessionen**

Infolge des Deutsch-Dänischen Kriegs wurde Schleswig-Holstein 1864 mitsamt den Inseln, inklusive Rømø, von Dänemark getrennt und fiel 1866 an Preußen. Unberührt davon ging der Aufbau des Fremdenverkehrs weiter vonstatten. **Unter preußi-scher Herrschaft**

1888 wurde auf Sylt zwischen dem Hafen Munkmarsch und Westerland eine **Kleinbahnlinie** eröffnet, »Dünen-Express« genannt oder auch »Insel-Express« und »rasende Emma«. Diese Linie wurde 13 Jahre später nach Hörnum im Süden ausgebaut, 1903 bis nach Kampen und schließlich 1907 bis nach List. Auch Amrum bekam sein eigenes Seebad – Wittdün wurde 1890 anerkannt. Die Entwicklung des Fremdenverkehrs ging stetig aufwärts: 1911 zählte man bereits 30 000 Badegäste auf Sylt. **Fremdenverkehr**

Erster und Zweiter Weltkrieg

Wegen der exponierten Lage wurde Sylt in beiden Weltkriegen **militärisch genutzt**. Im Ersten Weltkrieg baute man militärische Einrichtungen auf: In List entstand eine Marineflugstation, nördlich von Hörnum das Militärlager Puan Klent. **Erster Weltkrieg**

Badegäste 1926

**Zwischen den
Weltkriegen** Nach einer Volksabstimmung im Jahr 1920 kam Nordschleswig erneut zu Dänemark: Tondern, Rømø, Hadersleben sowie der Hafen
Hoyerschleuse, von dem die Schiffe nach Sylt starteten, waren somit
wieder dänisch.

Ein Ereignis, das damals heiß diskutiert wurde, war der **Bau des Hindenburgdamms** zwischen Sylt und dem Festland, der 1927 eröffnet
wurde. Unter anderem wurde dieses Projekt deshalb beschleunigt,
weil die Anreise über Hoyerschleuse, das nun auf dänischem Gebiet
lag, schwierig geworden war.

Zur Zeit des Nationalsozialismus wurde Sylt vor allem für den
»Kraft-durch-Freude«-Tourismus genutzt. Aber auch viele Nazi-Grö-
ßen wie Hermann Göring, der in Wenningstedt ein Haus erwarb, kamen regelmäßig hierher. Seit 1934 hatten Juden Strandverbot, zunächst nur in Westerland, dann auch in den anderen Gemeinden.

**Zweiter
Weltkrieg** Im Zweiten Weltkrieg wurde Sylt regelrecht zur **militärischen Fes-
tung** ausgebaut. Die Seefliegerstationen bei List und Hörnum dienten
als Stützpunkte der Luftwaffe, bei Rantum legte man ein Start- und
Landebecken für Wasserflugzeuge an. Zwischen 1940 und 1945 wurde Sylt mehrfach Ziel von Fliegerangriffen.

Nach 1945

Februar 1962	Eine schwere Sturmflut bedroht Sylt.
1962	Start des Autofährbetriebs ab Dagebüll
1981	Heftige Stürme richten große Schäden am Hindenburgdamm an.
1985	Das Wattenmeer wird zum Nationalpark erklärt.
1988	Verheerendes Seehundsterben
1993	Entdeckung einer Mineralwasserquelle bei Rantum
2009	Das Wattenmeer wird Weltnaturerbe der UNESCO.

Nach dem Krieg

Nach dem Krieg ging es mit dem Tourismus vor allem auf Sylt sehr schnell wieder aufwärts. Auch die Anbindung zwischen Föhr und Amrum und dem Festland wurde verbessert: 1962 verließ erstmals eine Autofähre den Hafen in Dagebüll. Im Februar desselben Jahres war die gesamte Nordseeküste von einer schweren Sturmflut heimgesucht worden, die v.a. in Hamburg viele Todesopfer forderte. Auch auf Sylt und den Halligen war die Situation kritisch. 1970 schaffte man die Inselbahn auf Sylt ab, das Straßennetz für Autos wurde ausgebaut.

Schwere Stürme

Zwar florierte auf Sylt der Tourismus, doch man musste um das Ferienparadies fürchten: Winterliche Sturmfluten nagten an der Insel. Am 3. und am 21. Januar 1976 gab es schwere Stürme. Im November 1981 richtete eine Sturmflut große Schäden am Inselkörper und am Hindenburgdamm an. Etwa zwei Millionen Kubikmeter Sand wurden weggespült. Die Sensibilität der ganzen Region rückte zunehmend in das Bewusstsein der Bevölkerung und der Politiker. Das **Wattenmeer** an der dänischen, deutschen und holländischen Küste wurde 1985 zum **Nationalpark** erklärt. Nur drei Jahre später wurden die Ausmaße der Umweltbelastung erschreckend deutlich: Tausende Seehunde, deren Immunsystem durch die Verunreinigung ihrer Lebenswelt geschwächt waren, fielen einer Viruserkrankung zum Opfer. Der Bestand reduzierte sich um 60 Prozent.

Neuere Entwicklungen

Eine kleine Sensation kam 1993 in die Schlagzeilen. Bei Rantum stieß man auf eine Mineralwasserquelle, deren Wasser kurze Zeit später unter dem Namen **»Sylter Quelle«** bundesweit verkauft wurde. Bei weiteren Bohrungen wurde in 644 m Tiefe die einzige Sole-Thermalquelle Schleswig-Holsteins erschlossen.
Eine ganz besondere Attraktion hat Westerland seit dem Sommer 2004 mit dem **Sylt-Aquarium** zu bieten: In gigantischen Schaubecken wird hier sowohl die heimische als auch die tropische Meereswelt präsentiert. Das **Wattenmeer** wurde im Juni 2009 zum **Weltnaturerbe der UNESCO** erklärt.

Kunst und Kultur

Wo wird Söl'ring und Oömrang gesprochen? Welche Inselkirchen bergen die schönsten kunsthistorischen Schätze? Warum haben die herrlichen reetgedeckten Häuser einen spitzen Giebel über der Eingangstür?

Hünengräber, Burgen und Kirchen

Frühgeschicht-
liche Funde

Durch das Gebiet der heutigen Inseln zogen bereits in der Zeit um 7000 v. Chr. Jäger und Fischer, wie der Fund einer Knochenharpune und eines Kernbeils auf Föhr belegen. Dass die Region ab ca. 2500 v. Chr. dauerhaft besiedelt war, beweisen verschiedene neolithische Steingräber. Allein auf Föhr hat man 17 solcher aus Findlingen aufgebauten Grabanlagen entdeckt. Das bedeutendste jungsteinzeitliche Hünengrab ist der **Denghoog** bei Wenningstedt auf Sylt aus dem 3. Jt. v. Chr. Es handelt sich um ein Ganggrab mit einer etwa 15 Quadratmeter großen Kammer, das im nordeuropäischen Raum als eines der wichtigsten Zeugnisse dieser Epoche gilt. Auch der Tipkenhoog bei Keitum ist ein gut erhaltenes Beispiel eines jungsteinzeitlichen Grabhügels.

Spuren aus der Bronzezeit sind ebenfalls auf allen Inseln gefunden worden. Urnengräber mit auffallend kostbaren Beigaben deuten auf einen relativen Wohlstand in dieser Zeit hin. Bestattungsurnen, Schmuckstücke und Waffen sind in den Heimatmuseen auf Sylt, Amrum und Föhr ausgestellt. Auf Amrum sind im Dünengebiet zwischen Nebel und Norddorf Reste einer eisenzeitlichen Siedlung zu sehen.

Wikingerzeit

Ein interessantes Kulturgut der Wikingerzeit, also rund 1000 Jahre alt, ist die kreisrunde **Tinnumburg** mit einem Durchmesser von 120 Metern. Aus derselben Epoche stammt die **Lembecksburg** bei Borgsum auf Föhr, eine durchschnittlich 7 m hohe Ringwallanlage mit einem Durchmesser von 100 Metern. Die erste Tinnumburg wurde um Christi Geburt um eine germanische Kultstätte errichtet, verfiel dann und wurde vom 8. bis 10. Jh. erneut als Burg genutzt. Ungeklärt ist allerdings, ob die Wikinger sie in Gebrauch nahmen oder ob die Friesen dort bei Angriffen der Wikinger Schutz suchten.

Kirchen

Mit der Christianisierung der Friesen im 10. und 11. Jh. wurden in Nordfriesland Kirchen errichtet. Die ältesten Inselkirchen – St. Severin (Keitum) und St. Martin (Morsum) auf Sylt, St. Nikolai (Wyk-Boldixum), St. Johannis (Nieblum) und St. Laurentius (Süderende) auf Föhr sowie St. Clemens auf Amrum (Nebel) – sind romanischen oder spätromanischen Ursprungs. Die Bauten gehen oftmals auf einen früheren Holzbau zurück. Keine der Kirchen hat heute noch ein rein romanisches Aussehen, alle sind in späteren Jahrhunderten baulich verändert worden. Einen Eindruck, wie die frühen Inselkirchen ausgesehen haben, vermittelt das Morsumer Gotteshaus,

← *Dem Schutzpatron der Seefahrer gewidmet ist*
die reetgedeckte Kirche St. Clemens in Nebel auf Amrum.

Ein beliebtes Sylter Fotomotiv ist die Kirche St. Severin auf der Geesthöhe außerhalb von Keitum.

das nach wie vor sehr kleine Fenster hat und einen frei stehenden Holzturm – ursprünglich hatte außer dem großen »**Friesendom**« in Nieblum auf Föhr keine der Kirchen einen direkt angebauten Turm. Typisch für alle Gebäude ist das seitliche Vorhaus, Kalefaster genannt, das möglicherweise früher zum Aufwärmen diente (lat. cale facere = warm machen).

Inselkirchen Fast alle Inselkirchen zeichnen sich durch betont helle und freundlich gestaltete Innenräume aus. Einige kunstgeschichtlich interessante Stücke sind darin zu finden:
Die Taufbecken sind fast ausnahmslos romanischen Ursprungs, in der Regel aus groben Steinblöcken gefertigt und nur sparsam bearbeitet. In Morsum ist zudem noch ein fast roh belassenes Weihbecken aus romanischer Zeit erhalten. Eine frühgotische Rarität stellen die zwölf schlichten Apostelfiguren in der St.-Clemens-Kirche in Nebel dar. Die Altäre sind zumeist spätgotische Flügelaltäre. Sehr schöne Beispiele sind sowohl in der Morsumer Kirche als auch in St. Severin in Keitum zu sehen. Ein hübsches Werk der Spätrenaissance ist der dreiteilige Altaraufsatz in der St.-Nicolai-Kirche in Wyk/Boldixum. Auffällig sind in vielen Kirchen die kostbaren Leuchter, die meistens von wohlhabenden Kapitänen in der Zeit des Walfangs gestiftet wurden. Berühmtheit erlangten die Inselfriedhöfe wegen ihrer alten Grabsteine, auf denen die Lebensgeschichten der Insulaner in Schrift und Bildern voller Symbolik verewigt sind (► Baedeker-Special S. 178).

Literatur

Sylt ist bekannt für die zahllosen Schriftsteller, die sich als Gäste für längere oder kürzere Aufenthalte hier niedergelassen haben. Viele von ihnen haben allerdings nur einige Eindrücke niedergeschrieben. Zu den Schriftsteller- und Dichtergästen zählen Wilhelm Raabe, Theodor Storm, Rainer Maria Rilke, Thomas Mann, Stefan Zweig, Robert Musil, Christian Morgenstern, Detlev von Liliencron, Carl Zuckmayer, Max Frisch, Gottfried Benn und viele mehr. **Literaten auf Sylt**

Ernst von Salomon verfasste kurz nach dem Zweiten Weltkrieg seinen Bericht »Der Fragebogen« in dem halb unterirdischen Bunker nahe der heutigen »Kupferkanne« in Kampen. Ernst Penzoldt schrieb seine Sylter Erlebnisse im Jahr 1949 in »Causerien« nieder, Kurt Lothar Tank seine Tagebuchaufzeichnungen mit dem Titel »Sylter Sommer«.

Literatur über Sylt gibt es vor allem seit der Mitte des 19. Jh.s, als der Badebetrieb begann. Zuvor fand man die Werke von Chronisten wie **Christian Peter Hansen** (»Chronik der friesischen Uthlande«, 1856) oder Jens Booysen (»Beschreibung der Insel Silt«, 1828). Julius Rodenberg war 1859 und 1875 auf Sylt und verfasste eine Art Tagebuch mit dem Titel »Stilleben auf Sylt«, in dem er das beginnende Badeleben schildert. **Chronisten**

Die Schriftstellerin **Margarete Boie** (1880 – 1946), in Berlin geboren und in Danzig aufgewachsen, machte Sylt von 1919 bis 1928 zu ihrer Wahlheimat. In zahlreichen Romanen, Erzählungen und Schriften – »Der Sylter Hahn« (1925), »Ferientage auf Sylt« (1928) oder »Die letzten Sylter Riesen« (1930) – hat sie ein umfassendes Bild der Insel, ihrer Geschichte, Gegenwart, Kultur und ihrer Bewohner zu Papier gebracht. Ihr Roman »Dammbau« (1930) thematisiert die Veränderung der Nordfriesischen Insel durch den Bau des Hindenburgdamms, also durch die direkte Verbindung zum Festland. **Sylter Themen**

In zahlreichen Gedichten hat der Arzt und Lyriker **Bodo Schütt** (1902 – 1980) Inselstimmungen festgehalten. In seinem Buch »Sylt ist mein Haus« stellt er dar, welchen Stellenwert Landschaft im Leben eines Menschen einnehmen kann. **Inselstimmungen**

Ein bekannter und beliebter Kinderbuchautor und Jugendschriftsteller war der Sylter **Boy Lornsen**, der schon für diese Altersgruppe Kritisches über den »Ausverkauf« der Insel in Reime fasste.

Der Kapitänssohn **Hinrich Matthiesen**, Bestseller-, Thriller- und Krimi-Autor, hat mit »Mein Sylt« ein sehr individuelles Buch über die Insel verfasst. Mit einem Krimi, der auf Sylt spielt, hat Jörn Ingwersen auf sich aufmerksam gemacht. In »Schafsköpfen« wird ein realistisches Bild der Insel gezeichnet. **Auf Sylt geborene Autoren**

Malerei

Maler und Bild-
hauer auf Sylt

Seit die Insel für den Badebetrieb entdeckt worden war, kamen auch zahlreiche Maler hierher, ließen sich durch die Reize der ungewöhnlichen Insellandschaft inspirieren und hielten sie in Skizzen und Gemälden fest. Als kurzzeitiger Gast ist **Emil Nolde** (1867–1956) zu erwähnen, der 1930 für einige Wochen nach Sylt umgesiedelt war, weil sein Haus renoviert wurde. Er fand vorübergehend eine Bleibe in Kampen im Haus Kliffende. Wohnhaus und Atelier von Nolde befanden sich in der Nähe der Inseln in Seebüll auf dem Festland. Der Maler ist vor allem mit seinen Blumenaquarellen und mit den stimmungsvollen Landschaftsbildern Nordfrieslands bekannt geworden.

Weitere namhafte Künstler wie Max Liebermann, Lovis Corinth, Alexej Jawlensky, die Brücke-Maler Erich Heckel und Otto Mueller, die Worpsweder Fritz Overbeck und Fritz Mackensen sowie der Bildhauer Ewald Mataré hielten sich vorübergehend auf der Insel auf. Akademieklassen aus Düsseldorf und Berlin besuchten Sylt. Der Schweizer Maler **Ernst Kreidolf** (1863–1956) verweilte hier 1906 als Stipendiat im Haus von Ferdinand Avenarius. Ein Jahr später war auch **Wenzel Hablik** (1881–1934) Gast der Kunstwart-Stiftung. Er kam später mehrmals auf die Insel. 1916 machte er auf Sylt Zeichnungen vom Alltag der Soldaten der Küstenwache im Ersten Weltkrieg. Auch der Zeichner **C. C. Feddersen** (1876–1939), der geradezu als Inseloriginal einen Namen hatte, zählt zu den bekannten Sylter Gästen; er fertigte meistens Kohlezeichnungen an, die architektonische oder Landschaftsmotive zeigen. Der Jugendstilkünstler Hugo Höppener, genannt **Fidus** (1868–1948), war 1928 ebenfalls zu Gast auf Sylt.

Auf Sylt
geborene oder
lebende Maler

Neben den vielen Gastmalern haben einige auch richtig Fuß auf Sylt gefasst bzw. stammen von der Insel. Ein wichtiger Sylter Maler war der in Tinnum geborene **Andreas Dirks** (1865–1922), der seine künstlerische Ausbildung in Düsseldorf und Weimar erhielt. Er malte überwiegend Landschaftsbilder im impressionistischen Stil. Aus Kassel stammte der Künstler **Franz Korwan-Katzenstein** (1865–1940), der Alltagsszenen und Insellandschaften in seinen Bildern festhielt und zudem als Restaurator in St. Severin und am Altfriesischen Haus in Keitum arbeitete. **Hugo Köcke** (1874–1956) kam durch Heirat nach Sylt, wo er sich mit seinen Ölgemälden der Landschaft und den Menschen auf der Insel widmete.

Der einstige Pfarrer **Magnus Weidemann** (1880–1967) zog 1926 nach Sylt in sein Keitumer Haus. Er war großer Anhänger der Jugendbewegung und hat das Ideal des nackten Menschen sowohl in Aktzeichnungen und -gemälden als auch in der Fotografie festgehalten. **Albert Aereboe** (1889–1970) malte Sylter Landschaften, Pflanzen und Natureindrücke im Stil der Neuen Sachlichkeit. Eine hervorragende Zeichnerin war **Helene Varges** (1877–1946), die zusammen mit der Schriftstellerin Margarete Boie 1919 nach Sylt kam. Sie hat die Landschaft in feinen, vom Jugendstil geprägten Feder-, Kohle- und Bleistiftzeichnungen und farbigen Pastellen dargestellt. Erfolgreich wurde ihr Buch »Flutkante und Inselflora« aus dem Jahr 1923 mit feinfühligen Tier- und Pflanzendarstellungen. Sie illustrierte zahlreiche Bücher über Sylt und war darüber hinaus als Werbegrafikerin tätig.

In Keitum hatte **Dieter Röttger** (geb. 1930 in Hamburg, gest. 2003 auf Sylt) sein Atelier. Sein Thema war die Pflanzen- und Tierwelt der Insel. **Siegward Sprotte** (geb. 1913 in Potsdam, gest. 2004 auf Sylt) hat lange in Kampen gearbeitet. Viele seiner Aquarelle und Ölgemälde zeigen Meer- und Inselszenarien. Einem ungleich spröderen Stoff hat sich der Glaskünstler **Hans Jürgen Westphal** verschrieben. Ihm kann man seit mehr als 20 Jahren von Zeit zu Zeit in seiner Keitumer Werkstatt-Galerie zuschauen, wo neben Kunsthandwerklichem faszinierende Objekte zwischen Glas und Holz entstehen.

Neuere Kunstszene

Musik

»**Frisia non cantat**«, sagt ein altes Sprichwort, »in Friesland wird nicht gesungen«. Das ist so sicher nicht richtig, wenn auch Musik nie eine besondere Rolle gespielt hat. Noch heute gibt es aber eine Trachtengruppe vom Sylter Heimatverein Söl'ring Foriining, die mit Volksmusik und Tanz zu verschiedenen Anlässen auftritt und traditionelle friesische Klänge zu Gehör bringt.

Frisia non cantat

Im Übrigen hat Sylt einen recht berühmten Komponisten hervorgebracht: Gustav Jenner (1865–1920), der Sohn des seinerzeit bekannten Badearztes Otto Jenner, ging 1888 nach Wien, wo er Kompositionsschüler von Johannes Brahms wurde. Er schrieb Chormusik, Stücke für Kammerorchester, eine Oper und eine Sinfonie, die er allerdings nicht vollendete.

Gustav Jenner

Friesisches Kulturgut

Ab 700 n. Chr. kamen mit den Friesen aus dem niederländischen Raum die Grundlagen für das Inselfriesisch hierher. Es handelt sich nicht etwa um einen Dialekt, sondern um eine **westgermanische Sprache**, die dem Englischen wesentlich ähnlicher ist als dem Hochdeutschen oder dem Plattdeutschen. Weg heißt auf Sylter Friesisch z. B. Wai (engl. way), Mittwoch heißt Winjsdai (engl. Wednesday).

Sprache

NORDFRIESISCHES STÄNDERHAUS

Zum Landschaftsbild Nordfrieslands gehören reetgedeckte Friesenhäuser, von denen die ältesten noch erhaltenen Häuser aus dem 17. Jh. stammen. Besonders schöne Beispiele, die oft von wohlhabenden Kapitänen erbaut wurden, finden sich in Keitum auf Sylt.

① Ständerkonstruktion
Tragendes Element sind nicht die Mauern, sondern die Balken (mitunter ausgediente Schiffsmasten). So blieb bei Sturmfluten, wenn die Mauern bereits eingedrückt waren, das auf den Ständern ruhende Dach als erhöhter Zufluchtspunkt erhalten.

② Mauerwerk
Das Fundament wurde meist aus Feldsteinen aufgebaut, die Mauern aus Backstein.

③ Reetdach
Traditionell wird dieses aus einer 35 cm dicken Schicht Reet gefertigt, das bis Mitte der 1950er-Jahre aus der Marsch der friesischen Inseln geholt wurde. Heute wird es aus Österreich, Polen und vor allem Ungarn importiert. Die Lebensdauer der Dächer liegt zwischen 50 und 70 Jahren. Wegen der Brandgefahr und der Kosten, die für ein Reetdach etwa dreimal so hoch sind, werden heute immer mehr Häuser mit Hartdächern ausgestattet. Erst seit der Walfängerzeit sind die Dachböden als Lagerraum bzw. als Fluchtort bei Sturmfluten ausgebaut.

④ Flur
Hinter dem Giebel an der Längsseite des Hauses befindet sich der Flur. Er trennt den Stallbereich von den Wohnräumen.

⑤ Wirtschaftstrakt
Stall, Kammer und Dreschtenne lagen meist auf der Windseite im Westen, um die Wohnräume wärmer zu halten.

⑥ Wohnteil
Das Leben spielte sich, nicht zuletzt wegen Wind und Wetter, zumeist in den Innenräumen ab. Die Wohnräume für den Alltag bestanden aus Kööv (Alltagswohnraum), Kelerkammer (der Raum über dem einzigen Kellerraum des Hauses) und Kööken (Küche) mit Speisekammer, offener Feuerstelle und Herd.

⑦ Schlafgelegenheit
In der Küche und im Wohnraum gab es in die Wand eingelassene Betten, sogenannte Alkoven. Da mehrere Generationen unter einem Dach lebten, war der Raum knapp. In den Alkoven schliefen meist zwei Erwachsene mit bis zu vier Kindern.

⑧ Pesel
Die »Gute Stube« wurde für besondere Anlässe benutzt und diente zum Repräsentieren. Reiche Kapitäne beispielsweise kleideten die Wände mit teuren Fliesen aus und brachten von ihren Fahrten Hausschmuck, Möbel, Delfter Keramik oder chinesisches Porzellan mit. Berühmt für seine Ausstattung ist der Königspesel (Bild S. 194).

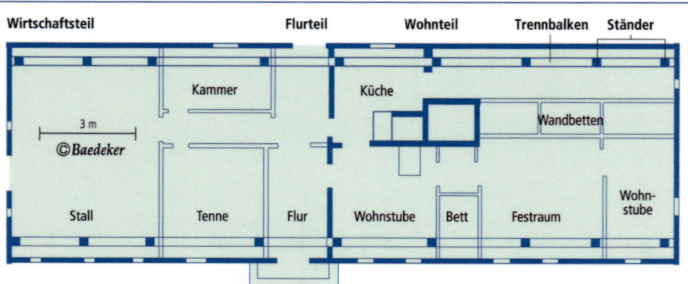

Nordfriesisches Ständerhaus *Orientierung*

Das Sylter Friesisch wird als Söl'ring oder Soltring bezeichnet, das Amrumer Inselfriesisch als Amring oder Öömrang, das Föhrer als Föhring oder Fering. Das Inselfriesisch unterscheidet sich stark vom Festlandsfriesisch. Bei Verständigungsschwierigkeiten musste dann das Plattdeutsche als gemeinsame Sprache herhalten.

Friesenhäuser Die hübschen reetgedeckten Friesenhäuser prägen das Landschaftsbild. Sie wurden um eine **Ständerkonstruktion** hochgezogen, damit bei Sturmfluten das auf den Ständern ruhende Dach als erhöhter Zufluchtsort genutzt werden konnte.

Der uthlandfriesische Haustyp ist lang gestreckt und besteht aus einem Wohnbereich und dem Wirtschaftsteil. Dieser lag meist auf der Windseite im Westen, um die Wohnräume wärmer zu halten, und war durch einen Flur vom Wohntrakt abgetrennt. Sehenswert ist meist die Gestaltung des Eingangsbereichs: Häufig weisen die Holztüren wunderschöne Ornamente auf oder sind mit dekorativen Einrahmungen, Figurenschmuck oder Wappen gestaltet.

Besonders schöne Häuser, die meist von gut situierten Kapitänen errichtet wurden, sind in Keitum auf Sylt zu sehen. Das Altfriesische Haus gibt einen guten Einblick in die friesische Wohnkultur des 18. und 19. Jahrhunderts.

Friesentrachten Die **Sylter Tracht** aus der Zeit um 1800 war je nach gesellschaftlichem Stand unterschiedlich in ihrer Pracht. In der warmen Jahreszeit trugen Sylterinnen knielange Kleider aus hellem Leinen, bei Kälte ein Kleid aus Fellen, dazu grobe rote Wollstrümpfe. Später wurden die Kleider etwas schlichter und änderten ihre Farben. Auffällig war vor allem der Kopfschmuck, die Hüüf aus schwarzem Samt. Das Heimatmuseum in Keitum zeigt Sylter Trachten insbesondere aus dem 18. Jahrhundert.

Die Trachten haben sich auf den einzelnen Inseln sehr unterschiedlich entwickelt. Besonders hübsch sind die **Föhrer Trachten**, die heute ab und zu noch bei Konfirmationen getragen werden. In der Blütezeit des Walfangs, im 17. und 18. Jh., waren sie bunt und auffällig; damals gab es noch Alltags-, Sonntags- und Festtagstrachten. Ihr Aussehen änderte sich jedoch mit abnehmendem Wohlstand, sie wurden einfacher. Im 19. Jh. prägte sich eine Trachtenform aus, die farblich auf schwarz und weiß reduziert ist. Sie besteht aus einem langen Faltenrock, einem Oberteil mit eng anliegenden Ärmeln, um das ein großes Tuch gelegt wird. Auf dem Kopf wird eine runde, bestickte Haube getragen. Ein Charakteristikum der festlichen Föhrer Tracht ist neben der weißen Schürze der auffällige Brustschmuck aus Silber, der Bestandteil des Kleidungsstückes ist. Quer über die Brust wird ein breites Gliederband getragen, dessen schmuckvolles Mittelteil Glaube, Liebe und Hoffnung symbolisiert. Daran hängen mehrere unterschiedlich lange Ketten, die von großen, filigranen Kugeln eingerahmt werden. Die Festtagshaube ist mit Fransen verziert. Dazu werden oft auch sehr fein gearbeitete

Broschen und Halsketten getragen. Viele Beispiele der beeindruckenden Kunstwerke einheimischer Goldschmiede sind im Heimatmuseum in Wyk zu sehen.

Unter den kunsthandwerklichen Produkten sind besonders die Fliesen zu erwähnen, die eine deutliche Verwandtschaft zu den im Volksmund als »Delfter Kachel« bezeichneten holländischen Vorbildern aufweisen. 1508 war die erste Manufaktur in Antwerpen gegründet worden. Die nordfriesischen Seefahrer hatten die Fliesen dort kennengelernt, und wer es sich leisten konnte, brachte sie von seinen Reisen mit.

Fliesen

Man kann zwei verschiedene Arten unterscheiden: die Einzelfliese, die jeweils ein Motiv oder Ornament aufweist, und großflächige Bilder, die aus mehreren Fliesen zusammengesetzt sind. Letztere zeigen meist Schiffe oder biblische Szenen. Die eindrucksvollsten Fliesenbilder entstanden in der ersten Hälfte des 18. Jahrhunderts. Als Einzelmotive waren florale oder biblische Motive und kleine Landschaften üblich. Gelegentlich wurde ein geometrisches Muster aus vier Einzelfliesen zusammengesetzt. Im Altfriesischen Haus in Keitum ist eine Wohnstube der damaligen Zeit mit Fliesenwänden zu sehen. Ein ausgesprochen schönes

Besonders hübsch ist die Föhrer Tracht.

Beispiel eines mit Fliesen ausgekleideten Zimmers können Besucher der Hallig Hooge besichtigen: den sogenannten Königspesel im Kapitänshaus Tade Hans Bendiks.

Das Biike-Brennen, das auf allen Inseln am 21. Februar gefeiert wird, geht auf ein mehr als 1000 Jahre altes **heidnisches Feuerritual** zurück. Früher zündeten die Friesen die Feuer zum Frühlingsbeginn zu Ehren des germanischen Gottes Wodan an. Aus dem heidnischen Ritual wurde im 17. und 18. Jh. ein weltliches Fest, denn am 21. Februar wurden die Walfänger verabschiedet, die anschließend mit ihren Schmackschiffen in See stachen und mehrere Monate wegblieben. Für das Biike-Brennen werden Weihnachtsbäume, Stroh und Strandgut auf großen Holzstößen (friesisch Biike) gesammelt. Das friesische Volksfest wird traditionell – einer Ansprache in Sölringam Feuer, mit Tanz, einem zünftigen Grünkohlessen, Bier und Schnaps – gefeiert.

Biike-Brennen

Berühmte Persönlichkeiten

Wer sorgte Anfang des 20. Jahrhunderts dafür, dass Kampen auf Sylt zum Treffpunkt namhafter Künstler avancierte? Wieso gründete Pastor Bodelschwingh auf Amrum ein Hospiz? Warum musste der Sylter Freiheitskämpfer Uwe Jens Lorensen ins Gefängnis?

Ferdinand Avenarius (1856 – 1923)

Ferdinand Avenarius, Schriftsteller, Publizist, Verleger und Gründer des »Dürerbundes«, hat maßgeblich dazu beigetragen, dass sich Kampen zu einem Treffpunkt namhafter Künstler entwickelte. In seiner Heimatstadt Berlin gründete Avenarius 1887 die **Kunstzeitschrift »Der Kunstwart«**, ohne je eine staatliche Ausbildung in irgendeiner Form genossen zu haben.

Kunstfreund und Syltliebhaber

Im Jahr 1876 besuchte er Sylt zum ersten Mal, 1903 baute er in Kampen das Haus Uhlenkamp, das in den Sommermonaten Sitz der Kunstwart-Redaktion wurde. Avenarius rief zudem ein **Stipendium** ins Leben und holte auf diese Weise zahlreiche Maler in seine Jugendstilvilla. Oftmals veröffentlichte er die auf Sylt entstandenen Werke in seiner Zeitschrift. Avenarius war ausgesprochen naturverbunden und forderte 1913, das Gebiet zwischen Kampen und List unter Naturschutz zu stellen. »Schutz für Sylt!« lautete sein Aufruf, den er im »Kunstwart« publizierte, der mittlerweile eine vielseitige Kulturzeitschrift geworden war und stolze 23 000 Abonnenten aufweisen konnte.

In seinem Todesjahr 1923 wurden die Dünenlandschaft bei List, der Ellenbogen an der Nordspitze und das Morsumer Kliff zum Naturschutzgebiet erklärt. Ferdinand Avenarius liegt auf dem Keitumer Friedhof begraben.

Friedrich von Bodelschwingh (1831 – 1910)

Auf Friedrich von Bodelschwingh geht das erste touristische Unternehmen Amrums zurück. Der evangelische Theologe aus Lengrich und Gründer der christlichen Wohlfahrts- und Missionsanstalten in Bethel bei Bielefeld, wurde 1888 von dem damaligen Inselpastor nach Amrum gebeten, um in der Kirche über den Fremdenverkehr und seine Konsequenzen zu sprechen. Zu diesem Zeitpunkt fürchtete man auf der Insel, dass das Badeleben, wie es sich auf Sylt und Föhr entwickelte, auch auf Amrum seine Kreise ziehen könnte. Man wehrte sich damals gegen die Erteilung einer Badekonzession, da man unwiederbringliche Veränderungen für das Leben der Amrumer und den allgemeinen Verfall der Sitten vorhersah.

Theologe mit sozialem Engagement

Da alle Gegenmaßnahmen zu scheitern drohten, kamen einige Amrumer auf die Idee, der Profanität des Badebetriebs durch eine christliche Alternative die Spitze zu nehmen. Bodelschwingh baute daraufhin das **Christliche Seehospiz** auf, das 1890 seine Tore öffnete. Es erwies sich als außerordentlich beliebt und daher zu klein, denn Bodelschwingh hatte damals mit einem Holzhaus im schwedischen Stil angefangen. So musste bereits drei Jahre später ein zweites eingeweiht werden – bis 1911 entstanden noch drei weitere.

↞ *In Kampen feierten auch der Industriellenerbe Gunter Sachs und die mit ihm in den 1960er-Jahren verheiratete Filmdiva Brigitte Bardot.*

Wilma Bräuner (1891 – 1985)

Unbeirrbare Naturschützerin

Wie nur wenige andere hat sich die Malerin, Fotografin und Schriftstellerin mit ihrem Werk und ihrem kritischen Engagement für die Insel Sylt und ihren Erhalt eingesetzt. Vielen Insulanern und Inselgästen ist sie bis heute als außerordentlich menschliche, originelle und humorvolle Persönlichkeit in lebhafter Erinnerung.

Als achtjähriges Kind kam sie zum ersten Mal nach Sylt. Nach der künstlerischen Ausbildung in ihrer Heimatstadt Hamburg zog sie 1921 auf die geliebte Insel. Hier widmete sie ihr Talent in erster Linie der **Fotografie** – mit der Leica in det Hand zog sie zu Fuß, zu Pferd, mit Fahrrad, Motorrad und noch bis ins hohe Alter im Auto über die Insel, unermüdlich auf Motivsuche. Die technisch und künstlerisch herausragenden Bilder sind eine Wertschätzung der Sylter Landschaften, wie sie einfühlsamer kaum sein könnte.

Wilma Bräuner, die Sylt noch aus der Zeit kannte, als es kaum Wege, geschweige denn Straßen gab, litt unter der zunehmenden Zerstörung der Insel. Mit ihren Fotografien wollte sie die allmählich verschwindende Landschaft in ihrer Vielfalt so festhalten, wie sie über Jahrhunderte gewesen war. Aus denselben Beweggründen hat sie 1971 ihr Haus für die Gründung einer Bürgerinitiative geöffnet, die sich gegen das geplante Atlantis-Appartementhochhaus in Westerland aussprach und den Bau des 100 m hohen Gebäudes auch verhindern konnte. Wilma Bräuner kämpfte noch mit 80 Jahren mit vollem Einsatz gegen das Atlantis-Projekt.

Christian VIII. (1786 – 1848)

Volksnaher Monarch und Badegast

Mit seinen Besuchen auf Föhr kurbelte Christian VIII., der seit 1839 König von Dänemark und Herzog von Schleswig und Holstein war, das Badeleben auf der Insel kräftig an. 1842 kam der Monarch zusammen mit seiner Frau erstmals zur Badekur nach Wyk auf Föhr. Bis zu seinem Tod fand er sich von nun an **regelmäßig einmal im Jahr** hier ein. Man vermutet, dass Christian VIII. nicht allein aus Erholungsgründen auf Föhr Station machte, sondern dass politische Gründe bei der Wahl des Urlaubsdomizils mitspielten. Sein ausgemachtes Interesse galt der engen Anbindung Schleswigs an Dänemark, und zu einem Zeitpunkt, zu dem sich sowohl die Schleswiger als auch die Holsteiner mehr nach Deutschland orientierten, schien es durchaus geraten, auf diese Weise Anhänger auf seine Seite zu ziehen. Die Föhrer schätzten den erlauchten Gast sehr; sie erlebten ihn als gutmütigen Herrscher und veranstalteten alljährlich diverse Festivitäten während seines Aufenthalts.

Valeska Gert (1900 – 1978)

Weltstar mit Sinn für Humor

Die Tänzerin, Schauspielerin und Kabarettistin Gertrud Valeska Samosch, 1900 in Berlin geboren, lebte lange Zeit in Kampen auf Sylt und führte dort ab 1951 26 Jahre lang unter ihrem Künstlernamen Valeska Gert das berühmte Kabarettlokal »Ziegenstall«. Gert hat maßgeblich den Ausdruckstanz geprägt und gilt als **Schöpferin der modernen Tanzpantomime**. In den Zwanziger- und Deißigerjahren war die Allround-Künstlerin ein Star. Seit 1918 stand sie auf allen bedeutenden Bühnen Europas, als Filmschauspielerin hatte sie u. a. 1931 in der »Dreigroschenoper« eine Rolle.

Im Jahr 1932 bezog sie ihr Sommerhaus in Kampen am Wuldeweg. Ein Jahr später musste die Jüdin emigrieren. Sie ging nach New York, wo sie – allerdings mit wenig Erfolg – ein eigenes Kabarett aufzog. Nach Kriegsende kehrte sie nach Deutschland zurück und eröffnete 1951 in ihrem Kampener Haus den »Ziegenstall«, der zu einem weithin bekannten Anziehungspunkt wurde. Die Wände dieses wirklich außergewöhnlichen Lokals waren übrigens mit Autogrammen Prominenter übersät, dazwischen fand man Sprüche wie: »Die Gäste sind wie Ziegen, sie werden gemolken und meckern«. Ihre Biografie »Die Katze von Kampen« veröffentlichte Valeska Gert 1973. Drei Jahre nach ihrem Tod wurde der »Ziegenstall« abgerissen.

Christian Peter Hansen (1803 – 1879)

In Westerland als Sohn einer Sylter Seemanns- und Lehrerfamilie geboren, wurde Christian Peter Hansen als Chronist und Forscher der friesischen Kultur weit über Sylts Grenzen hinaus bekannt.

Leidenschaft-licher Heimat-forscher

Ab 1829 war er als Lehrer und Organist in Keitum tätig. Seine Sammelleidenschaft und seinen Forscherdrang widmete Hansen mit Leib und Seele der Geschichte der Insel und der nordfriesischen Kultur. Er trug nicht nur regionale archäologische Fundstücke und Fossilien zusammen, sondern auch mündlich überlieferte Sagen, die er niederschrieb, um sie der Nachwelt zu erhalten. Er skizzierte und zeichnete die verschiedenen landschaftlichen und geologischen Formen und schrieb mehrere Abhandlungen und Bücher. Sein Wunsch, den Insulanern die eigene Vergangenheit bewusst zu machen, ist spätestens mit dem Buch »**Chronik der friesischen Uthlande**«, das er 1856 veröffentlichte, in Erfüllung gegangen. Hansen lebte in Keitum im Altfriesischen Haus und wurde auf dem Keitumer Friedhof begraben.

Uwe Jens Lornsen (1793 – 1838)

Als Freiheitskämpfer im Raum Schleswig-Holstein machte sich der gebürtige Keitumer Uwe Jens Lornsen, der an den Universitäten Kiel und Jena ein Jurastudium absolviert hatte, einen Namen. Nach rund zehnjähriger Tätigkeit in Kopenhagen bei der höchsten dänischen Landesbehörde für Schleswig und Holstein wurde er mit nur 37 Jahren zum Landvogt der Insel Sylt ernannt – nach hundert Jahren be-

Kämpfer für die Unabhängigkeit

kleidete erstmals wieder ein geborener Sylter dieses Amt. Ganze zehn Tage residierte er allerdings nur in den Räumen der Landvogtei in Tinnum, dann wurde er entlassen und wegen Gefährdung der »öffentlichen Ruhe« für ein Jahr ins Gefängnis gesteckt. Der Grund: Unter dem Titel »Über das Verfassungswerk in Schleswig-Holstein« hatte er eine **Unabhängigkeitsschrift** verfasst, in der er die Loslösung Schleswigs vom dänischen König, die Zusammengehörigkeit von Schleswig und Holstein und eine größere Anbindung an Deutschland forderte. Angeregt durch das Gedankengut der Französischen Revolution und die politisch-revolutionären Veränderungen in Europa hatte er sich mit der Situation von Schleswig und Holstein beschäftigt, die aufgrund des Ripener Vertrages von 1460 »ewich tosamende ungedelt«, also für immer ungeteilt bleiben sollten. Die Realität sah

indessen ganz anders aus. Er sprach mit seinen Forderungen für einen Großteil der Bevölkerung, namentlich für die Oberschicht, doch wurde er letztlich nicht genügend unterstützt.

Nachdem er seine Haftstrafe abgesessen hatte, kam er zurück auf die Insel, die er jedoch als sehr beengend, als »zweites Gefängnis« empfand. Sein physisch und nun auch psychisch labiler Gesundheitszustand verschlechterte sich. 1833 ging er für einige Jahre nach Brasilien, um eine Krankheit auszukurieren. 1837 kam er nach Europa zurück und lebte noch wenige Monate in Genf. Am 13. Februar 1838 nahm er sich mit 44 Jahren das Leben. Mit geöffneten Pulsadern und einem Herzschuss wurde er am Ufer des Genfer Sees tot geborgen.

Auf Sylt hat man die höchste Erhebung nach ihm benannt: die Uwe-Düne bei Kampen. Im Sylter Heimatmuseum in Keitum wurde Lornsen und seiner politischen Arbeit ein Raum gewidmet; im selben Ort steht zu seinen Ehren ein Denkmal und eine Straße wurde nach ihm benannt.

Peter Suhrkamp (1891–1959)

Verleger und Stammgast in Kampen

Dem berühmten Verleger Peter Suhrkamp ist Sylt zur zweiten und schließlich letzten Heimat geworden. Suhrkamp war seit 1933 Herausgeber der »Neuen Rundschau«, die im S.-Fischer-Verlag erschien. Nachdem Gottfried Bermann Fischer, Inhaber des Verlages, 1936 mit seiner Familie Deutschland verlassen musste und die Geschäfte im Ausland weiterführte, arbeitete Suhrkamp als Leiter eines in Deutschland verbliebenen Teils des Verlags. Dieser wurde 1942 in »Suhrkamp-Verlag vormals S. Fischer« umbenannt. Der heutige Suhrkamp-Verlag, der sich zu einem der wichtigsten Verlage für zeitgenössische Belletristik entwickelte, wurde 1950 gegründet.

Ebenso wie sein Verlegerkollege Ernst Rowohlt war auch Peter Suhrkamp ein großer **Freund der Insel Sylt**. Er wohnte lange Zeit als Stammgast in Kampen im Haus Kliffende. Später kaufte er sich ein eigenes Haus in Kampen, in dem er zahlreiche Literaten und Intellektuelle empfing, die sich mitunter auch – wie etwa Ernst Penzoldt – länger hier aufhielten, um zu schreiben. Abends traf man sich bei Suhrkamps in der Kellerbar. Peter Suhrkamp widmete der Insel im Jahr 1943 den Essay »Die nordfriesische Insel«. Seine Grabstelle befindet sich auf dem Keitumer Friedhof.

Stars und Sternchen

Sylt zieht auch heute noch Prominenz an. Im Sommer ist die Insel Feriendomizil von Aufsichtsräten und Unternehmern, von Stars aus Sport, Musik und TV. Zahlreiche Partys vom Krebsessen oder Spanferkelgrillen über Modeschauen, Jubiläums- oder Geburtstagsfeiern bis hin zu Benefiz-Gala-Dinner vereinen alles, was Rang und Namen hat. Manager und Konzernchefs Manager und Konzernchefs aus Industrie, Handel und den Medienbranchen; darunter viele Repräsentanten, die sich im nahen, hektischen, nach öffentlicher Wahrnehmung gierenden Berlin ihre Rolle erkämpft haben und von ihrer Bedeutung auch im sommerlichen Sylt nicht ablassen können. Die etablierten »In«-Restaurants und Hotels werden dann zum großen »Catwalk« der »Celebreties«, was den Sylter Gastgebern allerdings nicht unbedingt imponiert. Denn es gibt auch die anderen Gäste, oder, wie ein langjähriger Einwohner Braderups einmal sagte: »Im Sommer kommen die Neureichen, im Herbst die Steinreichen!«

Nicht nur für Reiche: Heiraten auf Sylt

Praktische Informationen

WIE MAN NACH SYLT KOMMT, WO
MAN STRANDKÖRBE MIETEN
ODER CAMPEN KANN, WAS DIE
INSELN AN FESTEN ODER FÜR
DEN URLAUB MIT KINDERN
BIETEN – HIER ERFAHREN SIE
ALLES WICHTIGE.

Anreise und Reiseplanung

Sylt

Anreise
Mit der Bahn ▶ Von Hamburg aus gibt es mehrmals täglich IC-Verbindungen (etwa 3 1/4 Stunden) nach Westerland auf Sylt. Der letzte Festlandsbahnhof ist Niebüll, anschließend fahren die Züge über den Hindenburgdamm nach Westerland. Kleinere Bahnhöfe gibt es in Morsum und Keitum, an denen die Züge der Nord-Ostsee-Bahn halten, die zwischen Hamburg und Westerland stündlich verkehren, bis Husum und in der Hauptsaison auch öfter.

Mit dem Auto ▶ Wer sein Auto mit auf die Insel nehmen möchte, hat zwei Möglichkeiten: ab Niebüll mit dem Autoreisezug über den Hindenburgdamm bis Westerland oder ab Havneby auf der Insel Rømø/Dänemark mit der Fähre bis List auf Sylt. Von Hamburg fährt man über die A 23 (bis Heide, dann B 5) oder über die A 7 (Ausfahrt Flensburg-Harris-

BAHN

▶ **Auskunft Deutsche Bahn**
DB Autoreisezug
Servicetelefon (0180) 599 66 33
www.bahn.de
www.dbautozug.de

▶ **Sylt Shuttle**
Terminal Westerland
Servicetelefon (018 05) 93 45 67
www.syltshuttle.de

▶ **Nord-Ostsee-Bahn**
Service-Telefon (01 80) 101 80 11
www.nord-ostsee-bahn.de

FÄHRE

▶ **Rømø-Sylt-Linie**
List, Tel. (01 80) 3 10 30 30
Flensburg
Tel. (04 61) 86 4-0
www.syltfaehre.de

▶ **W.D.R. Wyker Dampfschiffs-
Reederei Föhr/Amrum GmbH**
Tel. (0 18 05) 08 01 40
www.faehre.de

AUSFLUGSSCHIFFE

▶ **Halligreederei
Neuton u. Heinrich v. Holdt**
Tel. (0 46 74) 15 35

▶ **Kapitän Uwe Petersen**
Tel. (0 46 67) 367
www.halligmeerfahrten.de

▶ **Kapitän Bernd Diedrichsen**
Tel. (0 48 41) 8 14 81
www.wattenmeerfahrten.de

FLUGZEUG

▶ **SFG Sylter Flughafen GmbH**
Tel. (0 46 51) 92 06 12
www.flughafen-sylt.de

▶ **Sylt Air GmbH**
Tel. (0 46 51) 78 77
www.syltair.eu
(im Sommer auch Rundflüge)

▶ **Flugplatz Wyk**
Tower:
Tel. (0 46 81) 55 05
Buchungsbüro:
Tel. (0 46 81) 81 39

lee, dann B 199) rund 200 km bis Niebüll und kann dort den Auto-
zug nehmen. Die Fahrt hinüber nach Westerland dauert knapp 40
Minuten, Verbindungen gibt es etwa einmal pro Stunde. Platzreservierungen sind nicht möglich, und in der Hauptsaison kommt es
mitunter zu erheblichen Wartezeiten.

Die Alternativstrecke über Rømø dauert etwa eine Stunde länger, ist ◄ Fahrt über Rømø
aber kostengünstiger. Die nördlich von Sylt gelegene dänische Insel
Rømø ist durch eine Straße mit dem Festland verbunden. Ab Havneby verkehren Fähren in den Sommermonaten im Stundentakt. Die
Fahrzeit beträgt etwa eine Stunde, Platzreservierungen sind ratsam.
Auskunft bei der Autofähre Rømø-Sylt-Linie in List und in Havneby.
Wer mit dem Auto bis nach Niebüll fahren und es dort abstellen
möchte, dem steht ein Großparkplatz mit Parkflächen im Freien
oder in einer Halle zur Verfügung (Tel. 0 46 61 / 93 75 19, www.sylt
parker.de); in der Hauptsaison bzw. an Feiertagen werden die Hal-
lenplätze meistens knapp – Reservierung wird empfohlen.

Im Sommerhalbjahr gibt es ab Berlin, Hamburg, Bremen, Hannover, ◄ Mit dem
Düsseldorf, Dortmund, Köln/Bonn, Frankfurt, Erfurt, Stuttgart und Flugzeug
München sowie ab Basel und Zürich direkte Charter- und Linienflü-
ge nach Westerland (Lufthansa, Air Berlin, Hanseflug, Sylt Air). Alle
Informationen zu den Flugverbindungen erhält man beim Flughafen
Sylt.

Amrum/Föhr

Täglich fahren mehrere ICs von Hamburg aus über Niebüll bis nach **Anreise**
Dagebüll direkt an die Mole, von wo aus es mit dem Schiff weiter- ◄ Mit der Bahn
geht. Die Züge halten in unmittelbarer Nähe der Fähranleger, sodass
man die Fährschiffe nach Amrum und Föhr bequem zu Fuß erreichen kann. Die Fahrzeit von Hamburg bis Dagebüll/Mole beträgt etwa drei Stunden.

Der Amrumer **Reisegepäckservice** (zu erreichen unter Tel. 0 46 82/
22 11), bringt das Gepäck von Dagebüll-Mole bis ins Ferienquartier
auf Amrum. Auf Föhr gibt es ebenfalls Reisegepäckbeförderungen:
den Föhrer Gepäckservice (Tel. 0 46 81/22 42), Fritz Borgert (Tel.
0 46 81/26 88) sowie den »Haus-zu-Haus«-Gepäcktransport – nur
mit gültigem Fahr- und Gepäckschein der Deutschen Bahn AG (Tel.
01 80/3 32 05 20).

Die Anfahrt erfolgt von Hamburg aus über die A 23 oder über die ◄ Mit dem Auto
A 7 nach Niebüll und von dort 14 km weiter nach Dagebüll Hafen.
Von hier aus fahren die Fährschiffe der W.D.R. Wyker Dampfschiffs-
Reederei, auf denen man rechtzeitig einen Platz reservieren sollte.
Für Autos hat man in Dagebüll folgende Parkmöglichkeiten: Großga-
ragen Dagebüll-Hafen (Tel. 0 46 67/3 20) und Parkhaus Dagebüll
(Tel. 0 46 67/ 55).

Auf Föhr gibt es einen Flughafen bei Wyk, was nicht alle Urlauber ◄ Mit dem
freut. Im Sommerhalbjahr werden Bedarfs-Linienflüge nach Ham- Flugzeug
burg und Westerland angeboten.

Anreise zu den Halligen Nach Hooge, Langeneß und Gröde gelangt man vom Festland aus mit der Fähre ab Schlüttsiel (Wyker Dampfschiffs-Reederei). Zu den anderen Halligen gibt es keinen regelmäßigen Fährverkehr. Nach Oland fährt ein Ausflugsschiff ab Schlüttsiel (Kapitän Uwe Petersen). Nordstrand ist über einen Damm mit dem Festland verbunden.

Auskunft

▶ WICHTIGE ADRESSEN

TOURISMUSBÜROS

▶ **Sylt Marketing GmbH**
Stephanstr. 6, D-25980 Westerland
Tel. (0 46 51) 820 20, Fax 82 02 22
www.sylt.de
(mit Links zu den Tourismusbüros
in den Gemeinden)

▶ **AmrumTouristik**
Inselstraße 14b, 25946 Wittdün
Tel: (0 46 82) 9 40 30
www.amrum.de

AmrumTouristik Norddorf
Tel. (0 46 82) 9 47 00
AmrumTouristik Nebel
Tel. (0 46 82) 9 43 00

▶ **Föhr Tourismus GmbH**
Tel. (0 46 81) 3 00
www.foehr.de
(Mit Links zu den Gemeinden)

Nordseebad Nieblum
Tel. (0 46 81) 25 59, Fax 34 11

ℹ **Telefon-Vorwahl Föhr**

▪ Achtung! Für die Insel Föhr gibt es zwei
Vorwahlen. Für die Orte Alkersum, Mid-
lum, Nieblum, Oevenum, Wrixum und
Wyk lautet sie: 0 46 81, für die Orte
Borgsum, Dunsum, Oldsum, Süderende,
Utersum und Witsum: 0 46 83.

Kurverwaltung Utersum
Tel. (0 46 83) 3 46

▶ **Hallig Hooge**
Tel. (0 48 49) 91 00
www.hooge.de

▶ **Hallig Gröde**
Infos bei Claudia Mommsen
Tel. (0 46 74) 3 02
www.groede.de

▶ **Halligen Langeneß und Oland**
Tourismusbüro Langeneß
& Oland
Tel. (0 46 84) 2 17
www.langeness.de

▶ **Hamburger Hallig**
Hallig-Krog
Tel. (0 46 71) 94 27 88
www.hallig-krog.de

▶ **Nordstrandischmoor**
Tel. (0 48 42) 3 73
www.nordstrandischmoor.de

▶ **Nordsee-Tourismus-Service GmbH**
Zingel 5, 25813 Husum
(Tel. 0 48 41) 89 75 75, Fax 48 43
Info-Hotline (0 18 05) 06 60 77
www.nordseetourismus.de

Badeurlaub

Generell darf man die Gefahren der Nordsee nicht unterschätzen. **Gefährliche**
Selbst wenn die Brandung von Ferne relativ harmlos aussieht, sollte **Strömung**
man schon etwas Erfahrung haben, bevor man sich in tiefere Regionen vorwagt. Wirklich gefährlich kann das Baden bei Ebbe werden, weil dann starke Strömungen auftreten, die man beim bloßen Hinsehen überhaupt nicht vermutet. Besonders überraschend können kleine, aber kräftige Ströme zwischen den Sandbänken sein, die Badende unter Umständen mit aller Macht vom Strand wegziehen. Gegen die **Sogwirkung der Ebbe** anzuschwimmen ist selbst für trainierte Schwimmer ein äußerst schwieriges Unterfangen!

Das Baden und Schwimmen außerhalb der beaufsichtigten Bereiche – wenn es denn überhaupt erlaubt ist – sollte man nur den ganz Erfahrenen überlassen. Außerhalb der überwachten Badezonen und Badezeiten geschieht das Baden auf eigene Gefahr.

An bewachten Stränden sind die Badezeiten jeweils angeschrieben. ◀ **Baderegeln**
Zu den angegebenen Zeiten wird eine DLRG-Flagge aufgezogen, Rettungsschwimmer überwachen dann den Badebetrieb.

Ein schwarzer Ball bedeutet: Badezeit. Ein roter Ball zeigt an: Situation ist nicht ungefährlich; Badebeschränkung für Kinder und Nichtschwimmer. Zwei rote Bälle stehen für ein generelles Badeverbot.

Auf Sylt besteht absolutes Badeverbot an der Südspitze der Insel und im Norden im Bereich des Ellenbogens, da hier sehr starke Strömungen herrschen. Unabhängig von den Witterungsbedingungen ist das Baden grundsätzlich im Bereich von Buhnen verboten. Auf Amrum und Föhr ist das Baden überall auf eigene Gefahr gestattet.

FKK

FKK-Strände findet man im Norden im Listland westlich von List, **Sylt**
nördlich von Kampen an der legendären Buhne 16 und zwischen Kampen und Wenningstedt direkt am Roten Kliff, einen FKK-Strand für Kurpatienten in Höhe der Nordseeklinik im Norden von Westerland, außerdem südlich von Westerland bei der Oase (nördlich von Dikjen Deel), südlich von Rantum die legendären Strände Sansibar und Samoa und direkt bei Hörnum.

Auf Amrum gibt es in der Nähe des Leuchtturms an der Hauptstraße **Amrum**
von Wittdün nach Nebel eigens einen in den Dünen gelegenen FKK-Campingplatz, von dem aus man Zugang zu einem FKK-Strand hat. Ein zweiter FKK-Strand befindet sich westlich von Nebel und ein weiterer bei Norddorf südlich des Textilstrandes (Zugang über den Bohlenweg Düüwdääl).

Föhr hat zwei FKK-Strände: westlich vom Goting-Kliff bei Nieblum **Föhr**
und westlich von Wyk in Höhe des Flughafens.

Um 1900 zeigte man sich am Strand von Westerland noch sehr verhüllt.

VOM BADEKLEID ZUM LICHTKLEID

Als der Arzt Dr. Jenner im Jahr 1850 die Idee äußerte, das Bad im Meer unbekleidet zu genießen, da dies am heilsamsten sei, war er seiner Zeit weit voraus. Erst um die darauf folgende Jahrhundertwende kam das Nacktbaden in Mode. Der Bäderbetrieb hatte da schon eine lange Geschichte.

Im Jahr 1855 kamen die ersten Badegäste. Ihre Anreise war damals eine halbe Weltreise: von Husum aus mit dem Dampfschiff über Wyk auf Föhr, von dort aus weiter bis in den kleinen Hafen Nösse, von wo aus Pferdekutschen nach Westerland zuckelten. Mitte des 19. Jahrhunderts war dies ein Dorf mit 450 Einwohnern, die Besucher vom Festland fanden eher bescheidene Verhältnisse vor. Neun Westerländer hatten sich zusammengetan und das neue Bad begründet. Bei der Grundsteinlegung für das erste Hotel hieß es 1857: »Vieler Orten sind Seebäder gegründet worden, aber nicht das schlechteste wird dasjenige sein, wozu wir heute den Grundstein legen, vielleicht das kräftigste von allen.«

Ende des 18. Jahrhunderts hatten Ärzte die Heilkraft von Meerwasser und Küstenklima entdeckt. Das erste Nordseebad eröffnete daraufhin 1797 auf Norderney, in Heiligendamm an der Ostsee gab es bereits seit 1793 Badebetrieb. Nach Föhr kamen die ersten Badegäste 1819.

Bis 1888 zogen noch Pferde die Kurgäste nach Westerland, dann wurde die Inselbahn, die »rasende Emma« eingeweiht, die nur im Sommer fuhr. 1905 kamen immerhin schon 20 000 Gäste vom Festland. Mit dem Bau des Hindenburgdamms veränderte sich dann alles rasend schnell.

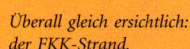

Überall gleich ersichtlich: der FKK-Strand.

Und wie sah das Leben am Strand zu dieser Zeit aus? Das »Reglement für das Seebad Westerland auf Sylt pro 1859«, das bei dem Chronisten C. P. Hansen nachzulesen ist, gibt Auskunft: »Das Seebad zu Westerland auf Sylt ist im Jahre 1859 vom 15. Juni bis zum 1. October von 6 Uhr Morgens bis 12 Uhr Mittags geöffnet. Sitz- und Wannenbäder können jedoch auch Nachmittags von 6 bis 7 Uhr in Zelten am Strand gereicht werden. Die Badebillets werden einzeln und dutzendweise bei einem Mitgliede der Badedirection gekauft. Während der Badezeit sind die Badewärter und die Badewärterinnen am Strande, um die Badewäsche auszugeben, die Badekarren zu transportiren und die sonst nöthige Hülfe zu leisten. Das Badewärterpersonal ist auf Trinkgelder angewiesen. Der Damenstrand und die angrenzenden Dünen sind während dieser Zeit außer für die badenden Damen streng abgesperrt.

Nach 12 Uhr dagegen sind alle Theile des Badestrandes einem Jeden zugänglich.«
Und noch 26 Jahre später liest man: »Das Baden ist nur an den mit Tafeln als Herrenbad oder Damenbad bezeichneten Plätzen, und nur von 6 Uhr morgens bis 1 Uhr nachmittags erlaubt.« Damenbad und Herrenbad waren etwa zwei Kilometer voneinander entfernt. Da gab es selbst mit einem Fernglas nichts zu sehen. Und wenn schon: Die Damen wechselten ihre Hüllen diskret im Badekarren, entstiegen ihm in mehr oder weniger normierter Badekleidung – und waren schon im Wasser verschwunden. Auch für die Frauenwelt lohnte sich der Blick ins andere Lager nicht, denn im Herrenbad ging es nicht weniger streng zu.
60 Jahre später schien die Welt Kopf zu stehen: »Man badet hier ohne alles, und das ist herrlich, man verwundert sich höchstens, wie selbstverständlich

es ist. Heute liegen wir in einer Gruppe, es kommt ein junges Paar, beide im Badekleid, Bekannte, und als sie uns erkennen, bleiben sie stehen, machen das einzig Geziemende, streifen ihr Badezeug herunter, nehmen es in die linke Hand und kommen zur Begrüßung«, notiert **Max Frisch** in sein Tagebuch. Das »einzig Geziemende« hat sich gewandelt.

Im Jahr 1850 hat **Dr. Jenner**, Arzt auf Sylt, erstmals die spektakuläre Idee geäußert, das Bad im Meer sei unbekleidet am heilsamsten. In der Brandung werde die Haut gut durchblutet, der Körper erwärme sich, durch nasse Kleidung aber würde dieser Effekt vereitelt. Mit dieser Ansicht war Jenner seiner Zeit weit voraus.

Auf Sylt gab es mit Klappholttal im Norden ein Fleckchen, wo die ersten »Lichtmenschen« der Insel das Ideal der Nacktheit in freier Natur pflegten. Einer der Mitbegründer der Freikörperkultur war der Pfarrer – später Maler und Fotograf – **Magnus Weidemann**, den es seit 1921 in Sylts Norden zog. Während er sich in Klappholttal ohne Skrupel im Lichtkleid bewegte, brutzelte **Ferdinand Avenarius** versteckt in seiner von außen nicht sichtbaren Dachwanne auf dem Kampener Haus Uhlenkamp.

Nach dem Zweiten Weltkrieg zog das Ganze weitere Kreise. An ein 1947 von der Stadt Westerland ausgesprochenes Nacktbadeverbot hielt sich bereits niemand mehr. Legendär wurden FKK-Strände wie Kampens Buhne 16, Abessinien, Samoa oder Sansibar bei Rantum. Sylt war immer Deutschlands bekanntestes Freikörper-Paradies. Aber natürlich gab es auch »sone und solche«. Vom Intendanten Boleslaw Barlog ist überliefert, dass sein Freund Ernst Rowohlt ihn als altes Schwein bezeichnete, weil er zum FKK-Strand ging. Rowohlt selbst kam, wie Barlog es ausdrückte, »über den Textilstrand nie hinaus«.

STRANDKORBVERMIETUNG

SYLT

▶ **Hörnum Kurverwaltung**
Tel. (0 46 51) 9 62 60

▶ **Kampen Kurverwaltung**
Tel. (0 46 51) 4 69 80

▶ **List Kurverwaltung**
Tel. (0 46 51) 9 52 00

▶ **Rantum**
Kurverwaltung
Tel. (0 46 51) 80 70
bei Peter Hansen (Samoa)
Tel. (0 46 51) 2 65 04
am Sansibar-Strand
Tel. (0 46 51) 96 46 46 u. 96 46 26

▶ **Wenningstedt**
Strandkorbkasse in der Kurhalle
und am Strand

▶ **Westerland**
Kurmittelhaus

AMRUM

▶ **Wittdün**
Tel. (0 46 82) 9 43 40

▶ **Nebel**
Tel. (0 46 82) 99 53 53 u. 6 49

▶ **Süddorf**
Tel. (0 46 82) 2 06 90

▶ **Norddorf**
Tel. (0 46 82) 5 45, 6 44 u. 24 40

FÖHR

▶ **Utersum**
bei der Kurverwaltung

▶ **Wyk**
überall am Strand
Während der Hauptsaison sollte
man sechs Wochen vor Urlaubsbeginn reservieren (Städtischer
Hafenbetrieb, Hafenstraße 44,
Tel. 0 46 81/58 06 64).

Mit Behinderung unterwegs

Unterkünfte Über behindertengerechte Unterkünfte – Hotels, Pensionen, Privatzimmer, Ferienwohnungen, Campingplätze – informieren die Kurverwaltungen. Außerdem sind Unterkünfte für Behinderte enthalten
in »Handicapped-Reisen, Band 1 Deutschland«, erhältlich beim
FMG-Verlag, Postfach 2154, 40644 Meerbusch.

● HILFREICHE ADRESSEN

▶ **BAGCBF**
Bundesarbeitsgemeinschaft
des Clubs Behinderter und ihrer
Freunde
Eupener Straße 5, 55131 Mainz
Tel. (0 61 31) 22 55 14

▶ **BSK**
Bundesverband Selbsthilfe
Körperbehinderter Menschen
Altkrautheimer Straße 17
74238 Krautheim/Jagst
Tel. (0 62 94) 6 81 12
Gruppenreisen und Vermittlung
von u. a. Reisebegleiter

▶ **Lebenshilfe Sylt e. V.**
Bastianstraße 22a
25980 Westerland
Tel. (0 46 51) 58 10, Fax 2 97 97
www.lebenshilfe-sylt.de

▶ **Kontakt in Österreich**
Verband aller Körper-
behinderten Österreichs
Lützowgasse 24–28, 1140 Wien
Tel. (00 43 / 2 22) 9 11 32 25

▶ **Kontakt in der Schweiz**
Mobility International Schweiz
Frohburgstr. 4, 4600 Olten
Tel. (00 41 / 62) 2 06 88 35

Büchereien · Buchhandlungen

ADRESSEN FÜR LESESTOFF

SYLT

▶ **Gemeindebücherei Sylt**
Westerland, Stephanstr. 6b
Tel. (046 51) 227 10
www.inselbücherei-sylt.de
Öffnungszeiten: Mo. / Di.
10.00 – 12.00 u. 15.00 – 18.00, Do.
bis 20.00, Fr. 10.00 – 12.00, Sa.
8.30 – 12.00, Mi. geschlossen

▶ **Buchhandlungen**
Westerland: Badebuchhandlung,
Buchhaus & Papeterie (Friedrich-
str. 7), Bhlg. Uwe Becher (Wil-
helmstr. 3), Bücherwurm
(Strandstr. 13); Hörnum: Bücher-
Bilder-Filme (Strandweg 6);
Keitum: Büchertruhe (Am Tip-
kenhoog 3)

AMRUM

Den Kurverwaltungen von Nord-dorf und Wittdün sind kleine Büchereien angegliedert, in Süddorf kann man Bücher in der Gemeinschaftsschule ausleihen.

FÖHR

Büchereien gibt es in Wyk (Kleines Kulturzentrum, Mittelstraße) in Nieblum (Dörpshus) in Utersum (Dorfgemeinschaftshaus, Skuuljaat).

Essen und Trinken

Seeluft macht bekanntlich hungrig und so ist es kein Wunder, dass es auf den Nordfriesischen Inseln kulinarisch gesehen eher deftig zu-geht: Fisch, Muscheln, Krabben, Schweinefleisch, Rindfleisch, Kohl und Kartoffeln stehen hier seit jeher auf dem Speiseplan. Dabei mö-gen manche Zusammenstellungen bei regionaltypischen Rezepten zunächst etwas befremdlich wirken, wie beispielsweise die Kombina-tion von Fisch mit Fleisch oder Saurem, Salzigem und Süßem in ei-nem Gericht. Aber keine Angst, auf den Inseln herrscht eine große **gastronomische Vielfalt**: Etliche Lokalitäten von der kleinen Fisch-bude über die gutbürgerliche Gast-stätte bis hin zum noblen Fein-schmecker-Restaurant präsentieren auf ihren Speisekarten für jeden Geschmack und Geldbeutel etwas Passendes. Während die norddeut-schen Gerichte generell sehr hand-fest und wenig gekünstelt sind, hat sich speziell Sylt im Lauf der Jahre zum wahren Paradies für Feinschmecker entwickelt – regelmäßig werden die einschlägigen Gourmettempel von renommierten Gastro-nomieführern wie dem »Michelin« oder dem »GaultMillau« mit Sternen und Kochmützen bedacht.

Deftig bis edel

> ## *i* Preise
>
> ■ Die im Reiseteil A bis Z angegebenen Preiskategorien beziehen sich auf ein Hauptgericht ohne Getränke.
> Fein & teuer: ab 25 €
> Erschwinglich: 13 bis 25 €
> Preiswert: bis 13 €

Mitunter werden Gerichte für den kleinen Hunger angeboten, die eine ganze Mahlzeit ersetzen können. Zumindest gilt das für die ver-schiedenen Schwarzbrotzubereitungen. Den Genuss sollte man sich keinesfalls entgehen lassen. Ganz schlicht mit Butter schmeckt es hervorragend. In Lokalen wird es oft als Strammer Max (mit Spiegel-ei, Schinken und Gurke), mit Hackepeter (rohem, leicht gewürztem Hackfleisch) oder mit frischen Krabben serviert.

◀ Schwarzbrot

An der Nordsee wird natürlich viel Fisch angeboten, wenngleich die Fänge nicht direkt aus den Häfen kommen, sondern alle auf dem Umweg über Hamburg auf die Inseln gelangen. Besonders wohl-

Fisch

schmeckend ist die **Nordseezunge** – als »Müllerin-Art« in Butter gebraten und mit zerlassener Butter und Petersilienkartoffeln serviert
oder in Mandelbutter gebraten; Scholle erhält man u. a. in Speck gebraten mit Kartoffelsalat oder als zarte Maischolle in möglichst
schlichter Zubereitung. Auf den Speiseplänen stehen außerdem Heil-
butt, Dorsch, Hering, Steinbutt, Forelle oder Aal.

Matjes ▶ Matjes ist ein junger Hering ohne Rogen und Milch – Matjeshering
kommt aus dem Niederländischen und heißt soviel wie »Mädchen-
hering« –, der etwa zwei Monate lang in einer Salzlake »reift«. Matjes
wird mit den unterschiedlichsten Beilagen auf den Tisch gebracht,
die von Speckstippe bis zu Preiselbeeren reichen. Sehr beliebt ist die
Zubereitung Matjesfilet »Hausfrauen-Art« mit einer Sahnesoße mit
Apfel- und Zwiebelstücken und dazu Pellkartoffeln.

Labskaus ▶ Ein typisches Seemannsgericht! Das Wort stammt ursprünglich wohl
aus dem Norwegischen und fand dann seinen Weg über das Engli-
sche in norddeutsche Regionen. Labskaus besteht aus Pökelfleisch
vom Rind oder Schwein, Kartoffeln, Fisch (Hering oder Stockfisch)
und Zwiebeln. Diese Zutaten werden als eine Art Püree zubereitet,
seltener als Eintopf. Normalerweise wird das Labskaus unter einem
Spiegelei versteckt und mit Rote Beete und Salzgurken serviert.

Deftiges Vor allem in der kalten Jahreszeit sorgen **Grünkohl und Pinkel**, ein typisch norddeutsches Gericht, für ausreichende Kalorienzufuhr. Der
Grünkohl wird nach dem ersten Frost geerntet und mit Bauchfleisch
und Pinkel (Grützwurst) gekocht. Kohl und Pinkel isst man mit Pellkartoffeln und einer guten Portion Senf, dazu genehmigt man sich
zur besseren Verträglichkeit mindestens einen Klaren.
In das **Bauernfrühstück** gehören Rührei, Kartoffeln, Speck, manchmal auch Zwiebeln und ein paar Tomaten.

Süße Leckereien Die echte »Rode Grütt« besteht aus einem angedickten Fruchtsaft
von Himbeeren und Johannisbeeren, mitunter auch Kirschen. Dazu
wird Milch serviert, aber auch Sahne oder Vanillesoße.
Friesentorte gibt es nachmittags zum Tee oder Kaffee. Sie besteht aus
Blätterteig und Pflaumenmus, dazu Schlagsahne.

Ohne Tee geht im Norden gar nichts. Und da der Tee in den Insel-Teestuben wirklich wunderbar aromatisch schmeckt, wird sich nach einem Nordsee-Urlaub mancher eingeschworene Kaffeetrinker auch zu Hause ein Tässchen Tee genehmigen wollen. Allerdings kommt es ganz und gar auf die besondere Zubereitung an, die auf den Nordseeinseln schon geradezu als Zeremonie bezeichnet werden kann. Nachdem der Tee – es werden nur ganz bestimmte Sorten und zum Aufbrühen nur chlorfreies Wasser verwendet – lange genug gezogen hat, wird er auf einem Stövchen auf den Tisch gestellt, dazu werden **Kluntjes** (dicke Brocken Kandiszucker) und **echte Sahne** gebracht. Nun legt man zuerst die Kluntjes in die Tasse und gießt den Tee darauf, wobei das typische Knacken und Knistern entsteht. Dann wird die Sahne dazugegeben, aber nicht etwa gegossen, sondern vorsichtig mit einem speziellen Sahnelöffel quasi hineingelegt, sodass sie sich in kleinen weißen Wölkchen im Tee verteilt. Bis man das wunderbare heiße Getränk kosten kann, das heißt, bis sich der Kandiszucker etwas löst und der Tee die richtige Süße erhält, muss man sich dann noch einen Augenblick gedulden.

Tee mit Kluntjes

Grog ist ein weiteres heißes Getränk, das charakteristisch für die Region, zumal in den Wintermonaten, ist. Zum Aufwärmen bei kalter und nasser Witterung scheint er bestens geeignet, wobei allerdings das wirkliche Warmwerden des Körpers durch Alkohol bekanntermaßen in den Bereich der Legenden fällt. Ein richtiger Grog besteht aus Rum oder Arrak mit heißem Wasser und Zucker. »Steifer Grog« enthält besonders viel Rum. Eiergrog, ebenfalls regionaltypisch, ist mit einem schaumig geschlagenen, gezuckerten Eigelb versetzt.

Grog

Feste und Events

Auf den Inseln ist das Angebot an Veranstaltungen aller Art besonders in den Sommermonaten ausgesprochen vielfältig. Im Folgenden werden die wichtigsten alljährlich wiederkehrenden Feste und Events aufgeführt. Aktuelle Terminkalender finden sich im Internet (►Auskunft), in der Tageszeitung und bei den Kurverwaltungen.

 ## VERANSTALTUNGSKALENDER

JANUAR

► **Neujahrsbaden**
am Wenningstedter Strand. Unerschrockene Schwimmer werden mit Urkunde und heißem Punsch belohnt – Zuschauer bekommen natürlich auch einen Schluck ab.

FEBRUAR

► **Biike-Brennen**
Altes friesisches Traditionsfest am 21., um den Winter zu verabschieden. Überall werden große Feuer abgebrannt. Danach gibt es ein deftiges Kohlessen.

MÄRZ

▶ **Syltlauf**
Legendär: Der 33,3 Kilometer lange Lauf lockt über 1200 Teilnehmer auf die Insel. Die landschaftlich reizvolle Strecke führt von Hörnum über Westerland nach List.

▶ **Henner-Krogh-Förderpreis**
Sylter Musiker aller Stilrichtungen und Altersgruppen konkurrieren um die Gunst des Publikums und der Jury um den begehrten Preis.

MAI

▶ **Musik am Meer**
Seit mehr als 100 Jahren wird in der Musikmuschel an der Sylter Strandpromenade zum Monatsanfang und dann durch den ganzen Sommer in unterschiedlichsten Stilrichtungen musiziert.

JUNI

▶ **Sylter Lammtage**
Sylter Spitzenköche bereiten auf der Sylter Strandpromenade an drei Tagen zum Monatsende köstliche Lammspezialitäten zu.

▶ **Inselcircus in Wenningstedt**
Hier können die Kleinen nicht nur zuschauen, sondern sich selbst als Artisten versuchen.

▶ **Hörnumer Hafentage**
Dabei herrscht ebenso ausgelassene wie maritime Stimmung.

JULI

▶ **Ringreiter-Turniere**
Im Juli und August in Keitum, Archsum und Morsum. Die Teilnehmer müssen im Galopp mit einer Lanze Ringe aufspießen, die einen Durchmesser von lediglich 11 bis 24 mm haben.

▶ **Dorffeste**
Gesellige Feste in allen Orten den Sommer über mit kühlen Getränken und Gegrilltem, oder auch Beachpartys mit angesagten DJs bis in den Morgen.

▶ **»Meerkabarett«**
Auf Sylt geben sich Deutschlands Satiriker, Diseusen und Komödianten ein Stelldichein.

▶ **Kampener Literatursommer**
Prominente Autoren und hochkarätige Lesungen sorgen für eine der bedeutendsten kulturellen Veranstaltungen auf Sylt.

▶ **Westerländer Winzertage**
Auf der Promenade werden Weine aus deutschen Anbaugebieten bei Live-Musik verkostet – mit einem Seefeuerwerk am Samstagabend.

SEPTEMBER/OKTOBER

▶ **Surf-Worldcup**
Die besten Windsurfer der Welt treffen sich zu dem sportlichen Großereignis vor Westerland.

NOVEMBER

▶ **Weihnachtsmärkte**
Ende November öffnen die ersten ihre Pforten. Den Auftakt macht das gemütliche »Archsumer Weihnachtsstübchen«.

DEZEMBER

▶ **Weihnachtsbaden**
Veranstaltung am 26. Dez. am Westerländer Hauptstrand. Unter den Augen von Tausenden Zuschauern stürzen sich Mutige in die Nordsee.

▶ **Maskenlaufen**
Silvester-Tradition in Sylt-Ost mit friesischen Liedern und Gedichten

Geld

Die Nord-Ostsee Sparkasse unterhält auf Sylt Geldautomaten in Kampen (Hauptstr. 12, Kamp Hüs), in Keitum (Gurtstieg 48, Bankfoyer), in List (Listlandstr. 21), in Rantum (Rantumer Str.14, Bankfoyer) und in Wenningstedt (Osterweg 4, neben Getränkemarkt). Die Sylter Bank hat Automaten in Keitum (Bahnhofstr.15, Bankfoyer), in List (Listlandstr.16, EM Tankstelle; Am Hafen / Geschäft Paradise Custums), in Morsum (Bahnhofstr.13, Bankfoyer), in Rantum (Strandstr. 7, Foyer Kurverwaltung) in Tinnum (Keitumer Landstr./ Aral Tankstelle) sowie in Westerland (Friedrichstr.18, Bankfoyer; auch im Industrieweg 1 / Eingang Famila und im Industrieweg 13 / Eingang Wandmaker). Filialen der Postbank gibt es in Wenningstedt (Hauptstr. 17) und Westerland (Kjeirstr. 17); dort auch Filialen der Commerzbank (Strandstr. 18), der Deutschen Bank (Maybachstr. 1) und der Hypovereinsbank (Wilhelmstr. 2).

Auf Amrum gibt es eine Filiale der Nord-Ostsee-Sparkasse in Wittdün, eine Filiale der Föhr-Amrumer Bank in Nebel und Postfilialen in Wittdün und Nebel; ferner einen Geldautomaten in Norddorf.

Auf Föhr finden Sie die Föhr-Amrumer Bank in Wyk (Boldixumer Str. 21; zudem Geldautomaten Große Str. 32), die Nord-Ostsee Sparkasse (Wyk, Große Str. 5; mit Filiale im Schmalstieg und in Nieblum / Kertelheinallee); die Hypovereinsbank in Wyk (Große Str. 20).

Auf den Halligen ist mitgebrachtes Bargeld Trumpf; auch in der Gastronomie. Auf Hooge gibt es eine Zahlstelle der Raiffeisenbank (nur EC-Cash-Terminal; auf der Backenswarft, Tel. 0 48 49 / 216), auf Langeneß die Zweigstelle der VR Bank Niebüll (Hunnenswarf, Tel. (0 46 84) 224.

Geldautomaten
◀ Sylt

◀ Amrum

◀ Föhr

◀ Halligen

Gesundheit

Auf Sylt praktizieren rund sechs Dutzend niedergelassene Ärzte der wichtigsten Fachrichtungen (Überblick unter www.sylt.de/leben/aktiv-gesund/, Stichwort Klinik-Adressen). Notfälle behandelt die Nordseeklinik (Norderstraße 81, Westerland, Tel. (0 46 51) 840; den Krankenwagen bekommt man über die DRK-Bereitschaft unter dem Notruf 112, die Wasserschutzpolizei (List) unter Tel. 870460.

Auf Föhr erreichen Sie den Ärztlichen Bereitschaftsdienst unter Tel. (0 46 81) 58 00 58, eine Liste der Ärzte unter www.inselarzt.de und rund um die Uhr die Notfallambulanz der Inselklinik Föhr-Amrum in Wyk (Rebbelstieg 24, Tel. (0 46 81) 480) und den Krankenwagen. unter dem Notruf 112.Die drei Föhrer Apotheken sind in Wyk: Hafenapotheke, Hafenstr. 42, Tel. (0 46 81) 17 12, Inselapotheke, Große Str. 33, Tel. (0 46 81) 44 46, Kurapotheke, Am Sandwall 42, Tel. (046 81) 27 22

Ärzte
◀ Sylt

◀ Föhr

Amrum ▶ Auf Amrum gibt es zwei Allgemeinmediziner (Dr. Hannelore Kerler, Wittdün, Mittelstr. 39, Tel. (0 46 82) 531, und Bernhard Breymann, Norddorf, Dünemwai 21, Tel. (0 46 82) 10 10) und zwei Zahnärzte: in Wittdün Helmut Drews, Möwenweg 8, Tel. (0 46 82) 22 88 und in Nebel Jost Jahn, Smäswai 4, Tel. (0 46 82) 96 14 47. Medikamente bekommt man in der Moewenapotheke (Norddorf, Lunstruat 7, Tel. (0 46 82) 99 55 43 und der Louisen-Apotheke in Wittdün, Hauptstr. 19, Tel. (0 46 82) 1550).

Apotheken Apotheken, die den Notdienst außerhalb der Öffnungszeiten übernehmen, sind unter Tel. 0 46 51/2 88 05 zu erfragen oder der Tagespresse zu entnehmen.

Sylt ▶ In Westerland sind fünf Apotheken, davon allein drei in der Friedrichstraße, eine in der Wilhelmstraße in Bahnhofsnähe und eine in der Strandstraße. Weitere Apotheken findet man in Tinnum (St. Severin-Apotheke, Kiarwai 1) und in Wennigstedt (Sonnen-Apotheke, Hauptstraße 9).

Amrum/Föhr ▶ Auf Amrum gibt es eine Apotheke in Nebel und eine in Wittdün, auf Föhr drei in Wyk.

Kuren Alle drei Inseln eignen sich klimatisch wegen der ausgeglichenen Temperaturen und der reinen Seeluft mit hohem Salz- und Jodgehalt ausgezeichnet zum Kuren. Das gilt vor allem bei Atemwegs-, Lungen-, Haut- und Rheumaerkrankungen sowie bei Allergien.

Kureinrichtungen ▶ In den Kurmittelhäusern gibt es ein umfangreiches Angebot an Kuranwendungen, das von medizinischen Bädern über Massagen, Krankengymnastik und Inhalationen bis hin zu autogenem Training reicht. Prospekte zum Thema Kuren verschicken die Kurverwaltungen, der Fremdenverkehrsverband Schleswig-Holstein in Kiel und der Nordseebäderverband in Husum.

Sylt ▶ Westerland und Wenningstedt sind anerkannte Seeheilbäder auf Sylt. Sie verfügen über vielfältige Kureinrichtungen. Massagepraxen gibt es außerdem in nahezu jedem Ort auf Sylt.

Amrum ▶ Auf Amrum sind Norddorf und Wittdün seit den 1950er-Jahren anerkannte Seeheilbäder mit Kurmittelhäusern.

Föhr ▶ Wyk ist seit 1950 anerkanntes Nordseeheilbad auf Föhr; Kurmittelhäuser und -zentren gibt es in Wyk, Nieblum und Utersum.

Mit Kindern unterwegs

Hinweis Kaum ein Ziel bietet sich besser für einen Urlaub mit Kindern an als die Nordseeinseln. Lediglich das Wetter könnte einem einmal einen Strich durch die Rechnung machen – aber selbst dann ist für genügend Abwechslung gesorgt. Als regelrechte **Kinderinsel** wird Föhr wegen der geschützten Lage im Wattenmeer bezeichnet, das Fehlen starker Brandung sowie viele Angebote machen sie zum reinsten Kinderparadies. Auf Amrum und Sylt sind ausgedehnte Sandstrände ein Riesenspielplatz, wobei sich künstliche Spielplätze mit Schaukeln und Klettergerüsten noch zusätzlich zum Austoben eignen. Auf den Inseln steht ein vielfältiges Angebot von Veranstaltungen für Kinder zur Verfügung, die meistens von den Kurverwaltungen organisiert werden. Für Tierfreunde gibt es auf allen Inseln Möglichkeiten zum Ponyreiten, und kleine Sportler können diverse Sportarten (u. a. Surfen, Segeln, Tennis) erlernen. Schließlich bieten sich Ausflugsfahrten mit dem Schiff zu den anderen Inseln, zu den Halligen oder zu den Seehundsbänken an. Die meisten Naturzentren organisieren Veranstaltungen und mitunter Wattwanderungen und Exkursionen eigens für Kinder.

Kinderparadies – Sandstrände inspirieren zu neuen Kreationen.

Sylt
Westerland ▶

Die »Villa Kunterbunt« hat für den Nachwuchs eine Menge zu bieten. Unter liebevoller Betreuung können hier Kinder von 3 bis 12 Jahren spielen, toben, turnen, basteln, malen und vieles mehr. Infos über Termine, Öffnungszeiten und Gebühren erhält man beim Sylt-Tourismus-Service unter Tel. (0 46 51) 99 80 oder direkt in der Villa an der Westerländer Promenade (Tel. 0 46 51 / 99 82 75, www.wester land.de).

An der Düne zwischen Himmelsleiter und Aquarium finden in einem burgähnlichen Haus mit Turmfenster täglich wechselnde Programme des Confetti Kinderclubs Sylt (Gaadt 31, Tel. 0 46 51 / 85 04 44) für Kinder zwischen 3 und 13 Jahren statt. Im Sommer gibt es dazu Übernachtungsabende im Aquarium – mit Frühstück und mit Fütterung der Fische am nächsten Morgen.

Rantum ▶

Für Gute Laune sorgt in Rantum der Sylt Tourismus-Service Rantum (Strandstr. 7, Tel. (0 46 51) 80 70). Dabei wirken z.B. die Rantumer Kinderkiste, der Clown Giggo, der Liedermacher Olaf Schechten (Konzerte für Kinder – zum Mitmachen und Mitsingen) oder auch die Wyker Puppenbühne mit.

Kampen ▶

Von Juli bis September bietet der »Kamp'ino Kinderclub« für alle Kinder im Alter von 3 bis 12 Jahren jede Woche ein buntes Programm: Baden, Basteln, Malen, Theater, Sandburgenbau, Kinderkino oder Kochen (Infos beim Tourismus-Service Kampen unter Tel. 0 46 51/4 69 80).

Wenningstedt ▶

Auf der Wenningstedter Wiese ist Zirkus bittet der InselCircus (www.inselcircus.de) von Ende Juni bis Ende August kleine künftige Stars zwischen 3 und 16 Jahren in die Manege. In Workshops bekommen sie lustige oder sportliche Zirkusdisziplinen beigebracht, die sie am Tag des großen Auftritts Eltern und Freunden vorführen.

Hörnum ▶

Die Schutzstation Wattenmeer in Hörnum organisiert extra für Kinder naturkundliche Veranstaltungen (Tel. 0 46 51/88 10 93).

Braderup ▶

Im Naturzentrum Braderup ist eine für Kinder abwechslungsreiche Dauerausstellung zu sehen (Aquarien und allerlei Ausgestopftes; Auskunft: Tel. 0 46 51/4 44 21).

Amrum

Auf Amrum gibt es ein ausgesprochen reichhaltiges Programm für Kinder, das von Basteln und Spielen über kleine Feste bis zu naturkundlichen Veranstaltungen reicht. Die von Kurverwaltungen und Naturzentren organisierten Veranstaltungen werden in dem wöchentlich erscheinenden Faltblatt »Amrum aktuell« angekündigt – online unter www.amrum.de.

Föhr

Die grüne Insel Föhr ist ganz auf **Familienurlaub** eingestellt. In Wyk wird in den Sommermonaten im Umwelt- und Veranstaltungszentrum am Sandwall 38 eine Kinderbetreuung organisiert (Auskünfte erteilt die Kurverwaltung). Der ebenso umfangreiche wie aktuelle Veranstaltungskalender »Was ist los auf Föhr«, der gedruckt und online (www.foehr.de) zu haben ist, listet die zahlreichen Angbote für den Nachwuchs auf.

▶ TIPPS FÜR KINDER

▶ Feuchtes Vergnügen

Ein Wikingerschiff, die steile 45m Turborutsche und die 110 m-X-Tube-Rutsche, dazu Wellen-, Sprudel- und Massagebecken. Badelandschaft Sylter Welle Strandstr. 33, Westerland Tel. (0 46 51) 99 80 tgl. durchgehend von 10.00 bis 22.00 Uhr

▶ Manege frei!

Im Sommer präsentiert der »Inselcirus« in Wenningstedt Gastspiele bekannter Kinder- und Jugendzirkusse. Doch das Beste ist der Mitmach-Circus: Kinder und Jugendliche dürfen selber in die Manege steigen und sich als Artisten versuchen. Anmeldung bei der Kurverwaltung (Tel. 0 46 51/9 89 00).

▶ Eine Schifffahrt, die ist lustig ... (Abb.)

Auf der legendären »Gret Palucca«, die in List ablegt, werden Kinder zu Seeräubern und gehen mit der Schiffscrew auf Schatzsuche. Infos bei Adler-Schiffe (Tel. 0 18 05 / 12 33 44).

▶ Hier tanzen Teenies

Ein echter Tipp sind die beliebten »Teenie-Discos«, die nachmittags in den Kampener Clubs »Pony« und »Rotes Kliff« stattfinden, also da, wo nachts die Großen feiern (Infos unter Tel. 0 46 51/4 69 80).

▶ Mit echten PS über Amrum

Maike Reese veranstaltet individuelle Kutschfahrten über die Insel Amrum – ab vier Personen (Tel. 0 46 82 / 14 47, Mobil 01 71 / 6 82 09 66).

▶ Guten Appetit in Wyk

Pfannkuchen, Waffeln, Kuchen, Eis und viele andere Leckereien schmecken im verwunschenen Pfannkuchencafé im Prinzenhaus in Wyk besonders lecker (Gmelinstraße 29, Tel. 0 46 81 / 7 66).

Kino

Das Sylter Kino ist die Kinowelt (Strandstr. 9. Tel. (0 46 51/ 83 62 20) in Westerland. Amrums Kino heißt Lichtböick und spielt in Norddorf, Triihuk 1, Tel. (0 46 82) 9 62 00. In Wyk finden Kinovorführungen im Kurhaus, Sandwall 40, statt: Tel. (0 46 81) 13 33. Automatische Programmansage: Tel. 36 63.

Kleidung

Selbst im Sommer kommt man an der Nordsee um den berühmten **Friesennerz** nicht herum – die legendäre gelbe Öljacke ist allerdings heute durch modischere Modelle ersetzt. Gute Regenkleidung gehört zu jeder Jahreszeit ins Reisegepäck. Auch wetterfeste, strapazierfähige Schuhe sind vonnöten. Wer Wattwanderungen machen möchte, sollte an Gummistiefel denken. In den Sommermonaten ist natürlich Badekleidung gefragt, aber auch in dieser Jahreszeit kann es windig und kühl werden: Ein warmer Pullover ist nie überflüssig.

Kurtaxe

Hinweis Ein immer schon leidiges Thema an der Nordseeküste: die Kurtaxe, die von jedem, der hier Urlaub macht, bezahlt werden muss. Erhoben wird diese zusätzliche Abgabe zur Finanzierung und zum Unterhalt von verschiedenen Kureinrichtungen wie Kurmittelhäusern, Lese- und Fernsehräumen, Parks, Rettungsstationen, Strandreinigung, Promenaden und Kurorchester. Die Beträge sind von Insel zu Insel und von Saison zu Saison unterschiedlich. Die **Anmeldung** erfolgt über den Vermieter oder direkt in den jeweiligen Kurverwaltungen vor Ort. Die Kurkarte, die man dabei ausgehändigt bekommt, berechtigt zur kostenlosen Benutzung der Kuranlagen und -einrichtungen oder reduziert die Kosten von gebührenpflichtigen Angeboten. Genaue Informationen geben Vermieter und Kurverwaltungen.

Literatur

Hans **Jessel**: Das große Sylt-Buch, Ellert & Richter, 2001. Der Fotograf Hans Jessel zeigt die Schönheiten der Insel. Namhafter Syltkenner schreiben über Landschaft, Geschichte und Kultur.
Jörn **Ingwersen**: Schafsköpfen, Aufbau-TB-Verlag 2001. Der gebürtige Sylter schildert in seinem spannenden Krimi, wie ein Lebens-

künstler, der in den Dünen wohnt, erbittert gegen den »Ausverkauf« seiner schönen Heimat kämpft.

Christine **Papendick**: Sylt. Insel zwischen Sturm und Stille. Husum Druck- und Verlagsges. 2005. Wunderschöne Fotos und ausführliche Bildunterschriften zeichnen diesen Bildband aus.

Georg **Quedens**: Amrum, Breklumer Verlag 1994, Föhr, Breklumer Verlag 1993. Standardwerke für alle, die Genaueres über Geschichte, Kultur, Natur, Bevölkerung und alte Bräuche wissen wollen.

Ulrich **Schulte-Wülwer**: Künstlerinsel Sylt. Boyens Buchverlag 2005. Der Flensburger Museumsdirektor Schulte-Wülwer erzählt von Malern und deren auf Sylt entstandenen Werken.

Medien

Einmal täglich erscheint die »Sylter Rundschau«, einmal wöchentlich der »Sylter Spiegel« und der »Sylt-Life« und »Hallo Sylt« – beide mehr oder weniger von Werbung durchzogen.   **Sylt**

Auf Föhr und Amrum erscheint täglich der »Insel-Bote«, in dem über Neuestes aus der (Insel-)Welt berichtet wird.   **Amrum/Föhr**

Natur- und Umweltzentren

Auf allen Inseln werden zahlreiche naturkundliche Führungen – größtenteils von den verschiedenen Naturzentren und Schutzstationen – veranstaltet.   **Hinweis**

 ANLAUFSTATIONEN

SYLT

► **Braderup**
Naturzentrum Braderup
M.-T.-Buchholz-Stig 1
Tel. (0 46 51) 4 44 21

► **Hörnum**
Schutzstation Wattenmeer
Rantumer Straße 27
Tel. (0 46 51) 88 10 93

► **Kampen**
Informationszentrum Kampener
Vogelkoje, Tel. (0 46 51) 328 05

► **List**
Erlebniszentrum Naturgewalten
Hafenstr. 37
Tel. (0 46 51) 83 61 90

► **Rantum**
Eidum-Vogelkoje am Rantumbecken, Tel. (0 46 51) 58 12

AMRUM
► **Wittdün**
Schutzstation Wattenmeer
Mittelstraße 34
Tel. (0 46 82) 27 18

▶ **Norddorf**
Nationalpark-Infozentrum
am Schwimmbad
Tel. (0 46 82) 16 35

FÖHR

▶ **Wyk**
Umweltzentrum Wattenmeer
Sandwall 38
Tel. (0 46 81) 35 56

▶ **Südstrand**
Umweltzentrum Föhr, Haus des
Gastes, Badestraße 111
Rathaus: Ausstellung Nationalpark
Schleswig-Holsteinisches Watten-
meer, Tel. (0 46 81) 42 90

▶ **Oldsumer Vorland**
Infozentrum der Schutzstation
Wattenmeer im Bauwagen (Mai
bis August)

Notrufe

Polizei: Tel. 1 10
Feuerwehr, Rettungsdienst, medizinischer Notdienst: Tel. 1 12

Reisezeit

Hinweis Auf den Nordseeinseln ist eigentlich **immer Saison** – je nachdem,
welche Vorlieben man für seinen Urlaub hat. Natürlich ist es in den
Sommermonaten zum Baden und Sonnenbaden, Faulenzen, Aus-
spannen oder für alle Wassersportarten, kurz: für ein ausgeprägtes
Strandleben, am schönsten – sofern das Wetter mitspielt. Der Winter
ist auf den Nordseeinseln aber ebenfalls außerordentlich reizvoll und
erholsam. Nur selten ist es richtig klirrend kalt, meistens sorgt das
Seeklima für relativ milde Winter. Nicht von ungefähr läuft die Zeit
um Weihnachten und den Jahreswechsel unter Hauptsaison, und die
Quartiere sind meist schon langfristig ausgebucht. Und nicht zuletzt
haben auch die Nebensaisonmona-
te Vorteile. Wer es gern ein biss-
chen weniger turbulent hat, ist im
Herbst und Frühjahr auf den Inseln genau richtig. In dieser Zeit
kann man hervorragend ausgedehnte Wanderungen unternehmen und die Inselnatur in aller
Ruhe genießen. In den Herbstmo-

ℹ Wetterbericht online

Unter www.wetteronline.de/Deutschland/
Sylt.htm finden Sie die aktuelle Wetterlage auf
der Insel. Einen Ausblick auf das Wetter der
kommenden Tage gibt es natürlich auch.

naten wird es mitunter schon einmal recht stürmisch, eine regelrechte Sturmflut erlebt man aber kaum einmal vor Dezember. Ein Geheimtipp ist unter Umständen der Februar – manchmal zeigt sich
dieser Monat an der See von seiner besten Seite: Es ist schon ausge-

sprochen mild und weitaus angenehmer als auf dem Festland. Alles in allem gilt: Selbst wenn das Wetter nicht stabil ist, kann man auf den Inseln immer mit einem schnellen Wechsel auch zum Positiven rechnen, selten regnet es einmal einen ganzen Tag lang.

Klima

Das Klima der Nordfriesischen Inseln ist atlantisch geprägt. Die Sommer sind mäßig warm, die Winter verhältnismäßig mild. Im Vergleich zum Festland liegen die Temperaturen vor allem in Herbst und Winter deutlich höher. Für die relativ warmen Winter ist der nahe Golfstrom verantwortlich. Typisch für die Inseln ist, dass das regionale Wetter vollkommen anders sein kann als zum gleichen Zeitpunkt in den nahen Festlandsorten. Rasche Wetteränderungen sind charakteristisch – länger anhaltende Wetterlagen gibt es kaum einmal. Durch den stetigen Wind wird es selbst im Hochsommer so gut wie niemals richtig schwül.

Ein Charakteristikum des Inselklimas ist die Reizstärke, die zum ei-   **Reizklima**
nen durch die hohe UV-Strahlung und zum anderen besonders im Winterhalbjahr durch die Windstärke bedingt ist. Zumeist wehen westliche Winde mit einer mittleren Geschwindigkeit von 7 m/Sek. – einer der höchsten Werte in Schleswig-Holstein überhaupt. Durchschnittlich einmal pro Woche herrscht sogar Windstärke 8. Windstille ist die große Ausnahme. Dass der Westwind abgasfrei und generell nur sehr geringfügig mit Schwebstoffen belastet ist, ist einer der großen Vorzüge des Inselklimas. Durch die hohe Windgeschwindigkeit wird das durch die Brandung versprühte Meerwasser in feinste Gischt-Partikel zerstäubt. Auf diese Weise können die gesunden Jod-und Salzanteile, quasi als maritime Aerosole, sehr leicht vom Körper aufgenommen werden. Die UV-Einstrahlung, die in Maßen genossen einen positiven Einfluss auf das Abwehrsystem des Körpers und auf die allgemeine Leistungsfähigkeit hat, ist im Mai und Juni besonders hoch. Ihre guten Eigenschaften sind also besonders in diesen Monaten zu genießen, wenn man sich der Gefahren bewusst ist. Da in dieser Zeit die gefährlichen UV-B-Strahlen ihre größte Intensität erlangen, ist das **Risiko eines Sonnenbrandes** ohne entsprechenden Schutz gerade im Mai sehr groß.

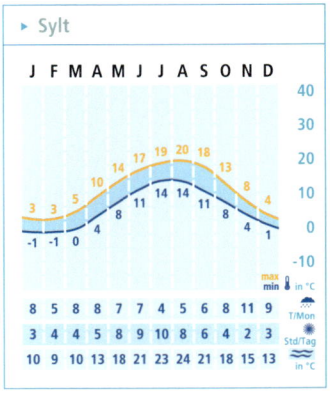

▶ Sylt

J	F	M	A	M	J	J	A	S	O	N	D	
				17	19	20	18					40
			14					13				30
		10		11	14	14	11					20
3	3	5	8					8	4			10
-1	-1	0	4						4	1		0
												-10

max min ▮ in °C

8	5	8	8	7	7	4	5	6	8	11	9	T/Mon
3	4	4	5	8	9	10	8	6	4	2	3	Std/Tag
10	9	10	13	18	21	23	24	21	18	15	13	in °C

Durch den atlantischen Einfluss weisen die Temperaturen auf den   **Luft-**
Inseln im Jahresverlauf vergleichsweise geringfügige Schwankungen   **temperaturen**
auf. Sylt ist für die geringsten Temperaturschwankungen Deutsch-

lands bekannt. Die Sommertemperaturen liegen bis zu 3 °C niedriger als auf dem Festland, die Wintertemperaturen bis zu 2 °C höher. Generell ist es auf den Inseln im Winter nur etwa 16 °C kälter als im Sommer. Juli und August sind mit durchschnittlichen Temperaturen von über 16 °C die wärmsten Monate – die Tagesmittelwerte steigen auf bis zu 23 °C an. Der Februar ist der kälteste Monat mit Durchschnittstemperaturen von − 0,3 °C.

Wassertemperaturen Bekanntermaßen sind die Wassertemperaturen der Nordsee selbst in den Sommermonaten **bescheiden**. Die durchschnittlichen Temperaturen liegen in den wärmsten Monaten Juni, Juli und August zwischen 17,9 °C und 22 °C.

Niederschläge In den Monaten Mai bis Juli ist der Regenanteil gegenüber dem Festland um rund 6 Prozent geringer. Im Allgemeinen ist die erste Jahreshälfte etwas trockener, es überwiegen eher kurze und kräftige Regenschauer. Die Monate August bis November sind die niederschlagsreichsten, in dieser Zeit kommt es schon einmal zu ergiebigen, länger anhaltenden Regenfällen.

Sonnenscheindauer Die Statistiken besagen, dass die Sonne auf den Nordfriesischen Inseln pro Jahr 1750 Stunden scheint, das sind **200 Stunden mehr** als auf dem Festland in Hamburg oder im nördlichen Niedersachsen. Für die beständigsten Monate Mai und Juni bedeutet das täglich acht bis neun Sonnenstunden. Sylt hat unter allen Nordseeinseln den größten Anteil: im Juni durchschnittlich 261 sonnige Stunden.

Saunen · Schwimmbäder

SAUNEN

▶ **Sylt, Hörnum**
Strandsauna Hörnum
Süderende
Tel. (0 46 51) 88 03 00
Ostern, Mai – Okt. tgl. 12.00 bis 19.00 Uhr; über eine Holztreppe gelangt man zum FKK-Strand.

▶ **Kampen**
Strandsauna La Grande Plage
Riperstig / Weststrand; Tel. (0 46 51) 88 60 78
Do. – Mo. 12.00 – 18.00 Uhr; Logenblick aufs Meer

▶ **List**
Strandsauna Listland
Alte Listlandstr.
Tel. (0 46 51) 87 71 74;
Apr. – Okt. tgl. ab 11.00 Uhr; finnisches Saunaerlebnis.

▶ **Rantum**
Strandsauna Sylt
Dünengrund 30
Tel: (0 46 51) 83 41 86 (Apr. – Okt) geöffnet Mitte Mai – Mitte Sept. 11.00-19.00 Uhr, jeweils vier Wo. Davor und danach bis 17.00 Uhr; Vollmondsauna nach Mondstand.

Strandsauna Samoa
Hörnumer Landstr. 70
Tel. (0 46 51) 22 165
Rarer Mix: finnische Sauna mit
römischem Dampfbad ganz nah
am Wasser

▶ **Tinnum**
Sylt Fitness, Am Hangar 8
Tel. (0 46 51) 96 78 80
Erst an die Geräte, dann in die
Sauna

▶ **Westerland**
Kurmittelhaus
Tel. (0 46 51) 99 82 24
Freizeitbad »Sylter Welle«
Tel. (01 80) 5 00 99 80
Hotel Jörg Müller
Süderstr. 8, Tel. (0 46 51) 27 788
Hotel Miramar, Friedrichstr. 43,
Tel. (0 46 51) 85 50
Hotel Stadt Hamburg, Norderstr.1,
Tel. (0 46 51) 85 85 00

▶ **Amrum**
AmrumBadeland Wittdün
Am Schwimmbad 1
Tel. (0 46 82) 94 34 31

▶ **Föhr, Alkersum**
Aquaföhr

Stockmannsweg 1, 25938 Wyk
Tel. (0 46 81) 30 48
Wellness-Zentrum mit Fitness-
Studio und Sauna: Mo. bis Fr.
10.00 – 21.30, Sa., So. 10.00 – 18.00
Uhr, Do. Damensauna

SCHWIMMBÄDER

▶ **Sylt, Keitum**
Meerwasser-Freibad
Mai – Sept., Schwimmkurse

▶ **Westerland**
»Sylter Welle«, Strandstr. 3
Meerwasser-Wellenbad mit 45 m
langer Wasserrutsche
Tel. (0 46 51) 99 80 u. 99 82 43

▶ **Wittdün**
AmrumBadeland Wittdün
Am Schwimmbad 1
Tel. (0 46 82) 94 34 31
Meerwasser-Wellenbad; mit Was-
serfall, Kinderrutsche, Massage-
düsen, Sprudelbucht,
Saunalandschaft.

▶ **Föhr, Wyk**
Aquaföhr (Adresse s.o.)
Meerwasser-Wellenbad mit
Riesenrutsche, Sauna, Whirl-
pool, Wildwasserkanal

Keitumer Meerwasser-Freibad mit Blick auf Küste und Wattenmeer

Shopping

Allgemeines Variable Ladenschlusszeiten kennt Sylt schon lange. Viele Geschäfte haben abends und auch an Wochenenden und Feiertagen geöffnet. Besonders viel Auswahl hat man vor allem in Westerland, Kampen und Keitum.

Inselspezifisches Bei der Bädergemeinschaft Sylt bekommt man eine Menge Sylt-Souvenirs, darunter Videos über die Insel, Uhren, Krawattennadeln, T-Shirts, Poster, Seesäcke, Leinentaschen, Portemonnaies und Schlüsselanhänger.

Vakuumverpackte **Meerestiere** erhält man bei Gosch in List und Westerland. Der Pfauenhof bei Archsum verkauft Sylter **Honig**. Die vitaminreichen **Sanddornzubereitungen** (Sirup, Gelees und Marmeladen) gibt es in fast allen Lebensmittelgeschäften.

Beliebte regionaltypische Mitbringsel sind außerdem **Fliesen**. Eine besonders große Auswahl, auch an antiken Fliesen, hat man bei Antiquitäten Mylin in Keitum und in Westerland.

In den **Buchläden** stehen Bücher, Kalender o. Ä. über Sylt und die Insel- und Halligwelt zur Auswahl. Spezielle naturkundliche Bücher erhält man auch in den verschiedenen Naturzentren. Ein schönes Mitbringsel für Naturliebhaber sind außerdem CDs mit Vogelstimmen, die man ebenfalls in den Naturzentren kaufen kann.

Willkommene Pause bei einem hausgemachten Kuchen und einem Sylter Pharisäer

▶ BESONDERE LÄDEN

SYLT

► Archsum
Kerzenwerkstatt Heidi Segelcke
Dorfstraße 11

► Braderup
Ramsch, Trödel und Antikes
M.-T.-Buchholz-Stig 9

► Hörnum
Angler-Shop, Rantumer Straße 25

► Kampen
Alt-Angler, Hafenstraße
Antiquitäten
Atelier Sprotte, Alte Dorfstraße 1
Werke von Siegward Sprotte.
Juwelier Wilm, Wattweg 1
Schmuck und Juwelen
carpe diem, Braderuper Weg 2
Der Schuhflüsterer – mit den
richtigen Tipps zur Pflege der
Schätzchen

► Keitum
Glashaus, Bahnhofstraße
Glas-Objekte und Gefäße von
Hans-Jürgen Westphal
Hüs bi Hüs, C.-P.-Hansen-Allee 3
Möbel und Accessoires
Jens Mylin, C.-P.-Hansen-
Allee 10a, Alte Öfen und Fliesen.
Witthüs-Töpferei
Hoyerstig 3 und Am Kliff 5a

► List
Teekula, Alte Dorfstraße 2.
Tee und Kunsthandwerk.

► Morsum
Friesland-Strandkörbe
Am Bahnhof
Hof-Galerie, Terpstich/Serkwai
Gemälde, Skulpturen, Möbel
Schmuck-Werkstatt, Am
Terpstich 12

► Rantum
Sylt-Strandkörbe
Hafenstraße 10
www.sylt-strandkoerbe.de

► Tinnum
Nordfriesische Kunstwerkstätten,
Kampende 17

► Wenningstedt
Antiquitäten Gisela Missal, Terp
Wai 1

► Westerland
Radzuweit
Kjeirstraße 2
Silberwaren, maritime Bilder
Koko von Knebel, Strandstr. 3-5
Highlights für den Vierbeiner

AMRUM

► Nebel
Handwerkshüs + Töpfern
Smäswai 24
Dörnsk an Köögem Uasterstigh 19
Kaffee, Tee, Schokolade, Bio-
Weine im Laden in der Kneipe

► Wittdün
Insel-Galerie, Inselstr. 23
Quedens, Inselstraße 5
Geschenke, handbemalte Fliesen

FÖHR

► Nieblum
Altes friesisches Theehaus
Jens-Jacob-Eschel-Straße 13

► Wyk
Uwe's Bernsteintruhe, Sandwall 54
Wollflur, Boldixumer Str. 9
Wolle von heimischen Schafen

HALLIGEN

► Hallig-Galerie Hooge
Hanswarft, Bilder und Keramik

Urlaub aktiv

Angeln

Auskunft zu allen Fragen rund ums Angeln gibt der Sylter Anglerverein (Tel. 0 46 51/92 76 38) oder die AmrumTouristik (Tel. 0 46 82/ 9 40 30). Mit dem Jahresfischereischein dürfen Sie in der Nordsee angeln, für die Sylter Binnengewässer ist zusätzlich ein Erlaubnisschein zu lösen. Angelscheine für Küstengewässer gibt es bei derGemeinde Sylt, Tel. (0 46 51) 85 10, für Binnengewässer bei H.B. Jensen Technik Kaufhaus, Tel. (0 46 51) 82 55 64 oder Sylt Tourismus-Service, Tel. (0 46 51) 33 70. Infos zu Angelfahrten mit dem Kutter (von List) unter Tel. (0 46 51) 98 700.

Drachensteigen

An vielen Sylter Stränden ist das Steigenlassen von Drachen mittlerweile aus Sicherheitsgründen verboten worden. Einige Abschnitte, an denen es nach wie vor erlaubt ist, sind gesondert markiert. An der gesamten Wattseite geht der Vogelschutz dem Flugspaß vor.
Auf Föhr dürfen Drachen an den Wyker Strandabschnitten 19 und 20 von Mitte April bis Ende September in die Lüfte steigen, in Nieblum in zwei ausgeschilderten Zonen. Lärmerzeugende Drachen sind generell verboten. Auf Amrum ist das Steigenlassen auf dem Kniepsand zugelassen, sofern man einen Abstand von 200 Metern bis zur Wasserkante und bis zu den Dünen einhält, Spaziergänger nicht gefährdet und die Tierwelt in den Dünen nicht stört.

Fahrradfahren

Sylt Ein Netz von insgesamt etwa 200 km Radwegen steht auf Sylt zur Verfügung. Lediglich in Naturschutzgebieten darf meist nicht Rad gefahren werden. Ansonsten sind die Strecken mit kleinen grün-weißen Schildern gut gekennzeichnet.

Amrum Lohnend sind zwei **ausgeschilderte Radtouren**. Eine wunderschöne Route, die mit einem gelben Kreis markiert ist, führt von Wittdün über Süddorf und Nebel an der Wattseite entlang nach Norddorf. Die zweite ist geschützter, da sie größtenteils durch Waldabschnitte verläuft. Man fährt von Wittdün am Leuchtturm vorbei über die Satteldüne und die Westerheide bei Nebel nach Norddorf. Diese Route ist mit einem grünen Dreieck gekennzeichnet.

---

i **Fahrradverleih**

Auf allen Inseln können in den einzelnen Orten Fahrräder ausgeliehen werden. Eine Reservierung vor Urlaubsbeginn ist sinnvoll. Viele Verleiher bringen das Rad direkt zum Feriendomizil (Infos bei den Kurverwaltungen und Fremdenverkehrsämtern).

Föhr hat ein vorbildliches Radwegenetz. Fünf Thementouren bringen die Insel nahe (Karten bei Föhr Tourismus GmbH, Tel. (0 46 81 / 300). Zum Tagesausflug mit Inseldurchblick wird die »Eilun Tour«. Geschichte lebendig macht die Route »Föhrer Zeitzeugen«, die besten Aussichtspunkte findet man mit »Klaar Kimmings«, Künstler und Kunstwerke präsentiert die Tour »Kunstweg«, und grün zeigt sich das Eiland bei der Tour »Marsch-Viertel«.   **Föhr**

Auf Föhr und auf Sylt gibt es spezielle Linienbusse, in denen man das Fahrrad mitnehmen kann.   **Fahrradbus**

Golf

Nachdem der Golfsport auf Sylt lange Zeit eher eine Nebenrolle spielte, setzte vor einiger Zeit geradezu ein Golfplatz-Bauboon ein, ungeachtet der steifen Brise, die so manchen Golfball in eine andere als die beabsichtigte Richtung befördert.   **Sylt**

Auf Föhr gibt es einen 18-Loch-Platz bei Nieblum und auf Amrum zumindest einen Minigolfplatz bei Norddorf (Apr.-Okt.).   **Amrum/Föhr**

Reiten

Wer von Strandritten träumt und das eigene Pferd in einen der vielen Reitställe stellt, kauft vor dem Ausritt unbedingt eine Kopfnummer (Gemeindekasse Sylt, Westerland, Bahnweg 20). Dann stehen   **Sylt**

Am Strand mal so richtig loszugaloppieren macht Ross und Reiter Spaß.

Solche Wellen überzeugen auch erfahrene Surfer.

ihm 30 km Reitwege zwischen Keitum und Kampen am Watt sowie zwischen Rantum und Westerland am Weststrand offen.

Surfen

Sylt Die Sylter Westküste, auf die die Wellen vom offenen Meer auflaufen, machen Sylt zum Surf-Eldorado an Deutschlands Küsten. Sehr beliebt ist die Sandbank »Brandenburger Line up« vor Westerland. Wer es ruhiger mag, findet in Munkmarsch am Watt gute Bedingungen.

Föhr Möglichkeiten zum Windsurfen hat man in Wyk (Schulen gibt es an den Strandabschnitten 21 und 29), am Strand von Nieblum und in Utersum.

Wandern

Allgemeines Die Nordfriesischen Inseln kann man hervorragend auf ausgedehnten Wanderungen erkunden. Ob am Strand, über den Deich, an der Wattseite entlang, durch kleine Wäldchen, durch Wiesen- oder Heidelandschaften oder auf Bohlenwegen durch die einmaligen Dünen – für jeden Tag und für jede Wetterlage kann man sich etwas anderes aussuchen. Ein spezielles Angebot ist das **Fastenwandern** (Infos unter www.fastenwandern.de oder www.fasten-sylt.de.

Watt-wanderungen Etwas Besonderes sind natürlich die Wattwanderungen. Es scheint geradezu unglaublich, dass dort, wo man sich kurz zuvor noch in den Wellen getummelt hat, jetzt der nackte Boden zutage tritt und das Leben der Millionen kleiner Wattwürmer, Krebse, Schnecken und Muscheln sichtbar wird. Ein höchst interessantes Vergnügen also, das man allerdings nicht auf eigene Faust unternehmen sollte. Zum einen sind solche Wanderungen auf dem Meeresboden nicht ungefährlich. So kann man von plötzlich aufziehendem Nebel oder von stark strömenden Prielen überrascht werden. Andererseits würde Tierwelt und Vegetation im Watt durch Einzeltouristen in Unruhe versetzt werden. Deshalb gibt es organisierte Wattwanderungen. Auf Sylt werden von verschiedenen Naturschutzorganisationen und von den Kurverwaltungen geführte Wattwanderungen veranstaltet.

 ANGEBOTE

GOLF
▶ **Clubs**
Golfclub Budersand Sylt
Fernsicht 1, Hörnum
Tel. (0 46 51) 44 92 710
www.gc-budersand.de

Golf-Club Sylt e.V.
Norderweg 5, Wenningstedt
Tel. (0 46 51) 99 59 810
www.golfclubsylt.de

Marine-Golf-Club Sylt e.G.
Flughafen 69, 25980 Tinnum
Tel. (0 46 51) 92 75 75
www.sylt-golf.de

Golfclub Morsum auf Sylt
Uasterhörn 37, Morsum
Tel. (0 46 51) 89 03 87
www.1golf.eu/club/golfclub-morsum-auf-sylt-ev/

Golf Club Föhr
Greveling, Nieblum
Tel. (0 46 81) 58 04 55
www.golfclubfoehr.de

REITEN
▶ **Sylt**
Ausritte und Reitunterricht
(auch für Anfänger):
Bodils Ponyfarm, Braderup
Tel. (0 46 51) 4 24 44

Reitschule Grünhof, Keitum
Tel. (0 46 51) 3 12 08
Reiterhof Lobach, Morsum
Tel. (0 46 51) 89 02 39
Sylter Reit- und Fahrverein e.V.

Weitere Infos finden Sie im Internet unter www.sylt.de/leben/sport-freizeit/reiten.html und www. reitverein-sylt.de

▶ **Amrum**
Ponyhof Süddorf, Uasterstigh,
in der Nähe des Leuchtturms
Tel. (0 46 82) 15 85

▶ **Föhr**
Pferdepension Jacobs, Alkersum
Tel. (0 46 81) 22 84
Lerchenhof am Südstrand
Tel. (0 46 81) 44 33

Weitere Infos: www.foehr.de/foehr-kids/sport/reiten

SEGELN UND SURFEN
▶ **Sylt**
Jordsand-Boote, List
Tel. (0 46 51) 87 76 26
Surfschule Camp One
Wenningstedt, Tel. 04651 / 43 37 5
Surfschule Sunset Beach
Westerland, Tel. (0 46 51) 27 17 2
Kiteschule Sylt

U. Erzinger, Tel (01 72) 40 16 61 6
Surf- und Segelschule Sylt Sportiv
Munkmarsch, Tel. (0 46 51) 93 50
77
Sylt Yachting, M. Rolf, el. (01 79)
45 09 78 4

▶ **Föhr**
Nieblumer Windsurfing Schule
Badestrand, Tel. (0 46 81) 47 66
Schapers Wassersport Center
Wyk, Tel. (0 46 81) 58 00 88
Windsurfing Föhr
Wyk, Tel. (0 46 81) 74 78 12

TENNIS
▶ **Sylt**
Tennis Club Westerland e. V.
Tel. (0 46 51) 67 29
Tennis Rantum
Tel. (0 46 51) 2 25 84

Tenniscenter Kampen-Wenning-
stedt, Tel. (0 46 51) 804 93 34

▶ **Amrum**
Es gibt nur in Norddorf Ten-
nisplätze. Zwei Sandplätze in
Norddorf, Halle und Hartplatz
über das Hotel Seeblick (Tel.
0 46 82/92 10) oder über die
Kurverwaltung buchbar.

▶ **Föhr**
Halle: Rugstieg, Wyk
Tel. (0 46 81) 37 47
Platz: Waldstraße, Wyk
Tel. (0 46 81) 37 47
Platz: Heidweg 17, Nieblum
Halle und Platz: Süderende
Tel. (0 46 81) 3 77

Sehr beliebt ist auch die etwa 8 km lange Wattdurchquerung, die bei
Ebbe von der Amrumer Odde hinüber nach Dunsum/Föhr bzw. um-
gekehrt gemacht werden kann (Dauer: ca. 2,5 Std.). Wer die Wanderung führt und wann und wo gestartet wird, ist den Veranstaltungs-
kalendern auf Föhr oder Amrum zu entnehmen.

Übernachten

Auf allen drei Inseln ist die Auswahl an Unterkünften riesig: Privat-
quartiere, Campingplätze, Appartements, Pensionen oder Hotels.
Für jeden Geschmack und Geldbeutel ist ein passendes Quartier zu
bekommen, vorausgesetzt, es wird – zumindest für die Hauptsaison
– rechtzeitig reserviert! Im Sommer sind die Inseln in der Regel ausgebucht, eine kurzfristige Buchung, auch über das Internet, ist reine
Glückssache.
Kurverwaltungen und Tourismusbüros sind bei der Unterkunftssu-
che behilflich. Dort kann man die
aktuellen Verzeichnisse und Preis-
listen anfordern oder auf deren
Homepages informieren.

i **Preiskategorien**

■ Luxus: ab 140 Euro
■ Komfortabel: 80 bis 140 Euro
■ Günstig: bis 80 Euro
Übernachtung mit Frühstück zur Hauptsaison.
Hotels und Pensionen ▶Reiseziele von A bis Z

► UNTERKUNFTSUCHE UND CAMPING

SYLT

► **Sylt-Marketing**
Info-Tel. (0 46 51) 820 20

► **www.sylt.de**
Auf der offiziellen Buchungsplatt-
form für die ganze Insel lässt sich
unter »Suchen & Buchen« bequem
eine Unterkunft finden.

► **Campingplatz Hörnum**
Tel. (0 46 51) 962 60
Geöffnet: April bis Ende Oktober.
Wunderschön in einem Dünental
unmittelbar am Hörnumer West-
rand gelegen, Sauna, Restaurant;
für Zeltcamper Sandheringe
erforderlich.

► **Campingplatz Kampen**
Tel. (0 46 51) 4 20 86 und
(01 71) 8 50 28 72
Geöffnet: Ostern bis Mitte Okto-
ber. Nördlichster Campingplatz
Deutschlands, eingebettet zwi-
schen Dünen und einem Trimm-
Dich-Wäldchen.

► **Campingplatz Morsum**
Am Mühlenhof, Melenstig 7
Tel. (0 46 51) 89 04 44
Ganzjährig geöffnet. Camping auf
dem Land, komfortable Sanitär-
ausstattung.

► **Campingplatz Rantum**
Rantum-Nord
Tel. (0 46 51) 8 07 55
Geöffnet: Mitte April bis Ende
Oktober. In der Nähe eines Vo-
gelschutzgebietes gelegen, günstig.

► **Tinnum**
Südhörn, Ziegeleiweg
Tel. (0 46 51) 36 07
Ganzjährig geöffnet. Separater

Abschnitt für Zeltcamper,
behindertengerecht.

► **Wenningstedt**
Tel. (0 46 51) 94 40 04
Geöffnet: Ostern bis Ende Okt.
Hinter hohen Dünen gelegen.

► **Westerland**
Campingplatz Sylt
Rantumer Straße
Tel. (0 46 51) 83 61 60
Geöffnet: April bis Ende Oktober.
Am Südrand von Westerland
gelegen.

► **Wohnwagenangebote**
www.gastgeber-sylt.de/
wohnwagen-sylt.php

AMRUM

► **AmrumTouristik Wittdün**
Tel. (0 46 82) 9 40 30

► **AmrumTouristik Norddorf**
Tel. (0 46 82) 9 47 00

► **AmrumTouristik Nebel**
Tel. (0 46 82) 9 43 00

► **www.amrum.de**
Im Online-Angebot von Amrum-
Touristik bietet die Rubrik »Woh-
nen« alles, was für die Quartier-
suche gebraucht wird.

► **Campen auf Amrum**
Auf Amrum gibt es am Leucht-
turm einen konventionellen
Campingplatz (Tel. 0 46 81/22 54)
und einen FKK-Campingplatz
(Tel. 0 46 81/24 08).

FÖHR

► **Tourismus GmbH Wyk**
Tel. (0 46 81) 3 00

▶ **Kurverwaltung Nieblum**
Zimmernachweis für Nieblum,
Alkersum, Midlum, Oevenum:
Tel. (0 46 81) 25 59

▶ **Kurverwaltung Utersum**
Zimmernachweis für Utersum,
Borgsum, Dunsum, Oldsum,
Süderende und Witsum:
Tel. (0 46 83) 3 46

▶ **www.foehr.de**
In der Rubrik »Gastgeber« kann
man nach Unterkunft suchen.

▶ **Camping auf Föhr**
Auf Föhr darf nicht campiert
werden.

Verkehrsmittel

Auf allen drei Inseln hat der Autoverkehr mit steigender Urlauber-
zahl vor allem in den Sommermonaten Ausmaße angenommen,
durch die die Werte der Inseln – Erholung, Ruhe und die abgasfreie
gute Seeluft – beeinträchtigt werden, was bei denselben Urlaubern
Missmut hervorruft. Mit Geschwindigkeitsbegrenzungen versucht
man in vielen Gebieten, das Verkehrsproblem in den Griff zu bekommen. Eine Alternative stellen **Buslinien** dar, die in den Saisonzei-
ten relativ häufig fahren und mit ermäßigten Tageskarten bzw. Spar-
karten oder Kombitickets günstig zu benutzen sind.

Sylt Vom Bahnhof im Hauptort Westerland verkehren (tagsüber sogar im
20-Minuten-Takt) Busse zu den verschiedenen Inselorten. Zudem
gibt es in Westerland eine eigene Stadtbuslinie. Auf den gelben, an allen Bussen angebrachten Anhängern können Fahrräder transportiert
werden, wenn die Ausflugsplanung zu optimistisch angelegt war oder
das Wetter nicht mehr mitspielt.

Amrum Die Linie 1 fährt täglich von Wittdün über Süddorf und Nebel nach
Norddorf und zurück. Die Fahrzeit für eine Strecke beträgt 20 Minuten, die Abfahrtzeiten sind zwischen 9 und 19 Uhr etwa stündlich, in
den Sommermonaten halbstündlich – ausgesprochen praktisch für
diejenigen, die Amrum nicht in seiner ganzen Länge zu Fuß erobern
wollen.

Föhr Die Linie 1 fährt als Ringlinie von Wyk (Hafen) über Oldsum, Utersum und Nieblum wieder zurück nach Wyk. Die gesamte Fahrzeit
beträgt 80 Minuten. Im Sommerhalbjahr fahren die Busse im halb-
stündlichen Abstand – allerdings in abwechselnden Richtungen, sodass man in jedem zweiten Bus einmal um die halbe Insel fährt, um
von Wyk nach Nieblum zu kommen. Ein spezieller Fahrradbus erlaubt die Mitnahme von Fahrrädern im Anhänger.

⏵ MIETWAGEN UND TAXIS

MIETWAGEN AUF SYLT

► **Annecke & Söhne**
Industrieweg 2, Westerland
Tel. (0 46 51) 67 09

► **Fun-Car Sylt**
Berthin-Bleeg-Straße 19
Wenningstedt
Tel. (0 46 51) 4 54 90

► **Sylt-Travel.de**
Bahnhof Westerland
Shell-Tankstelle / Trift 7
Tel. (040) 24 42 49 14

► **AVIS**
Autovermietung Krohn GmbH
Flughafen Westerland/Sylt
Tel. (0 46 51) 2 37 34
Avis Autovermietung Westerland
Keitumer Chaussee 15
Tel. (0 46 51) 836 45 00

► **interRent**
Europcar Vermietung GmbH
Trift 2, Westerland
Tel. (0 46 51) 71 78

► **SIXT Autovermietung**
c/o Strandhotel Sylt
Margarethenstraße 9, Westerland
Tel. (0 46 51) 29 94 16
Sixt Autovermietung Norder-
strasse 13, Westerland
Tel. (0049)18 05 25 25 25

MIETWAGEN AUF FÖHR

► **Heinrich Höppner**
Boldixumerstraße 20, Wyk
Tel. (0 46 81) 5 87 10

► **Autovermietung Föhr**
Gartenstr. 19, Wyk
Tel. (0 46 81) 58 00 72 (Smart)

AMRUM

Auf Amrum gibt es keine
Autovemietung.

TAXI AUF SYLT
► **Taxiruf Sylt**
Tel. (0 46 51) 55 55 oder 50 50

TAXI AUF FÖHR

► **Andreas von der Osten**
Nieblum, Tel. (0 46 81) 37 33

► **Manuela Stange**
Wrixum, Tel. (0 46 81) 747 17 00

► **Henry Carlsen**
Wrixum, Tel. (0 46 81) 51 56

► **Jürgen King Taxi**
Wyk, Tel. (0 46 81) 22 42

► **Taxi Korf**
Wyk, Tel. (0 46 81) 37 05

► **Dieter Völker**
Wyk, Tel. (0 46 81) 28 88

► **Stern Taxi**
Tel. (0 46 81) 747 10 00

TAXI AUF AMRUM
► **Taxi Harksen**
Tel. (0 46 82) 184

Touren

OB ZU FUSS DURCH DIE HEIDE-
LANDSCHAFTEN SYLTS, MIT DEM
RAD UM AMRUM ODER GAR
PER SCHIFF NACH DÄNEMARK:
DIE INSELN BIETEN JEDE MENGE
MÖGLICHKEITEN ZU SCHÖNEN
AUSFLÜGEN.

TOUREN AUF SYLT, AMRUM UND FÖHR

Wasser, Watt und weißer Strand ist nicht alles, was die Nordfriesischen Inseln zu bieten haben: Idyllische Dörfer, majestätische Leuchttürme, reetgedeckte Kapitänshäuser, alte Windmühlen und Sprechende Grabsteine auf Sylt, Amrum und Föhr wollen entdeckt werden.

━━ TOUR 1 **Von Wenningstedt nach List**
Auf dieser Strecke zur Nordspitze Sylts durch Dünen und Heide erlebt man die landschaftliche Schönheit der Insel in ihrer ganzen Vielfalt. ► **Seite 100**

━━ TOUR 2 **Mit dem Rad rund um Amrum**
Die ganze Insel in einem Rutsch – es bleibt sogar Zeit für einen Bummel durch Norddorf oder einen Strandspaziergang. ► **Seite 102**

━━ TOUR 3 **Von Wyk bis Dunsum (und zurück)**
Auf großer Fahrt über Föhr – wer genügend Zeit und Kondition hat, kann alle Windmühlen und Dörfer abklappern. ► **Seite 104**

Flaggschiff unter den Sylter Schönheiten: das Rote Kliff

List
Klappholttal
TOUR 1
Nordsee
Kampen
Wenningstedt
S Y L T
©Baedeker

Naturschönheit
Unberührte Heidelandschaft

Landwirtschaft
*wird auf Föhr noch
großgeschrieben.*

Nordsee

Dunsum
Oldsum
Utersum   F Ö H R
Borgsum   **TOUR 3**
★ Wyk
★ ★ Nieblum

★ Norddorf
TOUR 2
A M R U M   ★ ★ Nebel
Steenodde
★ Süddorf   Wittdün
(Leuchtturm)

Für Körper und Seele
*Eine Wattwanderung ist auch
Balsam für die Füße.*

Unterwegs auf den Inseln

Sylt Um Sylt das erste Mal zu erkunden, bietet sich eine Busrundfahrt von Westerland aus an – in Richtung Norden durch Wenningstedt, Kampen und das Wanderdünengebiet vorbei am Königshafen bis nach List. Hier kann man einen Hafenbummel durch die vielen bunten Läden machen und einen Fischsnack an einem der Imbissstände probieren. Zurück in den Süden geht es dann über Braderup, Munkmarsch, dem hübschen Friesendorf Keitum, vorbei an Westerland nach Rantum und schließlich zur Südspitze Sylts nach Hörnum, wo man eine kleine Seefahrt um die Odde anschließen kann. Interessant ist auch die Fahrt in den Osten der Insel, der Tinnum, Keitum, Archsum und Morsum einschließt. Man besichtigt die Morsumer Kirche, wandert zum beeindruckenden Morsum-Kliff und kehrt dann nach einem Abstecher über Keitum nach Alt-Westerland zurück.

Amrum Lohnend ist ein längerer Aufenthalt oder auch ein Tagesausflug auf die nahe gelegene Insel Amrum, die einen völlig anderen Charakter als Sylt hat. Tagesausflüge werden von Hörnum aus angeboten. Man fährt mit dem Schiff an den Seehundsbänken vorbei und landet schließlich in Amrums Hafenort Wittdün. Hat man im Rahmen eines Tagesausfluges nur wenige Stunden zur Verfügung, bietet sich eine Fahrt mit dem Linienbus nach Norddorf und Nebel an oder ein Spaziergang auf der Strandpromenade von Wittdün möglicherweise bis zum Dünensee Wriakhörn. Mit mehreren Personen lohnt sich auch eine Inselrundfahrt mit dem Taxi. Bei gutem Wetter kann man ein Fahrrad mieten, mit dem sich die Insel erkunden lässt.

Föhr Die »grüne Insel« Föhr eignet sich für einen längeren Besuch oder einen kürzeren Abstecher allemal. Von Sylt aus werden fast täglich Ausflugsfahrten nach Föhr bzw. als Kombination nach Föhr und Amrum angeboten. Macht man nur einen Tagesausflug, kann man – je nachdem, wie viel Zeit man hat – entweder eine Rundfahrt mit dem einzigen Linienbus machen, der alle Dörfer einmal abfährt und wieder zum Hafen zurückkehrt, oder sich in Wyk und Nieblum genauer umsehen.

Wattwanderung Als ganz besonderer Ausflug bietet sich eine Wattwanderung zwischen Amrum und Föhr an. Alleine sollte man sich keinesfalls auf den Weg machen. Mehrmals in der Woche werden geführte Touren angeboten, bei denen man viel über dieses einzigartige Gebiet und seine Lebewesen erfahren kann. Kürzere Wattwanderungen werden auch in anderen Küstenorten (z. B. List und Hörnum) angeboten.

Halligen Spannend und ungewöhnlich ist die Welt der Halligen, in die von allen drei Inseln aus Ausflugsfahrten angeboten werden. Eine kleine Kreuzfahrt führt an neun Halligen und an den Seehundsbänken vorbei. »Landgang« hat man meistens nur auf Hooge; die anderen Halligen werden nur unregelmäßig von Ausflugsschiffen angefahren.

In wenigen Stunden kann man nach Havneby auf die dänische **Insel Rømø** gelangen, die hervorragende Strände hat. Von dort führt eine Straße aufs Festland. Von Rømø aus erreicht man die sehenswerten Städtchen Ribe und Tønder sowie den 1996 eröffneten Hjemsted Oldtidspark, ein Museumsgelände, auf dem eisenzeitliche Häuser rekonstruiert wurden und archäologische Ausgrabungen zu besichtigen sind. Ein weiterer lohnender Ausflug führt durch Südjütland zur Ostseeküste nach **Apenrade** mit seiner sehenswerten Altstadt. Von hier aus kann man eine romantische Bootsfahrt durch den Alsensund und die Flensburger Förde, vorbei an der alten Klappbrücke von Sonderburg, den kleinen Ochseninseln und dem Kurort Glücksburg anschließen. Die bei Familien beliebteste Dänemark-Tour führt nach Legoland in der Nähe von Billund. Hier erwartet die Besucher ein (teurer) Vergnügungspark mit unzähligen Attraktionen.

Dänemark

Zu guter Letzt noch zwei Tipps für die An- bzw. Rückreise oder für diejenigen, die sich längere Zeit auf den Inseln aufhalten und mal etwas Festlandluft schnuppern möchten: Sehr lohnend ist eine Besichtigung des kleinen Nolde-Museums in **Seebüll**, das ca. 10 km von Niebüll entfernt liegt, oder auch die Fahrt nach **Husum** und dem Holländerstädtchen **Friedrichstadt** mit seinen Grachten.

Festland

Ein Abendspaziergang am Strand, krönender Abschluss eines schönen Urlaubstags

Tour 1 Von Wenningstedt nach List

Länge der Tour: 14 km

Diese abwechslungsreiche Strecke, die sich sowohl für eine Radtour als auch für eine Wanderung eignet, offenbart einiges von der landschaftlichen Schönheit von Sylt.

Ausgangspunkt ist die Friesenkapelle gegenüber dem malerischen Dorfteich in ❶ **Wenningstedt**, dem einzigen Tümpel auf Sylt. Hier gibt es gleich zwei kleine Attraktionen zu bestaunen: die schönste Tür Nordfrieslands im Commandeur-Teunis-Haus und das besterhaltene Hünengrab Norddeutschlands, den Denghoog.
Nun geht es in Richtung Kampen, zunächst vorbei an dem schwarzweißen Leuchtturm »Rotes-Kliff«, dem ältesten Leuchtfeuer (Baujahr 1855) auf der Insel, das im Volksmund schlicht »Christian« genannt wird. Von innen kann der immerhin 38 m hohe Turm leider nicht besichtigt werden.

In ❷ **Kampen** angelangt, hat man die Qual der Wahl: ein Bummel durch den Ort mit seinen vielen schönen Geschäften und den hübschen reetgedeckten Friesenhäusern oder ein Abstecher Richtung

Rasten
am Fuß des »Roten Kliffs«

7 km

4 List

Klappholttal **3**

4,5 km

2 Kampen

2,5 km

1 Wenningstedt

Geschichtsstunde
Ganggrab aus riesigen Findlingen

Ruhe und viel Natur
findet man am Ellenbogen im Nordosten von Sylt.

Westen zum »Roten Kliff«, einem bis zu 35 m hoch aufragenden Steilufer, das sich zwischen Wenningstedt und Kampen an der Küste entlang zieht. Auf dem Kliff liegt auch die Uwe-Düne, mit 52,5 m Sylts höchste Erhebung. Von hier oben bietet sich ein grandioser Blick über die ganze Insel.

Ab Kampen führt die Strecke entlang der früheren Inselbahntrasse weiter Richtung Norden, durch bizarre Dünenlandschaften und romantische Heidegebiete. Vorbei an dem Kindererholungsheim Vogelkoje gelangt man zur Heimvolkshochschule ❸ **Klappholttal**, die 1919 von dem jugendbewegten Hamburger Mediziner Knud Ahlborn gegründet wurde. Ein Abstecher in Richtung Osten zur Kampener Vogelkoje, einer stillgelegten Entenfanganlage, ist zu empfehlen – zumal das zugehörige Café-Restaurant »Vogelkoje« mit seiner schönen Gartenterrasse zu einer gemütlichen Pause einlädt.

Vom Klappholttal zieht sich der Weg weiter durchs faszinierende Naturschutzgebiet Nord-Sylt nach List. Im Westen liegen die Wanderdünen des Listlandes. Es sind übrigens die einzigen in ganz Deutschland. Dank des kräftigen Westwindes bleiben die riesigen Sandwälle in ständiger, wenn auch langsamer Bewegung und wandern jedes Jahr einige Meter Richtung Osten. Damit diese ursprüngliche Landschaft erhalten bleibt, steht das ganze Gebiet unter Naturschutz und darf nicht betreten werden, es lässt sich nur von der Straße aus bewundern.
Im Osten erstreckt sich die Blidselbucht mit ihren Austernbänken, Heimstatt der berühmten »Sylter Royal«. Wer die Muscheln probieren und mehr über Austernzucht erfahren möchte, hat in List bei »Dittmeyers Austern-Compagnie« in der Hafenstraße 10–12, Gelegenheit dazu. Kurz hinter Mellhörn steht die Wetterstation, wo Hobby-Meteorologen rund ums Thema Wetter informiert werden.

NICHT VERSÄUMEN

- Hünengrab Denghoog
- Commandeur-Teunis-Haus
- »Rotes Kliff«
- Kampener Vogelkoje
- Wanderdünen im Listland
- »Sylter Royal«
- Ellenbogen

Schließlich erreicht man das Hafenstädtchen ❹ **List**, Deutschlands nördlichste Gemeinde. Nach der Stille und Abgeschiedenheit des Listlandes mit seinen Dünen präsentiert sich der Hafen mit seinem bunten Treiben als Kontrastprogramm. Nicht zu Unrecht wird er »List Vegas« genannt, denn im Sommer herrscht hier dank vieler Kneipen, bunter Souvenirstände und Fischbuden eine recht ausgelassene Stimmung. Wem das zu turbulent und touristisch ist, lässt das gesamte Gelände – in dem Fall – rechts liegen und begibt sich weiter in das landschaftlich einmalige Gebiet des sogenannten Ellenbogens, wo Ruhe und Einsamkeit wieder garantiert sind.

Tour 2 Mit dem Rad rund um Amrum

Länge der Tour: 17 km

Eine Rundfahrt über die kleine Insel bietet alles für Leib und Seele: In Wald und Heide lässt es sich herrlich durchatmen, in den malerischen Orten kann man flanieren und gut speisen.

Am Fähranleger in ❶**Wittdün** startet der mit grünem Dreieck markierte Radweg in Richtung Norddorf. Beim ❷ ✳ **Süddorfer Leuchtturm**, dem höchsten an der Nordseeküste Schleswig-Holsteins, muss unbedingt ein Stopp eingelegt werden. Wer die 300 Stufen zur Aussichtsplattform erklimmt, wird mit einem grandiosen Rundblick be-

Nicht versäumen
Eine Tasse Tee gehört hier zum Wohlbefinden dazu. Wer mag, fügt noch ein Tröpfchen Sahne hinzu.

Spaziergang
durch die Gassen von Nebel mit ihren hübschen Friesenhäusern.

Hoch hinaus
Mit 41,8 m Höhe ist der Leuchtturm bei Süddorf der höchste an der schleswig-holsteinischen Küste.

❸ ✳ Norddorf

3,5 km

6,5 km

❹ ✳✳ Nebel

2 km

❺ Steenodde

2 km

✳ Süddorf (Leuchtturm) *3 km*

❷

❶ Wittdün

Der Kniepsand ist Schutz für die Insel und Spielwiese zugleich.

lohnt. Weiter geht es an der Kinderklinik »Satteldüne« vorbei durch ein langes Stück Wald- und Heidelandschaft bis zum Kur- und Badeort ❸ ✱ **Norddorf**. Hier lädt die schöne Fußgängerzone mit ihren vielen Geschäften zum Flanieren ein. Um zur nördlichsten Spitze Amrums zu gelangen, fährt man von Norddorf weiter zum »Treffpunkt Odde«. Dort kann man das Rad abstellen, um einen Strandspaziergang zu genießen oder die Seevogelwarte zu besuchen.

Wieder zurück in Norddorf, wählt man nun den mit einem gelben Punkt markierten Radweg Richtung Süden nach ❹ ✱ ✱ **Nebel**. Die schöne Strecke wird auf beiden Seiten von etlichen Hünengräbern gesäumt. In dem idyllischen Friesendorf lohnt es sich, eine Pause einzulegen, damit die vielen alten reetgedeckten Häuser und die malerischen Gärten bestaunt werden können. Der Friedhof von St. Clemens in Nebel mit seinen »Sprechenden Grabsteinen« ist ebenso einen Abstecher wert wie die Mühle am südlichen Ortseingang.

Von hier orientiert man sich Richtung Wattseite, wo ein mit rotem Viereck markierter Radweg zum Kliff Ual Anj führt. Auf dem Deich geht es mit herrlichem Blick aufs Watt Richtung ❺ **Steenodde**, dem ehemaligen Hafenort Amrums. Vorbei am Seezeichen-Hafen, wo Krabbenkutter, Yachten und der Seenotkreuzer »Vormann Leiss« vor Anker liegen, kommt man bald wieder nach Wittdün, dem Ausgangspunkt der Inselrunde.

 NICHT VERSÄUMEN

- Süddorfer Leuchtturm
- »Treffpunkt Odde«
- Friesische Idylle in Nebel

Tour 3 Von Wyk bis Dunsum (und zurück)

Länge der Tour: 34 km

Fünf offizielle Thementouren - zwischen 15 und 40 km Länge; Karten beim Tourismusbüro - und mehr als 200 km seit 2011 einheitlich ausgeschilderte Wege machen die Orientierung leicht. Einen guten Überblick über das Radfahrerparadies bekommen Sie auf der hier vorgestellten großen Inselrunde.

An der Jugendherberge von ❶✳ **Wyk** beginnt ein markierter Radweg, der bis nach Dunsum ganz im Westen der Insel führt. Erste Station ist das malerische Dorf ❷✳✳ **Nieblum**, das mit seinen vielen alten reetgedeckten Kapitänshäusern als eines der schönsten Schleswig-Holsteins gilt. Ein kurzer Abstecher zur St.-Johannis-Kirche, die wegen ihrer mächtigen Ausmaße »Friesendom« genannt wird, sollte man nicht versäumen, zumal es auf dem Friedhof etliche »Sprechende Grabsteine« zu besichtigen gibt, die aus dem Leben der hier begrabenen Seefahrer berichten.

Wieder zurück in Nieblum, geht es an Badestrand und Traumstraße entlang über Witsum nach ❸**Utersum**, wo der weiße Strand mit seinem ungewöhnlich feinen Sand zu einer Rast einlädt.

Parallel zur Küste zieht sich der Radweg zum Kehrpunkt der Tour nach ❹**Dunsum**. Wer spektakuläre Sonnenuntergänge liebt, sollte sich zu entsprechender Uhrzeit am Deich einfinden. Quer durch die Marschwiesen schlängelt sich die Strecke weiter nach ❺**Oldsum**, wo es eine wunderschöne Windmühle zu bewundern gibt.

 NICHT VERSÄUMEN

- Kapitänshäuser in Nieblum
- »Friesendom«
- Windmühle in Oldsum
- St. Laurentii-Kirche, Friedhof der Sprechenden Grabsteine
- Wallanlage der Lembecksburg

Ab hier führt der Weg wieder Richtung Süden und zur St.-Laurentii-Kirche, die unbedingt besichtigt werden muss. Auf dem Friedhof liegt der »Glückliche Matthias«, Föhrs bekanntester Walfänger, begraben. Auf dem Weg zum nächsten Dorf, ❻**Borgsum**, kommt man an den Resten der Lembecksburg vorbei, einer alten Verteidigungsanlage aus der Wikingerzeit.

Ab Borgsum geht es wieder über Nieblum zurück nach Wyk. Wer aber noch mehr sehen will, fährt von Borgsum aus nördlich in Richtung Alkersum und Midlum und dann über die lang gezogenen Straßendörfer Oevenum und Wrixum zurück nach Wyk.

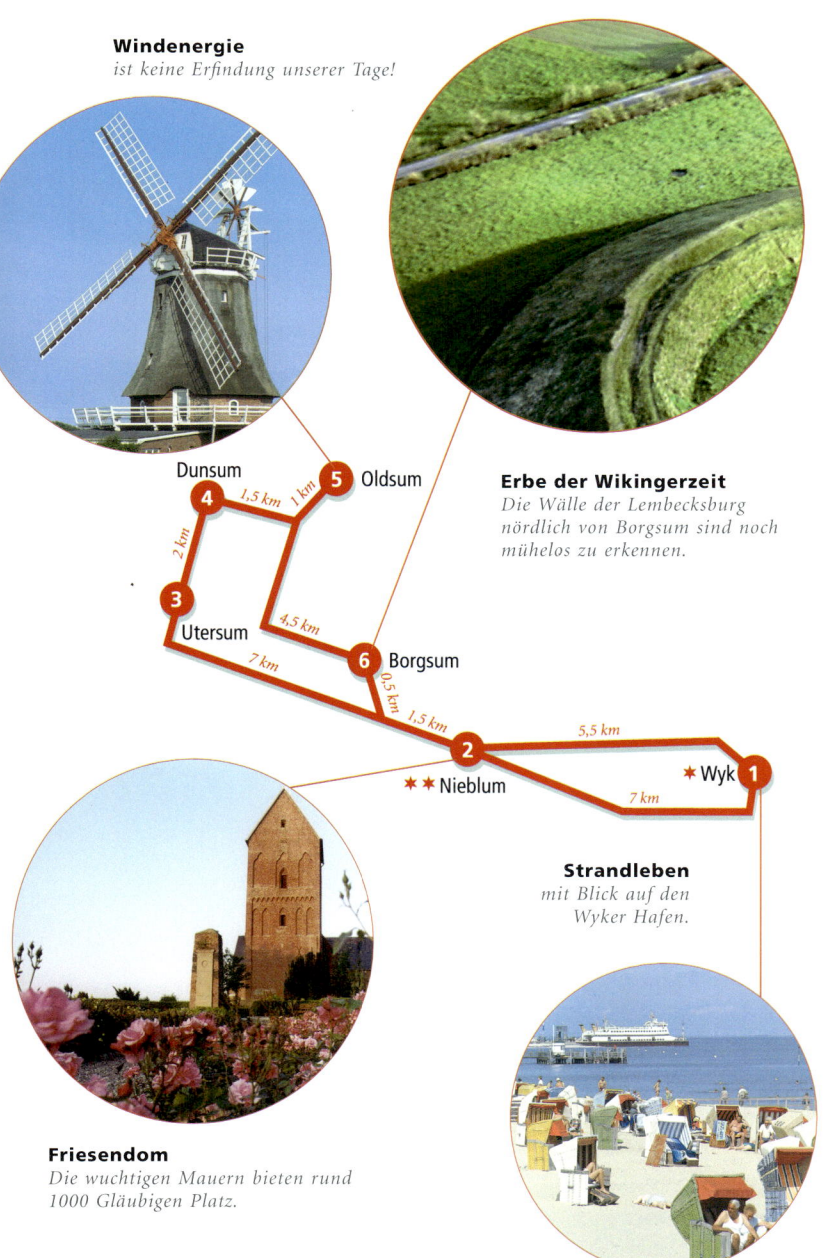

Windenergie
ist keine Erfindung unserer Tage!

Erbe der Wikingerzeit
Die Wälle der Lembecksburg nördlich von Borgsum sind noch mühelos zu erkennen.

Dunsum
4 *1,5 km* *1 km* **5** Oldsum
2 km
3
Utersum *4,5 km*
7 km **6** Borgsum
0,5 km
1,5 km
2 *5,5 km*
✶✶ Nieblum ✶ Wyk **1**
7 km

Strandleben
mit Blick auf den Wyker Hafen.

Friesendom
Die wuchtigen Mauern bieten rund 1000 Gläubigen Platz.

Reiseziele von A bis Z

WASSER, WATT UND WEISSE STRÄNDE SIND LÄNGST NICHT ALLES, WAS DIE NORDFRIESISCHEN INSELN ZU BIETEN HABEN: TRAUMHAFTE LANDSCHAFTEN UND PRACHTVOLLE FRIESEN-DÖRFER WARTEN DARAUF ENTDECKT ZU WERDEN.

Sylt Orientierung

NORDSEE

Leuchtturm

Ellenbogen

Leuchtturm

Königshafen

28 m

Röms

Fähre

Listland

31 m

List

Klappholttal

Blidselbucht

Kampener
Vogelkoje

Wattenmeer

Kampen

Uwe-Düne

52,5 m

Leuchtturm

Rotes Kliff

Denghoog

Wenningstedt

Braderup

Munkmarsch

Flugplatz

Westerland

Tinnum

St. Severin

Keitum

Tinnumburg

Tipkenhoog

Hindenburgdamm

Festland, Niebüll

Morsum-Kliff

Rantum-
Becken

Archsum

Nösse

Hünengrab
Wall

Morsum

Rantum

Wattenmeer

23 m

Hörnum

Leuchtturm

Föhr

5 km

Odde

©Baedeker

SYLT

Eine Naturschönheit sondergleichen und ein Urlaubsparadies par excellence: funkelnde Sandstrände, dazu atemberaubende Steilufer, spektakuläre Dünenlandschaften und romantische Heide. Ungestüme Nordseebrandung im Westen und sanftes Wattenmeer im Osten. Und über allem wölbt sich ein tiefblauer Himmel, der sich nirgendwo sonst so weit und unendlich präsentiert wie über der nördlichsten Insel Deutschlands.

Sylt zieht sich als sehr schmaler, 38,5 km langer Landstreifen von Norden nach Süden hin. Die Insel ist an ihrer engsten Stelle nur 600 m breit. In der Mitte, wo sie sich nach Osten hin erweitert, sind es 12,5 km. Vom Festland ist sie zwischen 8 und 27,5 km entfernt. Mit 52,5 m ist die Uwe-Düne bei Kampen die **höchste Erhebung**. Sylt gehört zum Landkreis Nordfriesland in Schleswig-Holstein, also zum nördlichsten Landkreis im nördlichsten Bundesland Deutschlands, und untersteht administrativ der Landesregierung in Kiel. Die Insel ist in sieben Gemeinden gegliedert: Westerland, Wenningstedt, Kampen, List, Rantum, Hörnum und Sylt-Ost mit den Ortschaften Keitum, Morsum, Archsum, Tinnum und Munkmarsch. Die dank Lage und Klima optimalen Kurmöglichkeiten zogen seit Mitte des 19. Jahrhunderts immer mehr Gäste auf die Insel. Unter den Urlaubern war stets viel Prominenz, und so ist die Insel auch wegen ihrer illustren Gästeschar berühmt. Doch nach wie vor sind die meisten hier erholungssuchende Menschen wie du und ich. 40 km Sandstrand locken zum Baden und Sonnen, außerdem stehen den Urlaubern rund 200 km Radwege und 50 km Wanderwege zur Verfügung.

Kur- und Urlaubsinsel

Sylt wird im Westen durch die offene Nordsee, im Osten durch das Wattenmeer begrenzt. Die Gestalt der Insel verändert sich laufend, da Wind und Wasser beständig an der langen ungeschützten Westküste nagen. Interessant ist ein Blick auf alte Landkarten, anhand derer man feststellen kann, wie sich die Form der Insel im Lauf der Zeiten verändert hat (►Baedeker-Special S. 21).
Von den 99 km² Gesamtinselfläche stehen rund **50 Prozent unter Natur- oder Landschaftsschutz**. Die Westküste Sylts vom Ellenbogen im Norden bis zur Hörnum-Odde im Süden bildet einen Sandstrand von knapp 40 km Länge. Er geht nach Osten in eine Dünenlandschaft über, die in Höhe Wenningstedt und Kampen am Roten Kliff steil abfällt. Die Kliffs gehören landschaftlich wie geologisch gesehen zu Sylts Attraktionen. Das Pendant zum 30 m hohen Roten Kliff bildet das Weiße Kliff auf der Wenningstedter Wattseite. Unter geologischen Aspekten ist das etwa 23 m hohe Morsum-Kliff ganz im Osten der Insel das interessanteste, da dort Sedimente aus 7 Mio. Jahren Erdgeschichte sichtbar werden. Eine landschaftliche Besonderheit hat Sylt außerdem mit seiner 26 m hohen und etwa 1 km langen

Wasser, Sand und Watt

Wanderdüne, sie ist an den deutschen Küsten einzigartig. An den schmalsten Stellen Sylts folgen Dünen- und Wattlandschaft fast unmittelbar aufeinander. Ausgedehnte Wälder wie auf Amrum oder weite Wiesenlandschaften wie auf Föhr gibt es nicht. An den breiteren Stellen im Norden finden sich zwischen Dünen und Watt aber größere Heideflächen.

Geschichte 1141 fand Sylt seine erste urkundliche Erwähnung in den Steuerbüchern des Dänenkönigs Erik III., doch einige Hünengräber zeugen von einer weitaus früheren Besiedlung. Um 700 wanderten die Friesen vom Süden her ein und vermischten sich mit den nordischen Stämmen. Torfabbau und Salzsiederei waren in den folgenden Jahrhunderten die wichtigsten Existenzgrundlagen. Doch durch die Entwässerung sank der Boden ab, sodass Aufschüttungen, Deichbau und das Anlegen von Warften notwendig wurden. Als sich die Bewohner 1252 weigerten, wegen der Belastungen im Deichbau den Dänen Steuern zu zahlen, kam es zu einer Schlacht, aus der die Friesen als Sieger hervorgingen. 1362 brachte die **Marcellusflut** (Große Mandränke) etwa 100 000 Menschen den Tod. Sie zerstörte weite Teile des Landes, nur die Geestkerne hielten stand und formten die Inseln Sylt, Amrum und Föhr.

Stürmische Zeiten Nach dem Frieden zu Wordingsbord 1435 kam Sylt zum Herzogtum Schleswig, nur das Listland blieb dänisch. Ein Jahr später wurde die Insel nochmals von einer verheerenden Sturmflut heimgesucht, die wiederum große Teile des Landes, u. a. das Dorf Eidum, zerstörte. Ähnlich folgenreiche Sturmfluten gab es auch im 16. und 17. Jh., was zu einer zunehmenden Verarmung der Bevölkerung führte. Doch mit den sogenannten Grönlandfahrten (Mitte des 17. bis Anfang des 19. Jh.s) begann das »Goldene Zeitalter« der Nordfriesen, als etwa gut die Hälfte der Männer zur See fuhr und der Insel einen beachtlichen Wohlstand brachte.

Bade- und Feriengäste Doch der Grönlandwal war bald ausgerottet, und 1836 stach der letzte Sylter zum Walfang in See. Man versuchte sich nun in Handelsschifffahrt und Landwirtschaft. **1855** wurde dann der Grundstein für die künftige Haupteinnahmequelle der Insel gelegt: Westerland erhielt die Konzession als Badeort. In der Folgezeit investierten die Inselgemeinden viel für die Feriengäste: So entstanden 1867 erste Buhnen vor dem Roten Kliff, 1888 baute man das erste Teilstück der Inselbahn, die 1908 dann von Hörnum im Süden bis List im Norden verkehrte. Die Eisenbahnverbindung zum Festland über den knapp 11 km langen Hindenburgdamm wurde 1927 eingeweiht. Nach dem Zweiten Weltkrieg explodierte der Tourismus geradezu. Immer mehr Hotels, Pensionen und Appartementanlagen schossen aus dem Boden. In den 1960er-Jahren ließ sich der Jetset hier nieder. Seitdem hängt Sylt das Image an, eine Urlaubsinsel für die Reichen und Schönen dieser Welt und die, die sich dafür halten, zu sein.

Archsum

Einwohner: 300

Hinter grünen Deichen erstrecken sich im Osten der Insel weite Felder und saftige Wiesen. Hier liegt das beschauliche Dorf Archsum, das sich bis heute seinen bäuerlichen Charakter bewahrt hat.

Der ruhige Ort hatte touristisch gesehen lange Zeit keine Bedeutung, da der Strand nicht vor der Haustüre liegt. Erst 1958 wurde in Archsum der Kurbetrieb aufgenommen. Dank der Abgeschiedenheit blieb hier aber am ehesten altes Brauchtum erhalten. In Archsum wird **teilweise friesisch gesprochen** und auch die Sylter Mundart, das Söl'ring, ist zuweilen noch zu hören. Weit verteilt liegende Gehöfte und ein paar traditionelle Friesenhäuser vermitteln ein gutes Bild der ländlichen Inselwelt vergangener Zeiten. Auch wenn man bei Neubauten auf eine inseltypische Architektur achtete, verwischen die vielen neuen Häuser den einstigen Dorfcharakter, den man heute nur noch im südlichen Teil am Uaster-Reeg erkennen kann. **Ländliche Inselwelt**

An die 300 hügelartige und wallförmige Erhebungen eisenzeitlicher und mittelalterlicher Dorfgemeinschaften lassen sich hier ausmachen. Stürme überfluteten den Ort immer wieder, erst seit dem Bau des Nössedeichs im Jahr 1937 können sich die Dorfbewohner auch im Winterhalbjahr sicherer fühlen. 1982 und 1987 wurde der Deich nochmals verstärkt und erhöht. ◀ Geschichte

Sehenswertes in Archsum und Umgebung

Archsum besaß wie Tinnum und Rantum eine Burg, von der man lange nicht genau sagen konnte, ob sie in der Zeit um Christi Geburt gebaut wurde oder erst in der Wikingerzeit. Neuere Funde deuten aber darauf hin, dass sie bereits rund 2000 Jahre alt ist. Im 19. Jh. sind die Wälle größtenteils eingeebnet worden. Wallreste sind heute noch an der Ecke Uaster-Reeg/Borig (fries. borig = Burg) zu sehen. Im Dorf selbst wurden 1995 neben der Kurverwaltung 65 Findlinge aus dem Burgwall als Erinnerung an die Archsumburg aufgestellt. **Archsumburg**

 ## ARCHSUM ERLEBEN

Modjes Küül, das 4000 Jahre alte Hünengrab, ist eines der vielen frühgeschichtlichen Zeugnisse, die bei Archsum gefunden wurden.

Modjes Küül   Ein eindrucksvolles Zeugnis aus der Steinzeit findet man heute auf der dem Wasser zugewandten Seite des Nössedeichs südwestlich von Archsum: eine etwa **4000 Jahre alte Grabkammer**, die im Volksmund unter dem Namen Modjes Küül (Mutters Keller) bekannt ist. Von dort aus kann man bei Ebbe einige Kilometer entfernt noch andere Gräber im Watt erkennen, die sich wie Modjes Küül einst auf trockenem Land befunden haben.

Braderup

D/E 8

Einwohner: 120

In der Stille der weiten Heidelandschaft um Braderup kann man herrlich wandern und Rad fahren. Der kleine, aber feine Ort lockt vor allem Urlauber an, die Erholung und Entspannung suchen.

Heide, so weit das Auge reicht   Das Dorf ist in eine herrliche Heidelandschaft eingebettet, die im Osten an der hellen Steilküste, dem sogenannten Weißen Kliff, abrupt endet. Verwaltungstechnisch gehört es zu Wenningstedt, liegt aber einen Kilometer entfernt an der Wattseite der Insel. Schöne alte Friesenhäuser und viele schmucke reetgedeckte Neubauten prägen das Ortsbild. Die Braderuper Atmosphäre ist heute eher vornehm und gediegen als ländlich oder familiär.

Sehenswertes

Sehr lohnend ist ein Spaziergang zum **Weißen Kliff**, das seinen Namen wegen des hellen, feinerdigen Kaolinsandes trägt, aus dem es sich aufbaut. Am besten kann man das Steilufer vom Strand aus bewundern, der sich unterhalb entlangzieht.

Zwischen Braderup und Kampen liegt eine ausgedehnte unter Naturschutz gestellte Heidezone. Ein Spaziergang durch dieses herrliche Stück Ursprungsflora ist ein absoluter Genuss, besonders im Sommer, wenn sich die Braderuper Heide in ein einziges rosa Blütenmeer verwandelt. 159 verschiedene Pflanzen hat man hier gezählt, 71 davon sind vom Aussterben bedroht.

? WUSSTEN SIE SCHON ...?

■ In der Braderuper Heide trieben einst der sagenhafte Zwergenkönig Finn und sein Volk, die Onneresken (die Unterirdischen), ihr Unwesen. Als die friesischen Männer im Kampf mit den Zwergen eines Tages den Mut verloren, übernahmen ihre Frauen das Kommando. Sie stürzten den kleinen Wichten kochende Grütze über die Köpfe und schlugen sie in die Flucht – so fand der Grütztopf Einzug in das Wappen der Friesen.

✳ **Braderuper Heide**

Von Sagen umrankt ist die Heide zwischen Braderup und Kampen, mit Geschichten von Zwergen, Feen und Wassermännern.

BRADERUP

AUSKUNFT
► Wenningstedt

ÜBERNACHTEN

► Komfortabel
Weißes Kliff
M.-T.-Buchholz-Stig 9
Tel. (0 46 51) 4 30 08, Fax 44 64 03
www.weisses-kliff.de
Hübsche Pension mit gepflegtem Restaurant; solide Preise.

Am südlichen Ortsrand (M.-T.-Buchholz-Stig 1) befindet sich neben der Geschmacks- und Gesundheitsoase des Körnerladens das **Naturschutzzentrum Braderup**, wo man alles über die Tier- und Pflanzenwelt der Heidelandschaft erfährt. Filme und Vorträge gehören dort genauso zum Angebot des Vereins Naturschutzgemeinde Sylt wie geführte Wanderungen und Fahrradtouren (Öffnungszeiten: Apr. bis Okt. Mo. – Sa. 10.00 bis 18.00 Uhr; Nov. – März auf Anfrage Tel. 046 51 – 444 21).

Hörnum

B 17

Einwohner: 1000

In dem früheren Strand- und Seeräubernest herrschten einst raue Sitten – heutzutage geht es hier gemütlich und familiär zu. Hafen und umgebende Landschaft bieten einiges an Abwechslung.

Viele Individualisten zieht es nach Hörnum im sonnigen Süden Sylts mit seinen landschaftlichen Schönheiten.

▶ HÖRNUM ERLEBEN

AUSKUNFT

Tourismus-Service Hörnum
Rantumer Str. 20
Tel. (0 46 51) 96 26-0, Fax 96 26-66
www.hoernum.de

ESSEN

▶ Preiswert

Café - Restaurant Südkap
Strandpromenade, Tel. / Fax 88 13 90
Ganzjährig Fisch-, Fleisch- und Pasta-
Gerichte (und Kuchen) – mit
Traumblick auf Amrum und Föhr.

Fisch Matthiesen
Rantumer Straße 8
Tel. (046 51) 88 17 73
Leckere Salate, Suppen, Fisch – auch
zum Mitnehmen.

ÜBERNACHTEN

Baedeker-Empfehlung

▶ Luxus

Budersand Hotel – Golf & Spa
Am Kai 3, 25997 Hörnum
Tel. (046 51) 460 70
Fax 460 74 50
www.budersand.de
Zwischen Hafen und Golfplatz spricht seit
2009 das 5-Sterne Hotel Budersand als
architektonischer Solitär alle Sinne an:
mit individuell gestalteten Zimmern, einer
exquisiten Wellnesswelt, Bibliothek und den
Restaurants t KAI3 (Jens Rittmeyer) oder
Strönholt (S. Hannes Steensbeck).

Lebhafter Hafen

Fährt man die Straße von Westerland nach Süden, so kommt man
am Südzipfel der Insel in den kleinen Hafenort Hörnum. Die Region
zwischen Rantum und Hörnum ist eine der besonders gefährdeten
Stellen der Insel – hier hat sie nur noch eine Breite von einigen Hundert Metern, die Dünenkette ist bereits stark beschädigt. Erst seit
1970 gibt es die zweispurig ausgebaute Straße von Hörnum in Richtung Norden. Besonders aufsehenerregend erscheint Hörnum zunächst nicht. Die kurze, **militärisch geprägte Geschichte** ist dem Ort
deutlich anzusehen. Es gibt keinen gewachsenen Ortskern und die
Siedlungshäuser der Seeflieger aus den 1930er-Jahren wirken auch
nicht gerade altfriesisch. Viel hübscher machen sich da schon die
reetgedeckten Häuser im neu bebauten Dünengebiet aus. Rund um
den Hafen ist immer etwas los: Ausflugsschiffe, z. B. Adler-Schiffe,
nach Amrum, Föhr, zu den Halligen und den Seehundsbänken legen
an und ab, Krabbenfischer entladen ihre Kutter. Zu ausgedehnten
Spaziergängen verlocken der Wattwanderweg und der Odde-Wander-
weg, außerdem liegt im Süden des Ortes eine herrliche Dünenlandschaft mit einem kleinen Wäldchen und für Golffreunde ein 18 Lö-
cher-Links-Course inmitten 73 Hektar Dünenlandschaft..

Geschichte

Nachdem das Dorf Eidum, das einst südwestlich von der Ortschaft
Westerland lag, bei einer Sturmflut im 15. Jh. verloren gegangen war,
zogen einige der Überlebenden in die höher gelegene Dünenregion
an der Südspitze der Insel. Eine Zeit lang bot der Heringsfang eine

*Die südliche Spitze der Insel, die Hörnumer Odde, kann man nur zu Fuß erkunden:
Hier vergnügen sich Spaziergänger, Wassernixen und Brandungsfischer.*

recht gute Einnahmequelle, doch im 17. Jahrhundert versiegten die Fischströme, und die Bewohner schlugen sich als Strand- und Seeräuber durch. Später war dieser Teil Sylts lange Zeit wieder unbewohnt. Neues Leben hauchte dem Ort erst wieder die Hamburger Reederei Hapag ein, die ab 1901 Badegäste auf den Südzipfel der Insel brachte. Damals stand hier in Sylts Süden kaum ein Gebäude, eines der ersten war der 1903 gebaute Bahnhof. Im Ersten Weltkrieg entstand etwas nördlich von Hörnum das Militärlager Puan Klent (Pauls Kliff), das auch heute noch als Jugendlager dient. In der Nähe sieht man heute noch den 192 m hohen Sendemast mit seiner enormen Reichweite. In den Dreißigerjahren begann der weitere Ausbau des Ortes zum Militärstandort, 1935 errichtete man in Hörnum eine Seefliegerstation.

! **Baedeker** TIPP

Spektakuläre Wanderung

Eine Umrundung der Hörnum-Odde sollte kein Syltbesucher versäumen. Hier kann man eindrucksvoll erleben, wie erbarmungslos die raue Nordsee der Insel zusetzt.

Sehenswertes in Hörnum und Umgebung

Leuchtturm Bis 1948 strahlte ein Petroleumlicht vom rot-weißen, gusseisernen Leuchtturm (1907 erbaut, 34 m hoch), der 1914 bis 1933 die kleinste Schule Deutschlands beherbergte. 1976 nahm der letzte Leuchtturmwärter Abschied; das noch in 40 km Entfernung sichtbare Signal wird ferngesteuert. Führungen für max. 10 Personen: Mo., Mi., Do. 9.00, 10.00, 11.00, 12.00 Uhr (bis Windstärke 5); unbedingt reservieren: Tel. (046 51) 962 60 oder info@hoernum.de.

Die Südspitze Sylts, seit 1972 unter Naturschutz gestellt, ist der **am** ✱
stärksten bedrohte Teil der Insel. In den letzten Jahrzehnten hat die   **Hörnum-Odde**
beständig nagende Nordsee die Fläche der Odde um mehr als die
Hälfte reduziert. Im März 1989 trennten die Wassermassen die äu-
ßerste Südspitze von der Insel ab, sie wurde zu einer Sandbank im
Meer. Die Abbrüche setzten sich auch in den Folgejahren fort.

Die Schutzstation Wattenmeer veranstaltet Diavorträge sowie Exkur-   **Schutzstation**
sionen in die Hörnum-Odde und ins Wattenmeer. Auch speziell auf   **Wattenmeer**
Kinder zugeschnittene Wanderungen werden angeboten. Im Gebäu-
de selbst ist eine naturkundliche Ausstellung zu sehen (Öffnungszei-   ⏲
ten: Apr.–Okt. tgl. 10.00–12.00 u. 15.00–18.00 Uhr).

Kampen

D/E 6/7

Einwohner: 600

**Umringt von einem schönen Heidegebiet im Südosten und einer
atemberaubenden Dünenlandschaft im Norden und Westen liegt
das mondäne Kampen. Im Lauf der Jahrzehnte haben zahllose prominente Gäste das ehemalige Fischerdorf zu einem der berühmtesten Bade-und Erholungsorte an der Nordsee gemacht.**

Während zunächst Maler, Schriftsteller und Intellektuelle Kampen   **»St. Tropez**
als Urlaubsparadies entdeckten, haben sich in den 1960er- und   **des Nordens«**
1970er- Jahren zunehmend Jetset und Schickeria hier festgesetzt. Die
legendäre Buhne 16, das FKK-Paradies der ersten Stunde, wurde
zum Treffpunkt von Playboys und Film-Sternchen. Die Schickimi-

Hier sitzt man angenehm – in der Kupferkanne in Kampen.

▶ KAMPEN ERLEBEN

AUSKUNFT
Tourismus Service Kampen
Hauptstraße 12
Tel. (0 46 51) 46 98-0
Fax 46 98-40
www.kampen.de

ESSEN
▶ Fein & teuer
③ *Gogärtchen*
Strönwai, Tel. (0 46 51) 412 42
www.gogaertchen-sylt.de
Im legendären Gogärtchen trifft sich
die Kampener Szene nachmittags zu
Kaffee und Kuchen, abends gibt es
Sylter Kost zu gehobenen Preisen.

② *Tappe's*
im Hotel Walter's Hof
Kurhausstraße 23
Tel. (0 46 51) 9 89 60
www.walters-hof.de
Exquisite Speisen und Weine, herrlicher Dünen- und Meeresblick.

▶ Erschwinglich
① *Sturmhaube*
Weststrand, Tel. (0 46 51) 99 59 40
Am Rand von Kampen in den Dünen
gelegen, solide Küche mit vielen
bezahlbaren Fischgerichten.

④ *Manne Pahl*
Zur Uwe-Düne 2, Tel. (046 51) 425 10
www.manne-pahl.de
Am liebsten schlemmt das Publikum
auf der überdachten Terrasse. Hier
gibt es gebratene Fische mit Wok-
Gemüse, Spaghetti in Tandoorisauce
mit Scampi und das beste Wiener
Schnitzel der Insel.

ÜBERNACHTEN

Baedeker-Empfehlung

▶ Luxus
② *Hotel Rungholt*
Kurhausstraße 35
Tel. (0 46 51) 44 80, Fax 448 48
www.hotel-rungholt.de
Landschaftlich wunderschön am Ortsrand
in Richtung See gelegen, sehr komfortable
Zimmer und Suiten, familiäre Atmosphäre,
erstklassiges Restaurant für Hausgäste,
Garten, Sauna, Fitnessraum.

▶ Komfortabel
③ *Landhaus Südheide*
Sjip-Wai 1
Tel. (0 46 51) 9 45 90, Fax 94 59 11
www.landhaus-suedheide.de
Schönes altes Reetdachhaus, stilvolles
Ambiente, geschmackvolle Einzel-
und Doppelzimmer, gemütliche
Atmosphäre im Kaminzimmer.

▶ Günstig
① *Hotel Uns to Hus*
Wuldeschlucht 2, Tel. (046 51) 985 80
Unter dem Reetdach warten ein
Handvoll gepflegter Doppel- und
Einzelzimmer sowie eine Suite. Zu
dem Haus in Wattnähe gehört ein
zauberhafter, windgeschützter Garten.

Kampen *Orientierung*

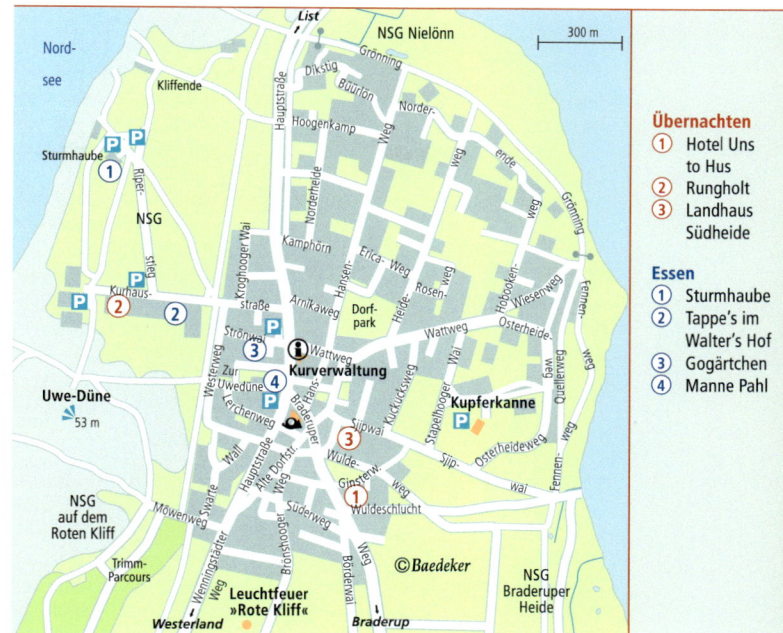

Übernachten
① Hotel Uns
    to Hus
② Rungholt
③ Landhaus
    Südheide

Essen
① Sturmhaube
② Tappe's im
    Walter's Hof
③ Gogärtchen
④ Manne Pahl

cki-Gesellschaft und ihr Hang zum Sehen und Gesehen-Werden bestimmt die Atmosphäre. So zumindest will es das Image von Kampen. In der Realität trifft dies vielleicht noch für die Hochsaison im Juli und August zu, ansonsten aber herrscht auch hier Normalität. Kampen wirkt weniger gemütlich als zum Beispiel Keitum, es fehlen vor allem die schützenden hohen Bäume. Bestechend sind hingegen einige **alte Friesenhäuser**, die teilweise noch aus dem 17. Jahrhundert stammen: 1660, 1681, 1696 sind die Baujahre der ältesten. Zwischen 1930 und 1997 erhöhte sich die Zahl der Häuser von 75 auf 520. Da die Kampener aber bereits 1913 eine Bauvorschrift erließen, nach der alle neuen Häuser aus rotem Stein gebaut werden, Reetdächer tragen und mindestens 24 m voneinander entfernt stehen müssen, sind die neu bebauten Gebiete durchaus hübsch anzusehen. Dass Geld in Kampen (k)eine Rolle spielt, merkt man beim Anblick der großzügigen Feriendomizile.

Verhältnismäßig viele Grabhügel in der Umgebung von Kampen **Geschichte** deuten darauf hin, dass die Region schon in der Bronze- und der Eisenzeit bewohnt war. Auch die etwas erhöhte Lage lässt darauf schließen. Das dem Ortsnamen zugrunde liegende Wort »Kamp« kann man als »hohes Feld« übersetzen.

! *Baedeker* TIPP

Echte Naturschönheiten

Bei Sonnenuntergang leuchtet das Kliff glutrot und macht seinem Namen alle Ehre. Wer die Stufen zur Uwe-Düne erklimmt, wird mit einem atemberaubenden Blick über die Insel belohnt.

Im Jahr 1613 wurde Kampen erstmals in einer Chronik erwähnt. Damals lebten hier nur eine Handvoll Fischer, Bauern und Seeleute. Rund 250 Jahre später kamen die ersten Gäste vom Festland in das idyllische Dorf mit seinen damals etwa 25 Friesenhäusern.

Der Schriftsteller und Publizist Ferdinand Avenarius (▶ Berühmte Persönlichkeiten) suchte als Alternative zum aufstrebenden Westerland die ländliche Idylle und zog viele Künstler und Schriftsteller hierher. Seit 1927 ist Kampen eigenständiger Kur- und Badeort. Seine Schönheit sprach sich allmählich herum und die Gästezahl stieg stetig. Der eigentliche Boom setzte jedoch in den 1960er-Jahren des 20. Jahrhunderts ein.

Sehenswertes in Kampen und Umgebung

Rotes Kliff

Das berühmte Rote Kliff erfreut sich größter Beliebtheit bei Spaziergängern und geologisch Interessierten. Es zieht sich bis zu 30 m hoch über 4,4 km von der Nordseeklinik nördlich Westerlands bis zum Kliffende bei Kampen. Durch Wasserunterspülungen und anschließende Abbrüche ist die geologische Struktur, die normalerweise mit Lehm überdeckt ist, deutlich zu sehen. Die untere, bis zu 3 Mio. Jahre alte Schicht besteht aus Kaolinsand, vermutlich Ablagerungen eines weit verzweigten Stromsystems, durch das er von Mittelskandinavien in das Nordseegebiet gespült wurde.

Später – vor rund 180 000 Jahren, in der Saale-Eiszeit – wurde dann Geschiebelehm darüber gelagert. In dieser Schicht ist eine Vielzahl unterschiedlicher Gesteine auszumachen: u. a. Rhombenporphyr aus Norwegen, Granite und Gneis aus Schweden.

Durch Eisenoxidation entstand die rotbraune Farbe. Die Grenze zwischen Kaolinsand und Geschiebelehm ist stellenweise sehr gut als waagerechte Linie auszumachen. Über der Lehmschicht erkennt man eine bis zu 50 cm dicke Heidesandschicht.

Immer wieder brechen große Stücke der Steilküste ab. So sind die Häuser oben auf dem Kliff heute durch **Landabbrüche** bedroht. 1979 wurde das Rote Kliff samt 177 ha Dünenlandschaft wegen seiner geologischen Bedeutung unter Naturschutz gestellt.

Uwe-Düne

Mitten in dieser Naturschutzlandschaft erhebt sich die Uwe-Düne, mit 52,5 m Sylts höchste Erhebung, die nach dem Unabhängigkeitskämpfer **Uwe Jens Lornsen** (▶ Berühmte Persönlichkeiten) benannt worden ist. Von hier oben bietet sich bei gutem Wetter ein atem- beraubender Blick über Sylt.

Spaziergänger am Roten Kliff →

Als »Miterfinder von St. Tropez« wurde Gunter Sachs (1932–2011) mit seiner Frau Brigitte Bardot zu einem Fixstern am Sylter Promi-Himmel.

PROMINENTE UNTER SICH

Maler, Schriftsteller, Verleger, also Kulturschaffende, prägten über viele Jahrzehnte das Prominentenleben auf Sylt. Die Insel zog sie scheinbar magisch an. Seit den 1960er-Jahren entdeckten der Jetset, Stars, Sternchen und Reiche die Nordseeinsel. Gunter Sachs und Brigitte Bardot gehörten damals zu den berühmtesten Gästen.

Sylts Werdegang als Insel der Maler und Dichter wurde wesentlich durch den Naturliebhaber **Ferdinand Avenarius** gefördert, der das ruhige Kampen dem hektischen Westerland vorzog und sich dort 1903 am Hoogenkamp das Haus Uhlenkamp bauen ließ.

Haus Uhlenkamp

Die Villa stellte eine Kuriosität dar, weil ihre Architektur friesische und bayerische Elemente verband und sie schon dadurch auffiel, dass sie eine Etage höher war als die anderen Häuser. Auf dem Dach gab es eine vertiefte Wanne mit der Möglichkeit zum hüllenlosen Sonnenbad. Avenarius verlegte im Sommer die Redaktion seiner Zeitschrift »Der Kunstwart« nach Kampen und holte Mitarbeiter und Künstler in sein Haus. Das Haus Uhlenkamp wurde zu einer Begegnungsstätte von Künstlern und begründete damit den Ruf Kampens als Ort, an dem Maler, Schriftsteller, Musiker und Verleger regen Austausch, inspirierende Stille und selbst gesuchte Einsamkeit fanden. Im Jahr

1968 wurde das Uhlenkamp, das heute bestimmt unter Denkmalschutz stünde, trotz erheblicher Proteste abgerissen, denn die Gemeinde Kampen wollte das Haus nicht mehr halten.

Haus Kliffende

1923 – im Todesjahr von Avenarius – wurde ein anderes geschichtsträchtiges Haus in Kampen gebaut. Der Verleger und Buchhändler **Heinrich Tiedemann** hatte am Ortsrand ein Grundstück mit einem kleinen Schuppen erworben, auf dem er nach Plänen des Architekten Walther Baedeker das Haus Kliffende errichten ließ. Dieses kleine Anwesen hat über Jahrzehnte hinweg illustre Gäste gesehen. So verbrachte der Maler **Emil Nolde** 1930 einige Wochen im Kliffende, während sein Haus auf dem Festland renoviert wurde. Ehefrau Ada hatte ihren Künstlergatten in Kampen abgeliefert, um sich in Ruhe dem Umbau in Seebüll zu widmen. **Thomas Mann** indessen war 1927 mit Frau Katja und drei Kindern ins Kliffende gekommen. In einer Ansichtskarte an seinen Bruder Heinrich schrieb er: »Viele Grüße von Meer zu Meer! Die Reize dieser Insel sind keusch und karg und lenken den Sinn auf Grog ...« Und im Gästebuch steht: »Wir reisen wieder, gut, dass Kliffende bleibt«. Thomas Mann konnte am Ende seiner Ferien nicht ahnen, dass die Existenz seines Feriendomizils Jahrzehnte später durch Küstenabbruch massiv bedroht sein würde.

Einige Jahre nach dem Besuch der Familie Mann war der Nationalsozialist **Hermann Göring**, ein leidenschaftlicher Seehundjäger, zu Gast im Haus Kliffende, bevor er sich ein eigenes Heim in Wenningstedt kaufte. Auch der Richter **Roland Freisler**, der für den nationalsozialistischen Justizterror verantwortlich war, verbrachte hier viele Urlaubstage. Das Sagen im Kliffende hatte die Schauspielerin und Hausherrin Clara Tiedemann, von der man in diese ausgesprochen exklusive Prominentenherberge nur aufgenommen wurde, wenn ein alteingesessener Gast eine Empfehlung aussprach. Im Sommer war das Haus ausgebucht, Maler, Komponisten, Dirigenten, Museumsdirektoren, Schriftsteller und Verleger wohnten Tür an Tür.

Schriftsteller und Jetset

Annemarie van Hoboken, die Frau des Verlegers **Peter Suhrkamp** besaß ein Hauses in Kampen, wo das Ehepaar vielen Freunden Urlaubsquartier gewährte, darunter **Max Frisch, Carl Zuckmayer, Oskar Loerke und Walter Jens** – im Weinkeller gab Carl Zuckmeyer in trauter Runde Moritatengesänge zur Laute zum Besten.

Nach dem Zweiten Weltkrieg fand sich die Prominenz schnell wieder ein. In den 1960er-Jahren entdeckten Jetset und Schickeria die Insel und Kampen als standesgemäßen Urlaubsort. Die legendäre Buhne 16, ein FKK-Strand, wurde zum Treffpunkt von Playboys und Stars und brachte dem Ort den Beinamen »St. Tropez des Nordens« ein. Auch heute kommen etliche Prominente auf die Insel – sei es für einen Urlaub oder nur zu einem der großen Party-Events.

Auch Thomas Mann hat sich auf Sylt durchaus wohlgefühlt.

Leuchtturm Südlich von Kampen steht der bekannte weiß-schwarze Leuchtturm, der 1855 auf Initiative Friedrichs VII. hin erbaut wurde. Bereits 1852 war auf der Pariser Weltausstellung eine durch Prismen verstärkte Lichtquelle erworben worden, die mittels Uhrwerk im Kreis gedreht wurde. Am 31. März 1856 setzte man den Leuchtturm erstmals in Gang. Er wurde zunächst mit Rüböl betrieben, 1908 auf Petroleum umgestellt, 21 Jahre später schließlich auf elektrisches Licht. Das Kampener Leuchtfeuer hat eine Höhe von 38 m und eine Leistung von 1000 Watt, der Schein eine Reichweite von 21 Seemeilen, also rund 40 Kilometer.

Ergänzt wurde der Turm durch das Quermarkenfeuer Rotes Kliff nördlich von Kampen, das von 1913 bis 1975 leuchtete. Der rote, achteckige, 11,5 m hohe Backsteinbau mit weißer Laterne und Kuppeldach warnte vor einer Sandbank in der Einfahrt zum Lister Tief. Heute ist er im Besitz der Gemeinde, die ihr Wahrzeichen über eine groß angelegte Spendenaktion dauerhaft erhalten will.

Kampener Vogelkoje Drei Entenfanganlagen gab es zwischen 1767 und 1921 auf Sylt. Die etwa 3 km nördlich von Kampen gelegene Vogelkoje ist die älteste. Die Vogelkojen entstanden Mitte des 18. Jh.s auf den Nordfriesischen

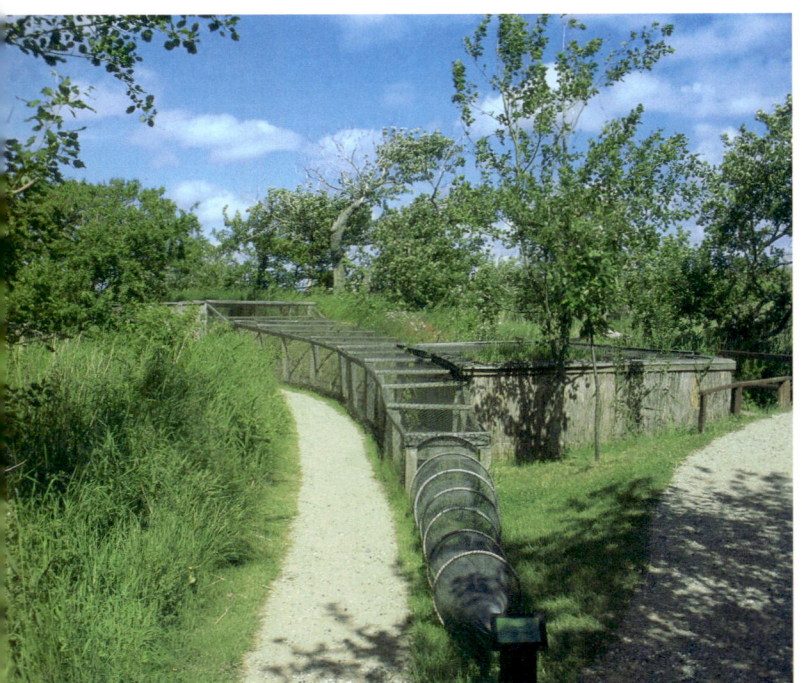

In den Pfeifen der Vogelkoje gab es für die Enten kein Entrinnen mehr.

Inseln nach holländischem Vorbild. Das Prinzip war simpel: In dem künstlich angelegten Teich mit mehreren Fangarmen (Pfeifen) aus Draht wurden gezähmte Wildenten gehalten, die ihre freien Artgenossen anlocken sollten. Der Wärter streute Futter in der Pfeife aus, die am günstigsten in Windrichtung lag. Die wilden Enten folgten den

> **! Baedeker TIPP**
>
> **Aber bitte mit Sahne!**
> Mit sensationellem Kuchen und erlesenen Kaffeespezialitäten verwöhnt das originelle Café Kupferkanne seine Gäste. Unbedingt probieren! (Stapelhooger Wai 7, Tel. 0 46 51/4 10 10)

Lockvögeln in die Pfeife, der Kojenwärter trieb sie immer tiefer in den Fangarm bis in die Reuse hinein. Die gezähmten Tiere wurden wieder befreit, die anderen »gekringelt«, d.h. ihnen wurde mit schnellem Griff das Genick umgedreht.

Ein Rundgang führt durch einen restaurierten Teil der ehemaligen Fanganlage. Dort erhält man Einblick in die Geschichte und Funktionsweise der nordfriesischen Vogelkojen und in den ökologisch ausgerichteten Küstenschutz (Öffnungszeiten: Ostern – Okt. Mo. – Fr. 10.00 – 17.00, Sa., So. Fei. 11.00 – 17.00 Uhr, im Winter nach Absprache).

** Keitum

E/F 10

Einwohner: 1300

Mit seiner traditionellen Bebauung, dem alten Baumbestand und der reizvollen Lage am Grünen Kliff gehört Keitum zu den schönsten Plätzen auf Sylt.

Geschützt an der Wattseite der Insel liegt Keitum, das zu den **schönsten Dörfern Nordfrieslands** gehört. Hier ist der 1905 gegründete Verein Söl'ring Foriining, der sich um die Sylter Heimatforschung bemüht, sehr aktiv – wohl wegen der großen Vergangenheit des Ortes, aber auch aufgrund einer gewissen Tradition auf diesem Gebiet, die mit dem Lehrer und Chronisten Christian Peter Hansen (► Berühmte Persönlichkeiten) hier ihren Anfang nahm. Ein reicher Baumbestand und die vielen alten Kapitänshäuser prägen Keitum wie kein anderes Dorf der Insel. Die Straßen ziehen sich in Bögen durch den Ort, dazwischen gibt es noch den einen oder anderen unbefestigten Weg. In den Vorgärten blühen zur Sommerzeit Rosen, Malven und Geißblatt. Viele Bäume haben ein Alter von über 100 Jahren. Üppige Kastanien erheben ihre mächtigen Kronen über den Reetdächern und scheinen die alten Häuser vor allen Wetterwidrigkeiten schützen zu wollen. Im alten Teil im Norden des Dorfes stehen die schönsten Friesenhäuser und strahlen still ihre stolze Vergangenheit aus.

Prachtvolles Friesendorf

Keitum *Orientierung*

Munkmarsch

St.-Severin-Kirche

200 m
©*Baedeker*

Wattenmeer

Übernachten
① Seiler-Hof
② Benen-Diken-Hof

Essen
① Karsten Wulf
② Fisch-Fiete
③ Landschaftliches Haus
④ Salon 1900

Altfriesisches Haus
Sylter Heimatmuseum
Amt Sylt
Gemeinde
Polizei
Haus des Kurgastes
Dänische Schule
Friesen-halle
Bahnhof

Geschichte

Die Region um Keitum ist lange schon besiedelt. Zahlreiche prähistorische Stätten legen Zeugnis davon ab. Neben dem Tipkenhoog und dem Harhoog ist als **frühe Grab- und Kultstätte** der Wedns- oder Winjshoog südwestlich der Keitumer Kirche bekannt, der dem germanischen Gott Wodan geweiht war. Etwas nördlich gab es einen der Freda oder Freia geweihten Düfhoog (Taubenhügel). Südöstlich, am Geestrand, wurde zu Ehren der Todesgöttin der Helhoog angelegt, im Südwesten der Törshoog des Donnergottes Thor.

Von der Mitte des 17. Jh.s bis um 1800 lebte Keitum wie die meisten Inseldörfer vom **Walfang**. Viele erfolgreiche Kapitäne jener Zeit setzten sich in Keitum zur Ruhe und bauten schöne, von Wohlstand zeugende Häuser. Ende des 18. Jh.s gab es in Keitum rund 150 Gebäude mit insgesamt ca. 600 Einwohnern. Etwa zwei Drittel der Keitumer Männer gingen in der Walfangzeit zur See. Der Reichtum hatte jedoch seinen Preis: viele Männer verloren auf See ihr Leben (►Baedeker-Special S. 36).

Ab 1820 war Keitum bedeutender Hafen und Hauptort der Insel. Hier gab es den einzigen Inselarzt und eine Apotheke. 1868 jedoch versandete der Hafen und konnte nicht mehr gerettet werden. Diese Funktion übernahm daraufhin das nördlich gelegene Munkmarsch. Keitum musste dann auch die Verwaltung dem aufstrebenden Westerland überlassen. Als schließlich die Badegäste in immer größeren Scharen nach Sylt kamen, versank der Ort jedoch im Dornröschenschlaf, denn die Urlauber zogen Westerland vor.

Sehenswertes in Keitum und Umgebung

Nördlich außerhalb von Keitum liegt auf der Geesthöhe die Keitumer Kirche St. Severin. Wie fast alle älteren Gotteshäuser auf den Nordfriesischen Inseln entstand sie im 13. Jh., erstmals erwähnt im Jahr 1240 (Abb. S. 44). Man setzte den etwas spröde wirkenden Backsteinbau auf ein Fundament aus großen Granitsteinen. Erst im 15. Jh. wurde der spätgotische Turm angebaut, der einer Legende zufolge von zwei alten Frauen, Ing und Dung, gestiftet wurde. Zwei trapezförmige Feldsteine in der Turmwand sollen ihre Grabsteine sein. Der Turm diente bis 1603 als Seezeichen, bis 1806 auch als Gefängnis.

✶ St. Severin

Deutlich ist die ursprüngliche Dreigliederung des Baus zu erkennen. Ähnlich wie die Morsumer Kirche besteht auch St. Severin aus einem einfachen Kirchenschiff, an den sich ein niedrigerer Chor und eine sehr flache Apsis anschließen. Der lichte Innenraum mit taubenblauen Kirchenbänken und gleichfarbiger Empore wurde 1913 umfassend von dem Keitumer Künstler Franz Korwan renoviert. Er war fünf Jahre zuvor vom jüdischen Glauben zum christlichen übergetreten, wurde 1940 aber dennoch nach Frankreich deportiert und im Lager Noé umgebracht.

Justitia

In St. Severin lassen sich einige kunsthistorische Kostbarkeiten entdecken: Das romanische Sandstein-Taufbecken stammt noch aus der Entstehungszeit der Kirche, während die Taufschale im 17. Jh. dazukam. Auf dem dreiflügeligen spätgotischen Altar sind im Mittelteil Gottvater und Sohn, Maria mit dem Kind und der namensgebende Kölner Bischof Severin dargestellt. Besonders interessant ist die Renaissance-Kanzel aus dem Jahr 1580 mit ihren Darstellungen, unter denen Justitia hervorsticht: Sie wird nicht mit einer Waage, sondern mit einem blutenden Herzen gezeigt; die Augen sind nicht verbunden. Die flandrischen Messingleuchter stammen aus dem 17. und 18. Jahrhundert. An der Westwand ist eine Votivtafel für den friesischen Freiheitskämpfer Uwe Jens Lornsen zu sehen.

Recht ungewöhnlich sind die sechs astrologischen Sternzeichen als Teil der Deckenbemalung. 1798 spendete ein reicher Kapitän der Kirche eine Orgel, die erste auf der ganzen Insel. Weil das in die Jahre gekommene Instrument sich durch den Zahn der Zeit zu einem sehr mittelmäßigen Klangkörper entwickelt hatte, rief der Organist vor einiger Zeit dazu auf, für ein neues Instrument zu spenden. Er tat das mit schönem Erfolg: Ein Unbekannter, der seiner Braut einst in St. Severin das Ja-Wort gegeben hatte, **spendete eine Million Mark**.

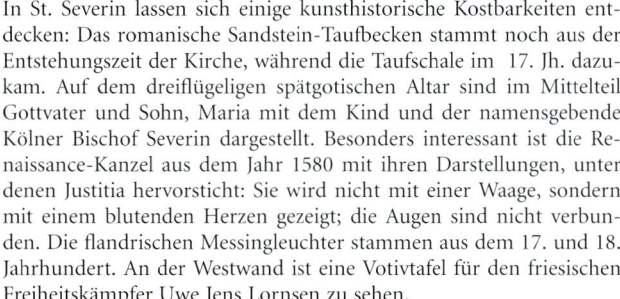

! *Baedeker* TIPP

Eindrucksvolles Orgelspiel

Die berühmten Mittwoch-Abend-Konzerte in der Kirche St. Severin mit bekannten (Orgel-)Interpreten sind regelmäßig ausverkauft. Karten sollten deshalb rechtzeitig bei der Keitumer Kurverwaltung (Tel. 0 46 51/3 37-0) oder den anderen Kurverwaltungen vorbestellt werden.

▶ KEITUM ERLEBEN

AUSKUNFT

Sylt Tourismus-Service Keitum
Gurtstieg 23
Tel. (018 05) 55 79 53
Fax (046 51) 337 37
www.keitum.de

ESSEN

▶ Fein & teuer

② *Fisch-Fiete*
Weidemannsweg 3
Tel. (0 46 51) 3 21 50
www.fisch-fiete.de
Derzeit eines der besten Keitumer Restaurants, in dem Süß- und Salzwasserfische und fangfrische Meerestiere angeboten werden.

▶ Erschwinglich

① *Karsten Wulf*
Museumsweg 4, Tel. (0 46 51) 3 03 00
www.karsten-wulff.de
Besonders gute Fischküche.

④ *Salon 1900*
Süderstraße 40, Tel. (0 46 51) 93 60 00
www.salon1900.de
Der Salon 1900 ist ein angesagtes Restaurant in Keitum: Nachmittags gibt es Kaffee, Kuchen und Kleinigkeiten, abends eine Speisekarte; mit Tanz und Cocktails bis spät in die Nacht.

▶ Preiswert

③ *Landschaftliches Haus*
Gurtstig 54
Tel. (0 46 51) 3 18 40
Behaglich-feine Atmosphäre; Fisch, Lamm und Wildbraten und manchmal dazu Geschichten vom Senior über die Insel.

ÜBERNACHTEN

▶ Luxus

② *Romantikhotel Benen-Diken-Hof*
Süderstraße 3–5
Tel. (0 46 51) 93 83-0, Fax 93 83 83
www.benen-diken-hof.de
Friesische Behaglichkeit in 43 individuell-frisch-freundlichen Zimmern und Suiten im Kapitänshaus und den Nachbarhäusern – alle verbunden durch Galerien. Dazu perfekter Service – auch im eigenen Kökken-Restaurant und im Wellnessbereich

① *Seiler-Hof*
Gurtstig 7
Tel. (0 46 51) 9 33 40, Fax 93 34 44
www.seilerhofsylt.de
Hübsches kleines, sehr altes Friesenhaus direkt in Keitums schönem Zentrum, ruhige, gepflegte Zimmer, Whirlpool, Liegewiese mit Strandkörben, Restaurant mit kleiner Abendkarte für Hausgäste.

Das neue Instrument wurde in der süddeutschen Orgelbauer-Werkstatt von Konrad Mühleisen gebaut und am ersten Advent 1999 feierlich eingeweiht. Der Friedhof um die Kirche kann einiges über die Lebensgeschichten der Insulaner erzählen. Sehenswert sind die im Mittelgang aufgereihten **Grabsteine alter Sylter Kapitäne,** auf denen mit Geduld etwas über ihren Werdegang zu entziffern ist. Einige Berühmtheiten haben auf dem Keitumer Friedhof ihre letzte Ruhestätte gefunden: die Schauspielerin Clara Tiedemann (▸ Baedeker-Special S. 178), Ferdinand Avenarius, Begründer der Zeitschrift »Der Kunstwart«, der Verleger Peter Suhrkamp und der Chronist Christian Peter Hansen (alle ►Berühmte Persönlichkeiten).

Direkt an der Wattseite führt die Straße Am Kliff entlang. Hier steht das **Altfriesische Haus** (Nr. 13), wo im 19. Jh. der Sylter Chronist **Christian Peter Hansen** wohnte. Der Heimatverein Söl'ring Foriining kaufte das Haus 1907 und wandelte es in ein Museum um, das einen guten Einblick in die friesische Wohnkultur des 18. und 19. Jh.s gibt. Die **Museumsweberei** veranschaulicht die lange Tradition des Webens auf der Insel (Öffnungszeiten: Ostern – Okt. Mo. – Fr. 10.00 bis 17.00, Sa., So. ab 11.00, Nov. – März Mi. – So. 12.00 – 16.00 Uhr).

✱ Altfriesisches Haus

Auch das 1908 gegründete Sylter Heimatmuseum (Am Kliff 19) ein paar Häuser weiter lässt friesische Kulturgeschichte lebendig werden. Hier sind friesische Trachten, Schmuck, Gemälde Sylter Künstler, alte Seefahrer-Utensilien, nautische Instrumente, Seekarten und Mitbringsel aus aller Herren Länder ausgestellt. Außerdem gibt es eine Abteilung mit archäologischen Fundstücken und eine zur geologischen Entstehungsgeschichte der Insel. Ein Raum ist dem in Keitum geborenen Freiheitskämpfer **Uwe Jens Lornsen** (►Berühmte Persönlichkeiten) gewidmet, dessen Großvater Uwe Peters das Haus, in dem das Museum untergebracht ist, 1759 erbaut hat (Öffnungszeiten wie beim Altfriesischen Haus, s. o.).

✱ Sylter Heimatmuseum

Angegliedert ist die **Magnus-Weidemann-Dokumentation** zum Leben und Werk des Sylter Malers und Fotografen Markus Weidemann (1880 – 1967).

In Keitum kann man noch viele schöne Friesenhäuser finden.

Das Megalithgrabmal Harhoog wurde vom Gebiet des heutigen Flugplatzes zwangsumgesiedelt und neben dem Tipkenhoog neu errichtet.

Feuerwehr-museum

Keitums kleines Feuerwehrmuseum (C.-P.-Hansen-Allee) ist im 1906 erbauten Spritzenhaus untergebracht. Von hier rückte man einst **mit Kutschen zur Brandbekämpfung** aus. Uniformen, Ausrüstungsgegenstände, Fotos und Dokumente vermitteln einen umfassenden Einblick in die Geschichte der Inselfeuerwehr (Öffnungszeiten: April bis Okt. Di. 10.30 – 13.00 Uhr).

Denkmal für Uwe Jens Lornsen

Am Uwe-Jens-Lornsen-Wai/Ecke Kastanienweg wurde 1893 für Uwe Jens Lornsen, den »größten Sohn der Insel Sylt«, ein Denkmal errichtet. »Unser Recht ist klar wie die Sonne« ist darauf zu lesen.

Schöne Friesenhäuser

Außer in der einstmals reichsten Straße des Ortes Am Kliff kann man auch an anderen Ecken Keitums schönen Friesenhäusern mit wunderbar angelegten Gärten und reetgedeckten Dächern begegnen, etwa auf dem Erich-Johannsen-Wai, dem Takerwai oder der Munkmarscher Chaussee.

Der **Tipkenhoog** (benannt nach dem sagenhaften Riesen Tipke, der von hier aus nach Feinden Ausschau hielt) am südlichen Ortsausgang von Keitum ist einer der schönsten Sylter Grabhügel der

! **Baedeker** TIPP

Wanderung für Naturfreunde

Das südlich von Keitum gelegene Schöpfwerk dient als Außenposten der Schutzstation Wattenmeer. Von hier aus werden Wattwanderungen und vogelkundliche Führungen auf die vorgelagerten Sandinseln angeboten. Informationen unter Tel. (01 52) 23 39 56 44.

Jungsteinzeit. Wie für frühgeschichtliche Grabanlagen typisch, liegt
der Tipkenhoog erhöht. Es bietet sich eine hervorragende Fernsicht
zur Nordspitze der Insel, auf den Hindenburgdamm und in Richtung
Festland. Von hier aus winkten in der Zeit des Walfangs und der
Handelsschifffahrt die Frauen den bei Keitum in See stechenden
Männern zum Abschied zu.
Heute entzünden die Keitumer in unmittelbarer Nähe des Tipken-
hoog das **Biikenfeuer**. Traditionell wurde es einst am Abend vor der
Abfahrt der Seeleute entfacht.

Direkt neben dem Tipkenhoog liegt der Harhoog. Er stammt aus der   ✳
Zeit um 2500 v. Chr. Ursprünglich waren Steinkreis und Grabkam-   **Harhoog**
mer des Harhoog im Nordwesten von Keitum auf einem Gebiet angelegt worden, das 1954 für die Erweiterung des Flughafens benötigt
wurde. Aufgrund der kulturgeschichtlichen Bedeutung hat man die
Grabanlage damals an den Deich verlegt.

List

G/H 3

Einwohner: 2700

**Das Städtchen List zeichnet sich durch eine wahrlich atemberau-
bende Natur drumherum aus – die größte zusammenhängende
Dünenlandschaft Sylts, von der Thomas Mann einst sagte: »Man
glaubt, in der Sahara zu sein«.**

Ganz im Norden der Insel gelegen, ist List die nördlichste Gemeinde   **Nördlichste**
Deutschlands. Der Ort selbst nimmt sich alles in allem ein wenig   **Gemeinde**
trist aus. Kasernengebäude und Reihenhaussiedlungen zeugen, ähn-   **Deutschlands**
lich wie in Hörnum im Süden, von der militärisch geprägten Geschichte. Am Hafen allerdings herrscht meist buntes Treiben.

Das erste List, das unter dem Namen Listum 1292 in einem Doku-   **Geschichte**
ment erwähnt wurde, ist wahrscheinlich der Sturmflut von 1362
zum Opfer gefallen. Funde bei Klappholttal und in der Nähe des
Königshafens bezeugen eine Besiedlung im frühen Mittelalter: Eine
Münze, die aus dem Rheinland stammt und auf den Zeitraum zwischen 650 und 690 datiert wird, deutet auf Handelsverbindungen
mit dieser Region hin. Sylts Norden war von 1435 bis 1866 direkt
der **dänischen Krone** unterstellt, die Grenze lag südlich von List.
Noch im 19. Jh. sprach man hier nicht Plattdeutsch, sondern Platt-
dänisch. Das heutige List ist erheblich jünger. Um das Jahr 1900
standen hier wenig mehr als zehn Häuser. Erst mit dem Bau der Marineflugstation und des Zeppelinhafens im Ersten Weltkrieg entwickelte sich der Ort. Auch nach dem Krieg blieb List Standort der
Reichsmarine. Ab 1920 gab es eine als Schule der zivilen Luftfahrt ge-

► LIST ERLEBEN

Dittmeyer's Austern-Compagnie
Hafenstraße 10–12, Tel. (046 51)
87 08 60, www.sylter-royal.de
Hier wird die Königin der haus-
eigenen Austernzucht, die berühmte
»Sylter Royal«, serviert.

► Erschwinglich
Fischhaus Gosch
Hafenstraße 16, Tel. (0 46 51) 87 13 11
Vorzügliche Meeresfrüchte tragen den
Ruf des Edelimbisses, den es in
unterschiedlichen Versionen gleich
mehrfach am Hafen gibt.

AUSKUNFT
Kurverwaltung
Landwehrdeich 1
Tel. (0 45 61) 9 52 00, Fax 87 13 98
www.list-sylt.de

ESSEN
► Fein & teuer
Alter Gasthof
Alte Dorfstraße 5
Tel. (0 46 51) 87 72 44
www.alter-gasthof.com
Spezialitätenrestaurant für Fisch und
hochwertige Regionalprodukte in der
guten Stube eines Walfangkapitäns.

ÜBERNACHTEN

Baedeker-Empfehlung

► Komfortabel
Hüs bi See
Frischwassertal 17b, Tel. (0 46 51) 87 05 91
Fax 87 13 35, www.huesbisee.de
Reetgedecktes Friesenhaus in Top-Lage,
direkt mit Blick aufs Wattenmeer, großzügig
und liebevoll gestaltete Zimmer, viele mit
eigener Terrasse, Einzel-, Doppelzimmer,
Suiten und Appartements, hauseigene
Strandkörbe, Sauna.

tarnte Ausbildungsstätte für Seeflieger, zu deren Programm unter anderem Küsten- und Fernaufklärung gehörten. Erst 1935 wurde bekannt, dass der Lufthansa-Flugbetrieb militärischen Zwecken diente.
1938 baute der NS-Arbeitsdienst eine Straße hinauf nach List, das bis
dahin nur per Inselbahn zu erreichen war. Die heutige Straße weiter
östlich am Watt entlang ist in den 1960er-Jahren gebaut worden.

Sehenswertes in List und Umgebung

Hafen Auf lebhaften Betrieb stößt man im Lister Hafen, wo während der
Hochsaison fast Bierzeltstimmung herrscht. Kneipen, Imbissbuden
und Souvenirstände prägen das Bild. Besonders beliebt ist »Gosch«,

die **nördlichste Fischbude Deutschlands**. Ansonsten verkehren hier die Fähren nach Rømø, verschiedene Ausflugsschiffe und der Seenotkreuzer »Minden«.

2008 öffnete das interaktive Erlebniszentrum Naturgewalten am Hafen seine Türen. Es macht Naturgewalten erlebbar und vermittelt die Ergebnisse der neuesten Meeresforschung. So kann man beispielsweise in einem Sturmraum die Naturkräfte erfahren, in einem Kanal Wind und Wellen erzeugen sowie Ebbe und Flut simulieren (Öffnungszeiten: tgl. 10.00 – 18.00, Juli/Aug. bis 22.00 Uhr; www.naturgewalten-sylt.de).

✱
Erlebniszentrum Naturgewalten Sylt
🕐

Im Hafen findet man außerdem eine Tafel, die an Lists Ehrenbürger, den Leiter der Lufthansa-Flugschule, Wolfgang von Gronau, erinnert. Gronau war 1930 mit einem **Dornier-Flugboot vom Typ Wal** von hier über Island, Grönland und Neufundland nach New York aufgebrochen. Er erkundete damit als Erster den nördlichen Seeweg über den Atlantik. Zwei Jahre später unternahm er einen Etappenflug von 60 000 km um die Welt.

Denkmal für Wolfgang von Gronau

Über mehrere Jahrhunderte lebten Sylts Fischer vom Austernfang, nachdem der Ort 1608 vom dänischen König das Monopol zugesprochen bekommen hatte. In den Zwanzigerjahren des 20. Jh.s fielen die Austernbänke dem Raubbau zum Opfer, und die Fischerei hatte ein Ende. 1986 nahmen Vater und Sohn Dittmeyer die Tradition wieder auf und begannen mit der Austernzucht im Wattenmeer. Seither exportiert die »Dittmeyer Austern Compagnie« die berühmte **»Sylter Royal«** in alle Welt. In der Hafenstraße 10 – 12 haben Interessierte Gelegenheit, die Meeresfrüchte zu kosten und sich über Einzelheiten der Austernzucht zu informieren.

Austernzucht

Ein genüsslicher Anblick für Austernliebhaber: die Zuchtbänke vor List.

Auch das helle, fast gleißende Licht erinnert an die Wüste –
Deutschlands einzige Wanderdüne wandert im Listland.

Im Haus Hafenstraße 39 befindet sich die **Biologische Station**, die Ausgangs- und Treffpunkt für naturkundliche Exkursionen in den Lister Koog ist (Tel. 04651 / 87 13 85).

✶ ✶
Listland

Das Listland, das sich seit Generationen in Privatbesitz befindet und seit 1923 unter Naturschutz steht, erstreckt sich westlich des Ortes und gehört mit seinen bizarren Dünenlandschaften zum Schönsten und Imposantesten, was die Insel zu bieten hat.
Das **größte Dünengebiet Sylts** wartet am Mannemorsumtal mit der einzigen Wanderdüne an der deutschen Nordseeküste auf. Der Sandwall wandert im Jahr bis zu 7 m ostwärts.

✶ ✶
Ellenbogen

Als Ellenbogen wird der nördlichste Ausläufer Sylts bezeichnet. Wie das Listland befindet sich das landschaftlich überaus reizvolle Gebiet seit 250 Jahren in Familienbesitz, daher auch die Mautgebühr von derzeit 5 Euro, die für Fahrzeuge fällig wird. Bei der Umrundung der Ellenbogen-Spitze kommt man an den 1857 erbauten Leuchttürmen Ellenbogen-West und Ellenbogen-Ost vorbei. Vom 26 m hohen Ellenbogen-Berg nahe der Mautstation hat man einen fantastischen Rundblick. An der Ostspitze des Ellenbogens treffen die offene Nordsee und das Wattenmeer aufeinander, deutlich zu erkennen an den schaumgekrönten Wirbeln, die die Gezeitenströmungen verursachen. Das **Baden** ist hier auch für geübte Schwimmer **lebensgefährlich**.

Königshafen ▶

Zwischen Listland und Ellenbogen liegt der Königshafen, eine weite Bucht, die nach dem dänischen König Christian IV. benannt ist, der hier am 16. Mai 1644 die schwedisch-holländische Flotte vernichtend schlug. Große Teile der Bucht und die kleine Insel Uthörn stehen unter Naturschutz, da sie ein hervorragendes Brutgebiet für Vögel sind. Am Ufer des Königshafens stieß man 1937 auf ein mit einer Bleiplatte verschlossenes Kuhhorn, das mehr als 600 aus England stammende Silbermünzen enthielt. Man nimmt an, dass sie von einem Wikinger vergraben worden waren.

Südlich von List liegt die Heimvolkshochschule **Klappholttal**, eine Stätte der Jugend- und Erwachsenenbildung. Das ganze Jahr über finden in der sehr traditionsreichen Akademie am Meer Kurse unterschiedlichster Art statt: Das Angebot reicht vom Malunterricht über Schreibseminare, Tanz, Yoga und Gesellschaftsthemen bis hin zu interessanten Exkursionen.

Baedeker TIPP

Einsame Spitze

Wer dem Inseltrubel entfliehen möchte, sollte sich an den nördlichsten Zipfel der Insel zurückziehen. Ein Spaziergang durch die wunderschöne Landschaft des Ellenbogens ist Balsam für die Seele.

Der Name Klappholttal leitet sich von Klappholz-Tal (Tal der krummen Kiefern) ab. Im Jahr 1919 war in ehemaligen Militärbaracken von dem Hamburger Mediziner Knud Ahlborn ein Heim der Freideutschen Jugend gegründet worden. Hier trafen sich die Anhänger eines Lebens in freier Natur und damit die ersten Nudisten der Insel. Ein Mitbegründer der Freikörperkultur, der Künstler und ehemalige Pastor Magnus Weidemann, kam seit 1921 jeden Sommer als Gast hierher.

Morsum

G 11

Einwohner: 1100

Seine Ruhe und Beschaulichkeit ganz abseits vom touristischen Trubel hat sich Morsum bis heute bewahrt. Die wunderschöne Umgebung des Ortes lässt die Herzen von Wander- und Naturfreunden höher schlagen.

Morsum liegt weit entfernt von den Sandstränden ganz im Osten der Insel. Auf etlichen Wanderwegen kann die umliegende Landschaft – eine einmalig schöne Mischung aus Feldern, Marschen, Wattwiesen, Heide und einem kleinen Wäldchen – erkundet werden. Zum Ort gehören die Siedlungen Groß-Morsum, Klein-Morsum, Schellinghörn, Wall, Osterende und Nösse. Beschaulichkeit und ländliche Atmosphäre prägen das Dorf, und man bekommt in Morsum einen Eindruck vom einsamen Inselleben früherer Tage, wie es auf Sylt sonst kaum noch zu finden ist. Hier stehen noch schöne alte Friesenhäuser und einige der wenigen Sylter Bauernhöfe. In den letzten Jahren sind zahlreiche neue Häuser in Top-Lagen gebaut worden, die den größten Teil des Jahres leer stehen und dem Ort, ähnlich wie Kampen, außerhalb der Saison mitunter einen etwas verlassenen Charakter geben. Auch in Morsum müssen Neubauten in ihrer Er-

Beschauliche Dorfidylle

▶ MORSUM ERLEBEN

AUSKUNFT

Kurverwaltung
Bahnhofstraße, Tel. (0 46 51) 337 55
Fax 337 57, www.sylt-ost.de

ESSEN

▶ **Fein & teuer**
Fränkische Weinstuben
Terpstig 87, Tel. (0 46 51) 89 04 40
www.fraenkische-weinstuben-sylt.de
Uriges altes Friesenhaus. Große Aus-
wahl an Frankenweinen, Spezialität

sind Wildgerichte und »Uromas
Zwetschgenkuchen« im Kaffeegarten,
der Platz für 40 Gäste hat.

Baedeker-Empfehlung

▶ **Erschwinglich**
Restaurant Morsum-Kliff
Nösistig 13, Tel. (0 46 51) 83 63 20
Sehr schön im äußersten Osten der Insel
gelegen; bodenständige, regionale Küche.

scheinung der traditionellen Inselarchitektur angepasst werden. Wie
das benachbarte Archsum ist Morsum wegen der fruchtbaren Böden
schon sehr früh als Siedlungsplatz gewählt worden. Darauf lassen
zahllose bronze- und eisenzeitliche Hügelgräber in dieser Gegend
schließen. Lange Zeit war es die größte Ortschaft auf Sylt: Zu Beginn
des 18. Jh.s standen hier fast 150 Häuser. Dann allerdings gewannen
Keitum und Westerland an Bedeutung. Morsum hatte für den auf-
kommenden Tourismus zu wenig zu bieten, da die Strände zu weit
entfernt sind. 1959 ging man schließlich in die Offensive und er-
nannte sich zum Luftkurort. Seitdem wurde hier ein gemäßigter
Tourismus aufgebaut.

Sehenswertes in Morsum und Umgebung

✳ **St. Martin**
Nach dem hl. Martin, Bischof von Tours im 4. Jh., ist die im 13 Jh.
gebaute Morsumer Kirche benannt. An das einfache Kirchenschiff
schließt sich ein etwas niedrigerer Chor an, der von einer flachen,
halbrunden Apsis abgeschlossen wird. Wegen seiner kleinen Fenster
wirkt das Kirchlein etwas verschlossen. So wie das Morsumer Gotteshaus muss man sich die anderen Inselkirchen in früheste Zeit vorstellen: Alle wurden zunächst ohne
Turm gebaut, die Glocke hing in
einem offenen hölzernen Gestell,
wie es bei der St.-Martin-Kirche
heute noch der Fall ist.
Im Innenraum ist vor allem der
spätgotische Flügelaltar mit den
Aposteln sehenswert, in dessen
Mittelteil Gottvater und Sohn sowie zwei Heilige dargestellt sind,

! **Baedeker** TIPP

Geologische Lehrstunde
Die zweistündigen Spaziergänge der NSG Sylt
um das Morsumer Kliff (April – Okt.; Tel. 046 51
44 421) starten vom Parkplatz Nösse: Mo./Mi./Fr.
11.00, Di./Do. 14.00 Uhr.

außerdem die geschnitzte Kanzel aus dem Jahr 1698. Auf dem kleinen Friedhof hinter dem Gebäude stehen einige »Sprechende« Grabsteine (►Baedeker-Special S. 178).

★ ★
Morsum-Kliff

Das rund 20 m hohe Morsum-Kliff, wegen seiner Farbigkeit auch »Buntes Kliff« genannt, steht wegen seiner geologischen Bedeutung seit 1923 unter Naturschutz. Seine Entstehungsgeschichte unterscheidet sich grundsätzlich von der der anderen Kliffs auf Sylt. Sedimente, die normalerweise in 100 m Tiefe liegen, sind durch Druck und Schub von Eisgletschern an die Oberfläche befördert und schräg gestellt worden. Drei Schichten sind auszumachen: als älteste ursprünglich schwarzer Glimmerton aus dem Miozän (6 bis 7 Mio. Jahre), dann rotbrauner Limonitsandstein (4 bis 5 Mio. Jahre) und schließlich weißer Kaolinsand (2 bis 4 Mio. Jahre), beide aus dem Pliozän. Das Morsum-Kliff ist der **einzige Ort in Deutschland**, an dem die **Grenzschichten zwischen Miozän und Pliozän zutage** treten. Im Sylter Heimatmuseum in Keitum sind Fossilien aus den Schichten des Morsum-Kliffs erhalten, die der Sylter Heimatforscher Christian Peter Hansen (Berühmte Persönlichkeiten) gesammelt hat.

In der Nähe des Restaurants Morsum-Kliffam Nösistig befindet sich die Station Morsum-Kliff, wo man auf einer Schautafel Informationen zur Fauna und Flora und zur Geologie erhält. Zwei gut markierte Wanderwege führen durch bzw. um das wunderschöne Naturschutzgebiet.

Das Morsumer Kliff heißt wegen seiner Farbenvielfalt auch »Buntes Kliff«.

Munkmarsch

E 9

Einwohner: 150

Zu seiner Blütezeit verfügte Munkmarsch über den wichtigsten Hafen Sylts. Heute wird der kleinste Inselort seiner günstigen Lage wegen als Geheimtipp unter Surfern und Seglern gehandelt.

Geheimtipp für Wassersportler

In dem kleinen Ort Munkmarsch, abgeschieden zwischen Keitum und Braderup in einer Bucht direkt am Wattenmeer gelegen, lebt man heute von einem gemäßigten Tourismus. Bekannt und beliebt sind die Gewässer des Wattenmeers bei Wassersportlern, die hier hervorragende Bedingungen vorfinden. Der Windsurfing World Cup fand anfangs hier statt, bevor er aufs offene Meer vor Westerland verlegt wurde.

! **Baedeker** TIPP

Paradies für Wassersportler

Die sanften Gewässer der Munkmarscher Bucht bieten optimale Bedingungen für Segler und Surfer – auch Anfänger kommen hier voll auf ihre Kosten.

Größere Bedeutung erlangte der Ort erst, nachdem der Keitumer Hafen versandet war und 1868 aufgegeben werden musste. Vor allem die dänischen Badegäste gingen fortan in Munkmarsch von Bord der Schiffe, um dann allerdings per Kutsche, ab 1888 mit der Inselbahn, umgehend nach Westerland weiterzufahren. Und auch diese kurze Blüte war rasch vorbei: Als 1927 der Hindenburgdamm eröffnet wurde, versank der Ort wieder in die Bedeutungslosigkeit. Eine Kirche und eine Schule hat es in Munkmarsch nie gegeben. Der Hafen dient heute als Liegeplatz für Sportboote.

▶ MUNKMARSCH ERLEBEN

ESSEN/ÜBERNACHTEN

▶ **Fein & teuer/Luxus**

Fährhaus
Heefwai 1, Tel. (0 46 51) 9 39 70
www.faehrhaus-sylt.de
Gourmetrestaurant mit einer erstklassigen Weinauswahl.

Das gleichnamige historische Hotel ist ausgesprochen stilvoll eingerichtet, mit Spa- und Beauty-Angebot für gestresste Urlauber. Wer das nötige Kleingeld mitbringt, kann sich hier in eleganter Atmosphäre erholen.

Rantum

C 12/13

Einwohner: 600

An der schmalsten Stelle Sylts zwischen tosender Nordseebrandung und ruhigem Wattenmeer liegt das ebenso gemütliche wie familienfreundliche Dorf Rantum.

Lediglich einige Hundert Meter sind es von Rantum zum Strand im Westen und bis zum Watt im Osten. Nur noch eine schmale Dünenkette trennt das Dorf vom offenen Meer, gegen drohende Überflutungen von der Wattseite her wurde 1989 ein Deich gebaut. So gefährdet und »mager« der Inselkörper an dieser Stelle auch sein mag, hat er im Untergrund Außergewöhnliches zu bieten. Zunächst entdeckte man bei Bohrungen in 50 m Tiefe eine Mineralwasserquelle, nach weiteren 120 m eine Heilwasserquelle. Seit 1994 wird das Was-

Dorfidylle mit Wattblick

 RANTUM ERLEBEN

AUSKUNFT

Kurverwaltung
Strandstraße 7
Tel. (0 46 51) 8 07-0, Fax 8 07-66
www.rantum.de

ESSEN

▶ **Fein & teuer**
Sansibar
Hörnumer Str. 80
Tel. (0 46 51) 96 46 46
Kultrestaurant des Kultwirtes Herbert Seckler, direkt am Strand, tgl. 10.30 Uhr – OpenEnd, und richtig lecker.

Schaper's im Watthof
Raanwai 40, Tel. (0 46 51) 80 20
Verwöhnung pur für den Gaumen (Gault Millau Punkte 2009) beim Blick aufs Watt.

▶ **Erschwinglich**
Seepferdchen-Samoa
Seepferdchenstraße 77
Tel. (0 46 51) 55 79
Am Samoa-Strand gelegen, schlichte und schmackhafte Küche.

ÜBERNACHTEN

▶ **Luxus**
Hotel Watthof
Raanwai 40
Tel. (0 46 51) 80 20, Fax 8 02 22
www.watthof.de
Reetgedecktes Haus an der Wattseite, Einzel-und Doppelzimmer und großen Suiten mit teilweise luxuriöser Ausstattung und eigener Terrasse, Schwimmbad, Sauna und Solarium im Haus. Tägliches Angebot für Schnellentschlossene.

▶ **Komfortabel**
Dorfhotel Sylt
Hafenstr. 1a
Tel.(0 46 51) 46 09-0
Fax 46 09 100
www.dorfhotel-sylt.com
Weitläufige Appartementanlage in Strandnähe mit Schwimmbecken (150 qm) und Kinderbecken, Saunalandschaft, Solebad und Fitnessraum, Kletterwand, Abenteuerspielplatz, Resis Kinderclub (3 – 9 Jahre) und Jugendclub (9 – 14 Jahre).

Wie aus dem Reisekatalog: Reetdach-Idylle in Rantum

ser als »Sylter Quelle« vermarktet. Bei weiteren Bohrungen stieß man in 644 m Tiefe auf eine Sole-Quelle. Aus der **Thermalquelle** sprudelt 26 °C warmes, extrem salzhaltiges Wasser, das Jod, Brom und Fluoride enthält. Schuppenflechte, Rheuma und Husten können mit der Sole behandelt werden. Hübsche Reetdachhäuser prägen das Ortsbild. Die meisten haben Wattblick, viele sind in den Dünen errichtet worden. Obwohl man Rantum wegen der Bebauung hin und wieder mit dem mondänen Kampen vergleicht, sind die beiden von der Atmosphäre her völlig verschieden.

Geschichte Rantum hat einige Vorgängerorte gehabt, die aber immer wieder von Sturmfluten und Sandverwehungen zerstört wurden, zuletzt 1825. Durch die extreme Lage konnte sich das Dorf niemals sein großflächiges Umland zunutze machen. Die Bewohner verlegten ihre Tätigkeiten daher auf das Meer oder waren als Strandräuber tätig. Mit Irrlichtern lockten sie Schiffe an und machten sich nach deren Strandung über Besatzung und Ladung her. Der berühmte **Lorens Petersen de Hahn** (1668 – 1747), der als Kapitän auf den Walfangschiffen zu Geld gekommen war und auf der Insel großes Ansehen genoss, ging als Strandinspektor gegen die Piraten vor.

! **Baedeker TIPP**

Legendäres Strandlokal

Wer einen Platz auf der Terrasse der Sansibar (3 km südlich von Rantum gelegen) ergattert hat, darf sich glücklich schätzen. Hier gibt es nicht nur tolles Essen, sondern auch einen grandiosen Blick auf Nordsee und Dünen. Abends geht im Restaurant ohne Reservierung gar nichts – in der Hauptsaison am besten schon einige Wochen im Voraus (Tel. 0 46 51/96 46 46).

Erst in den 1930er-Jahren, als mit dem Rantumbecken neben List und Hörnum noch ein dritter Standort als Seefliegerhorst gebaut wurde, entstand das heutige Rantum. Die Stadum-Bucht wurde mit einem 5,2 km langen Deich vom Wattenmeer abgetrennt, sodass hier jederzeit Wasserflugzeuge starten und landen konnten. Am nördlichen Ortsrand erinnern noch die Kasernengebäude, die inzwischen als Jugend- und Erholungsheime dienen, an diese Zeit. Nach dem Zweiten Weltkrieg entwickelte sich Rantum rasch zu einem beliebten Familienbad.

Sehenswertes in Rantum und Umgebung

Das fast 400 ha große Gebiet der Rantumer Dünen steht seit 1973 unter Naturschutz und darf nur auf den gekennzeichneten Wegen betreten werden. Nördlich schließt sich zwischen Rantum und Westerland ein ausgedehntes Dünengebiet an, das 1979 unter Schutz gestellt wurde.

Rantumer Dünen/ Baakdeel

In der 1874 errichteten Vogelkoje ist heute ein naturkundliches Informationszentrum zum Vogelschutz untergebracht. Die alte Entenfanganlage kann im Rahmen einer Führung besichtigt werden (Öffnungszeiten: Di. – So. 11.00 Uhr).

Eidumer Vogelkoje
🕐

Das zu militärischen Zwecken angelegte Rantumbecken steht seit 1962 als Europareservat unter Naturschutz. Das **wichtige Brutgebiet** zahlreicher Vogelarten mit seinem umfangreichen Nahrungsangebot kann ebenfalls nur im Rahmen von Führungen begangen werden. Ein Deichweg führt südöstlich an dem Becken entlang.

★
Rantumbecken

Tinnum

Einwohner: 2500

Westlich von Keitum und angrenzend an die Metropole Westerland liegt das fast 800 Jahre alte Dorf Tinnum. Im Süden des Ortes erstrecken sich herrliche Wiesen bis zum Rantumer Becken, die sich hervorragend für ausgiebige Rad- und Wandertouren eignen.

Zunächst erscheint der Ort einem als reines Gewerbegebiet, doch abseits der Hauptstraße finden sich noch ein paar hübsche Friesenhäuser und ein Rest dörflicher Atmosphäre. Mit der Landvogtei im »Kampende«, in der der dänische König Friedrich VI. im 19. Jh. zu Gast war, ist noch eines der ältesten Inselhäuser erhalten.

Gewerbegebiet mit Dorf

Von einer frühen Besiedlung weiß man durch die Tinnumburg, auch wenn ihre Entstehungszeit nicht genau bekannt ist. Mitte des 19. Jh.s

Geschichte

Zwischen Feldern und Weiden ragen die Relikte der Tinnumburg empor.

standen in Tinnum gut 60 Häuser, während man in Archsum 44 zählte, in Kampen 23 und in Wenningstedt nur 11. Während der Walfang-Zeit gab es im Ort eine wichtige Seefahrtsschule, die bis 1870 existierte. Ansonsten war Tinnum immer von Landwirtschaft geprägt. In den 1920er-Jahren stand hier die Westermühle. Heutiges Orts-Highlight ist das 1784 erbaute Landhaus Stricker, das die Familie Bodendorf zum Michelin-Sterne-Haus ausgebaut hat (Tel. (0 46 51 / 889 90, www.landhaus-stricker.de).

Sehenswertes in Tinnum und Umgebung

Tinnumburg Über den Borgwai kommt man zu den Resten der Tinnumburg. Wann sie angelegt wurde, ist nicht genau bekannt. Archäologische Funde deuten auf eine Nutzung im 9. und 10. Jh. hin, neuere Forschungen gehen davon aus, dass sie bereits in der Zeit um Christi Geburt entstanden ist. Unklar bleibt, ob sie im 9. und 10. Jh. von Wikingern oder von Friesen benutzt wurde. Vermutlich diente die **Wallanlage** nicht als Fluchtstätte, sondern hatte eine strategische Bedeutung als Seestützpunkt. Die Tinnumburg hat einen Durchmesser von 110 bis 120 m, der Ringwall ist durchschnittlich 20 m breit, sodass ihr Durchmesser im Innern noch 70 bis 80 m beträgt. Im Süden des Ortes liegt der Tierpark Wild- und Vogelparadies, in dem es Ziegen, Rehe, Wildschweine, aber auch die etwas exotischeren Flamingos, Emus und Papageien zu bestaunen gibt (Öffnungszeiten: Mai bis Okt. tgl. 10.00 – 19.00 Uhr).

! **Baedeker** TIPP

Spielplatz, Streichelzoo und Ponyreiten
Perfekter Familienausflug: Kinder kommen im liebevoll gestalteten Tierpark voll auf ihre Kosten. Infos unter Tel. (0 46 51) 3 26 01.

Das vermutlich älteste Haus Sylts, die Alte Landvogtei (1649 erbaut), liegt an der Straße Kampende. Bis 1742 lebte darin der höchste dänische Beamte auf Sylt.

Alte Landvogtei

Mit dem Tier-, Natur- und Artenschutzzentrum hat der Deutsche Tierschutzbund an der Keitumer Landstraße 106 auf 10 ha Biotope und Refugien für heimische Tiere und Pflanzen geschaffen. Dazu gehört eine Aufnahmestation für havarierte Seevögel (Notfall-Tel. 01 62 / 348 61 90).

Natur- und Artenschutz- zentrum

Wenningstedt

D 7/8

Einwohner: 1550

Majestätisch am Roten Kliff gelegen, bietet der familienfreundliche Badeort einen spektakulären Blick auf den makellos weißen Sandstrand und die unbezähmbare Nordsee.

Nur wenige Kilometer nördlich von Westerland liegt das seit 1960 anerkannte Heilbad Wenningstedt. Offiziell zieht es sich vom Roten Kliff im Westen bis ans Wattenmeer im Osten. Der Ortsteil ► Braderup ist völlig abgetrennt und auch von der Atmosphäre her vollkommen anders. Während Wenningstedt als sympathisches Familienbad bekannt ist, wirkt Braderup mit seinen schmucken Reetdachhäusern eher gediegen.

Familienparadies

An der Kliffkante zieht sich Wenningstedts eher kurze Strandpromenade entlang. In den letzten Jahren mussten hier einige Häuser aufgegeben werden, u. a. auch die frühere Strandhalle, die als »Kliffkieker« ein Stückchen landeinwärts verlegt wurde. Besonders hübsch ist die Ecke um den Kiar, **Sylts einzigen Dorfteich**. Einst hat westlich von Wenningstedt der Ort Wendingstadt gelegen, bevor er der Sturmflut von 1362 zum Opfer fiel. Zur Zeit der Völkerwanderungen sollen Angeln und Sachsen von dem Hafen Wendingstadt aus in See gestochen sein, um nach England überzusetzen. Zwar ist dies historisch nicht ganz gesichert, fest steht aber, dass die Region um das heutige Wenningstedt schon zur Steinzeit besiedelt war, wie der Denghoog, ein stein-

Wenningstedt besitzt den einzigen Dorfteich auf Sylt – und der hat gleich zwei Vogelinseln.

▶ WENNINGSTEDT ERLEBEN

AUSKUNFT
Tourist-Information Wenningstedt-Braderup
Westerlandstr. 3
Tel. (0 46 51) 9 89 00, Fax 4 57 72
www.wenningstedt.de

ESSEN
▶ Fein & teuer
Fitschen am Dorfteich
Am Dorfteich 2, Tel. (0 46 51) 54 61
www.fitschen-am-dorfteich.de
Das ehemalige Hinkfuß ist für ausgemachte Gourmets und Weinkenner genau das Richtige. Zum Top-Restaurant gehört ein kleines, feines Hotel (Tel. 0 46 51 / 321 20).

Tampe's Restaurant
Westerlandstr. 12
Tel. (046 51) 426 53, Fax 836 22 80
www.tampes-restaurant.de
Mit einer enorm vielfältigen Austernkarte, feinem Hummer, Lamm oder Gans (auch im Weckglas eingelegt zum Mitnehmen) hat sich Norbert Tampe ganz nach oben gekocht.

▶ Erschwinglich
Wenningstedter Krug
Hauptstr. 1
Tel. (046 51) 946 50, Fax 439 88
Nostalgie pur in Bäderstilarchitektur, außen wie innen. Und dabei schmackhaft zu jeder Saison

ÜBERNACHTEN
▶ Komfortabel
Strandhörn
Dünenstr. 20
Tel. (04 651) 945 00, Fax 94 50 77
www.strandhoern.de
Feine Hotelanlage, deren Restaurant zur Insel-Spitze zählt.

▶ Günstig
Heidehof
Hochkamp 10–14
Tel. (0 46 51) 9 46 60, Fax 4 56 36
seehotel-heidehof@t-online.de
In Küstennähe gelegen, Zimmer und Ferienwohnungen (2 – 6 Pers.), großes Grundstück mit Liegewiese und Strandkörben, Terrasse, Grillplatz und hauseigener Sauna.

zeitliches Grab im Norden des Ortes, bezeugt. Das heutige Wenningstedt hat nie größere Bedeutung erlangt. Im Jahr 1850 standen hier genau elf Häuser, neun Jahre später begann sich langsam – im Schatten Westerlands – ein Badebetrieb zu entwickeln. Nach einer »Curliste für das Jahr 1859« hatte Wenningstedt damals 20 Gäste. 1927 erwarb Wenningstedt die Badekonzession, seit 1960 ist der Ort Heilbad.

Sehenswertes in Wenningstedt

Denghoog

Mit dem Denghoog (»Thing-Hügel«) hat Wenningstedt eine ausgesprochen interessante frühgeschichtliche Stätte zu bieten: Das Ganggrab gilt als **eines der bedeutendsten in Nordeuropa** überhaupt. Es besteht aus riesigen Findlingen, die während der Saale-Eiszeit aus dem skandinavischen Raum hierher transportiert worden waren und

Denghoog

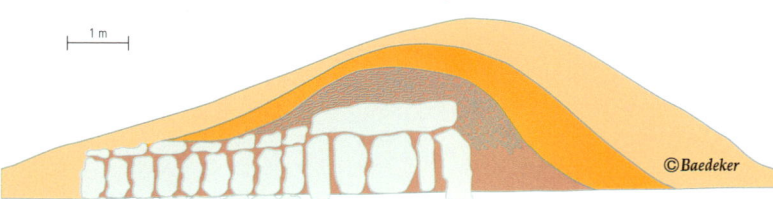

©Baedeker

um 2200 v. Chr. zu der Grabanlage aufgeschichtet wurden. Von außen ist der Denghoog als etwa 3 m hoher Hügel zu erkennen. Im Innern verfügt das Ganggrab über eine 15 m² große Kammer, in der
man **wertvolle Beigaben** gefunden hat. 1868 wurde es von dem
Geologieprofessor Wibel geöffnet, der eine unberührte Kammer mit
Tongefäßen, Werkzeugen, Waffen und Bernsteinperlen vorfand. Die
Fundstücke sind heute auf Schloss Gottorf in Schleswig ausgestellt.
Duplikate einiger Stücke kann man im Sylter Heimatmuseum in Keitum besichtigen. Die ungefähr 3 m breite und 5 m lange Kammer
mit einer Höhe zwischen 1,5 m und 1,9 m besteht aus zwölf Tragsteinen und drei immens großen Decksteinen, die durch eine Schicht
aus Ton, Wattenschlick und Steintrümmern miteinander verbunden
sind, sodass kein Wasser eindringen kann. Ein 6,5 m langer Gang
führt in Richtung Süden; er ist aus neun Tragsteinen auf beiden Sei-   ⏱
ten und neun Deckensteinen zusammengesetzt (Öffnungszeiten: Ostern – Okt. tgl. 10.00 – 17.00, Sa., So., Fei. ab 11.00, Nov. – März Do.
13.00 – 14.00 Uhr und nach Anmeldung, Tel. 046 51 / 328 05).

Westerland

C 9

Einwohner: 9300

**In Westerland ist immer etwas los, und zwar rund um die Uhr. Ur-
lauber und Kurgäste genießen das pulsierende Leben auf der weitläufigen Strandpromenade, die zum genüsslichen Flanieren einlädt,
und in der Fußgängerzone mit ihren eleganten Geschäften, Cafés,
Bistros und Kneipen.**

Westerland, nach Husum die zweitgrößte Stadt des Landkreises   **Pulsierende**
Nordfriesland, wurde schon 1855 zum Seebad. Seither ist es der An- **Inselmetropole**
ziehungspunkt auf Sylt, das uneingeschränkte Verkehrs-, Einkaufs-
und Unterhaltungszentrum der Insel. Wer einmal einen Tag Strand-
pause einlegen möchte, und wem die Inselruhe anderswo zu viel ist,
der findet in Westerland reichlich Abwechslung. Als Stadt mit Bahn-

Westerland Orientierung

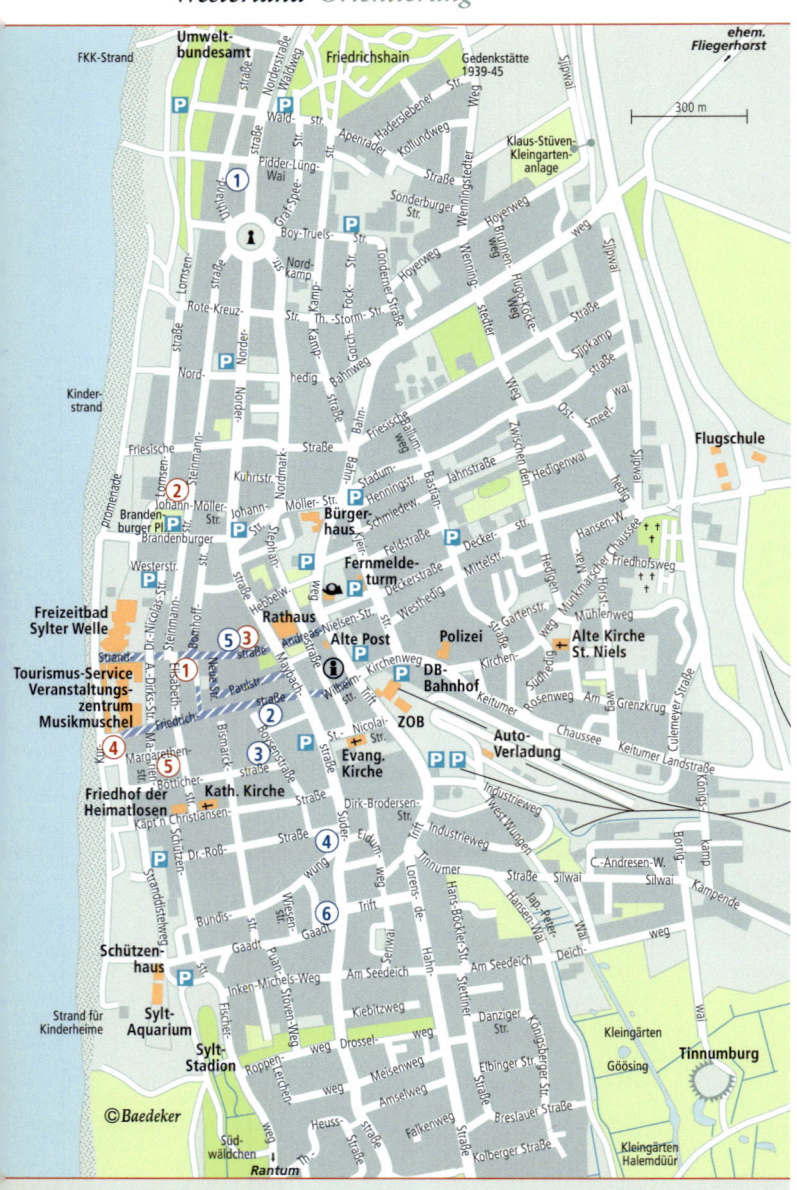

©Baedeker

Übernachten

① Marin Hotel
② Vier Jahreszeiten
③ Stadt Hamburg
④ Miramar
⑤ Hotel Niedersachsen

Essen

① Hardy auf Sylt
② Gosch's Fisch-Bistro
③ Franz Ganser
④ Jörg Müller
⑤ Stadt Hamburg
⑥ Alte Friesenstube

hof, Zentrum, Appartementblöcken, Einfamilienhaussiedlungen an den Rändern und stellenweise ein wenig Vororttristesse stellt Westerland im Prinzip genau das dar, was die meisten Feriengäste liebend gern zu Hause lassen.

Dennoch zieht die Stadt riesige Urlauberströme an. Man trifft sie insbesondere in der Strandstraße und der Friedrichstraße, der zur Fußgängerzone umgestalteten Hauptgeschäftsstraßen mit zum Teil exklusiven Geschäften, Kurpromenade, Kasino, Restaurants und Cafés. Abseits des lebhaften Zentrums kommt man in ansprechende, ruhige Wohnviertel. Geradezu idyllisch ist es noch in dem alten Viertel um die St.-Niels-Kirche.

Geschichte

Westerland wurde im 15. Jh. von Einwohnern des Dorfes Eidum gegründet, das südwestlich des heutigen Ortes gelegen hatte und bei der Allerheiligensturmflut von 1436 gänzlich zerstört wurde. Zuvor existierte schon einmal eine Siedlung gleichen Namens, die noch

Westerlands Einkaufsmeile Friedrichstraße

▶ WESTERLAND ERLEBEN

AUSKUNFT

Sylt Tourismus-Service Westerland
Strandstraße 35
Tel. (0 18 05) 00 99 80
Fax (0 46 51) 9 98 60 00
www.westerland.de

ESSEN

▶ Fein & teuer

① *Hardy auf Sylt*
Norderstraße 65, Tel. (0 46 51) 2 27 75
www.hardyaufsylt.de
Das stilvolle runde Reethaus bietet
regionale und elsässer Küche und eine
exquisite Weinkarte.

④ *Restaurant Jörg Müller*
Süderstraße 8, Tel. (0 46 51) 2 77 88
www.hotel-joerg-mueller.de
Unter Feinschmeckern weit über Sylts
Grenzen hinaus bekannt, in Gour-
metführern hoch gelobt; angeschlos-
sen ist der Pesel, ein Bistro mit bester
Küche zu etwas günstigeren Preisen.

⑤ *Stadt Hamburg*
Strandstraße 2, Tel. (0 46 51) 85 80
www.hotelstadthamburg.de
Man speist in elegant-altmodischem
Ambiente u. a. traditionelle Sylter
Gerichte, gute Weinkarte; das Bistro
bietet ein günstigeres Menü.

③ *Franz Ganser*
Bötticherstraße 2, Ecke Boysenstraße
Tel. (0 46 51) 2 29 70
www.ganser-sylt.de
Kulinarische Köstlichkeiten im
freundlichen Stubenrestaurant.

▶ Erschwinglich

⑥ *Alte Friesenstube*
Gaadt 4, Tel. (0 46 51) 12 28
www.altefriesenstube.de
Ältestes Haus Westerlands, originelle,
in Plattdeutsch verfasste Karte, stilvolle Einrichtung.

② *Gosch's Fisch-Bistro*
Friedrichstraße, Ecke Boysenstraße
Tel. (0 46 51) 2 37 45
Eine gute Adresse zum Klönen,
Schauen und Genießen von feinen
Fischspezialitäten.

ÜBERNACHTEN

▶ Luxus

④ *Miramar*
Friedrichstraße 43
Tel. (0 46 51) 85 50, Fax 85 52 22
www.hotel-miramar.de
Top-Lage direkt oberhalb des Stran-
des, altes Haus mit großzügigem
Seebad-Flair, Einzel- und Doppelzimmer sowie Suiten teilweise mit
Seeblick, Liegewiese mit Strandkörben, Massagen, Fango, Kneipp-
güsse im Haus, behindertengerecht
eingerichtet.

*Die Brunnenfigur Wilhelmine
avancierte zum Wahrzeichen
des Westerländer Tourismus.*

③ *Hotel Stadt Hamburg*
Strandstr. 2
Tel. (0 46 51) 85 80, Fax 85 82 20
www.hotelstadthamburg.de
Beliebtes Haus mit angenehmer
Atmosphäre; schöne, ruhige Suiten
in englischer Landhausart, edler
Wellness-Bereich, Beautyfarm.

▶ **Komfortabel**
② *Hotel Vier Jahreszeiten*
Johann-Möller-Straße 40
Tel. (0 46 51) 9 86 70, Fax 98 67 77
www.sylt-vier-jahreszeiten.de
Direkt am Dünenrand und an der
Kurpromenade gelegen, komfortable
Einzel-, Doppelzimmer und Suiten,
einige Zimmer mit Wintergarten,
teilweise mit Seeblick, Ortszentrum
und Sportanlagen in der Nähe.

⑤ *Hotel Niedersachsen*
Margarethenstr. 5
Tel.(046 51) 922 20, Fax 77 29
www.hotel-niedersachsen.de
Ein hochelegantes, strandnahes De-
signhotel aus Holz gebaut (Fassade
und Konstruktion bis ins 4. Oberge-
schoss) mit Panoramablicken und
Rückzugsräumen wie Garten, Terras-

se, Balkon, Leseraum, Cafe N° 5 –
ideal zum »cocooning« (Einkapseln).

Baedeker-Empfehlung

▶ **Komfortabel**
① *Marin Hotel*
Elisabethstr. 1
Tel. (0 46 51) 928 00, Fax 92 80 150
www. marinhotel.de
Gepflegtes, mittelgroßes Haus, strandnah
im Zentrum von Westerland, mit gepflegter
Ausstattung ,üppigem Frühstücksbuffet und
Parkmöglichkeit am Haus

weiter westlich lag und ebenfalls dem Meer zum Opfer fiel. Die Eidumer ließen sich daraufhin in den höheren und sicheren Gebieten
nieder.
Mitte des 19. Jh.s kamen die ersten Badegäste nach Westerland und
damit begann für die ganze Insel der Tourismus. In Westerland, das
1855 etwa 450 Einwohner hatte, entwickelte sich der Fremdenverkehr explosionsartig. Zu Beginn des 20. Jh.s war der Ort beim wil-
helminischen Adel in Mode gekommen, Prominenz verbrachte die
Ferien hier, Hotels schossen aus dem Boden. In den 1930er-Jahren
blühte der »Kraft-durch-Freude«-Tourismus, und auch nach dem
Zweiten Weltkrieg kamen die Urlauber sehr schnell wieder nach
Westerland. Schließlich wurde die Stadt zu einer kleinen Metropole
aufgebaut mit sämtlichen Angeboten, die man auch in den größeren
Städten auf dem Festland finden kann. Wenig ansehnliche Betonklöt-
ze entstanden in den 1960er- und 1970er-Jahren.

Sehenswertes in Westerland

Kurpromenade

»Syltness Center«, Spaßbad »Sylter Welle«, Meerwassertrinkkurhalle und Musikmuschel für die Kurkonzerte und mit Blick auf die endlose Nordsee locken an der Kurpromenade im Sommer wie im Winter, tagsüber wie abends, Jung und Alt zum Bummel. Nach einem Sturm im Jahr 1906 lag das wenige Jahre zuvor erbaute Strandhotel Miramar am Ende der Kurpromenade bedenklich nah am Abgrund. Man sicherte es durch eine Schutzmauer aus Eisenbeton, die kurze Zeit danach als Vorbild für die Kurpromenade diente. 1912 wurde die 574 m lange Promenade eingeweiht und in späteren Jahren verlängert. Sehr schön und angenehm ist ein Spaziergang auf dem folgenden Bohlenweg bis hin zur sogenannten **Himmelsleiter**, die für Sylter Verhältnisse steil hoch auf einen kleinen Aussichtspunkt führt.

Geschäfts-zentrum

Das Geschäftszentrum Westerlands bilden die parallel verlaufenden Fußgängerzonen Strandstraße und Friedrichstraße. Hier findet man alles, was das Herz begehrt: von großen Kaufhäusern, kleineren Geschäften bis hin zu edlen Boutiquen, von einfachen Imbissbuden bis zu exklusiven Delikatessenläden.

Rundgang

Um diese Gegend zu erkunden, empfiehlt sich ein kleiner Rundgang vom Bahnhof über die Strandstraße in Richtung Meer. Hier bummelt man ein Stück auf der Kurpromenade bis zum Strandhotel Miramar und von dort geht es weiter auf der Friedrichstraße – zurück bis zu **Wilhelmine**, einer etwas üppigen Brunnenfigur, die zum Wahrzeichen des Westerländer Tourismus wurde. Nun kann man über die Elisabethenstraße in südlicher Richtung den Friedhof der Heimatlosen besuchen oder vorbei am Bahnhof auf die Suche nach dem »alten Westerland« gehen.

! *Baedeker* TIPP

Spaziergang unter Wasser

Wer Katzenhaie, Rochen und Wolfsbarsche aus nächster Nähe sehen will, sollte das »Sylt-Aquarium« besuchen. In gigantischen Schaubecken – das größte fasst 500 000 Liter – tummeln sich rund 150 Fischarten der heimischen und tropischen Meereswelt. Ein gläserner Tunnel, der direkt durch eines der Großbecken hindurchführt, ermöglicht eine Erkundung der Unterwasserwelt trockenen Fußes: Sylt-Aquarium, Gaadt 33, Tel. (046 51) 836 52; Öffnungszeiten: tgl. 10.00 – 18.00 Uhr.

St. Nicolai ist eine dreischiffige Hallenkirche, aus Backstein gebaut.

Heimatstätte für Heimatlose

Seit 1855 gibt es die »Heimatstätte für Heimatlose« in der Käpt'n-Christiansen-Straße. Der Friedhof mit seinen schmalen Holzkreuzen wurde für Fischer und Seeleute eingerichtet, deren Leichen gefunden wurden und deren Identität nicht mehr festgestellt werden konnte.

St. Nicolai

1908 erhielt Westerland mit der St.-Nicolai-Kirche eine Stadtkirche in unmittelbarer Nähe des Bahnhofs. Der Innenraum ist vergleichsweise nüchtern, aber sehr geschmackvoll gestaltet. Das romanische Taufbecken stand zuvor in der St.-Niels-Kirche.

★
Alt-Westerland

Geht man vom Bahnhof aus den Kirchenweg in Richtung Osten, gelangt man in den hübschen alten Teil von Westerland, wo noch ein paar schöne Friesenhäuser erhalten geblieben sind. Besonders in der Ecke Südhedig, Birkenweg, Rosenweg sollte man sich etwas genauer umsehen.

St. Niels

Zwischen 1635 und 1637 wurde die Westerländer St.-Niels-Kirche erbaut. Sie ist **Nikolaus (fries. Form: Niels)**, dem Bischof von Myra, geweiht. Aus einer älteren Kirche stammen einige Stücke der Ausstattung wie das Prozessionskreuz über der Apsis, das ins 13./14. Jh. datiert wird. Auch der spätgotische Schnitzaltar wurde übernommen. Er zeigt eine Marienkrönung, weswegen ihn die Lutheraner im 19. Jh. für längere Zeit entfernten. Links daneben ist Nikolaus, rechts Dionysius dargestellt. In den Seitenflügeln sind die zwölf Apostel zu sehen. Kanzel und Taufstein stammen aus der Mitte des 18. Jh.s. Nachdem 1875 der Kirchturm angebaut worden war, entstand Platz für eine Orgel, die noch im selben Jahr eingerichtet wurde (Öffnungszeiten: tgl. 9.00 – 16.00 Uhr; Tel. 046 51 / 52 00).

AMRUM

Endloser weißer Sandstrand, erhabene Dünenlandschaften, malerische Heidetäler und ausgedehnte Waldgebiete – kein Wunder, dass Amrum die »Geliebte des Blanken Hans« genannt wird. Zumal die Fluten der Nordsee der Insel eher Land schenken als ihr nehmen.

Amrum, die südlichste der drei Nordfriesischen Inseln, ist ca. 12 km lang und 3 km breit und damit wesentlich kleiner als Sylt oder Föhr. Von der östlichen Nachbarinsel Föhr ist sie 3 km entfernt, von der Südspitze Sylts trennen sie ungefähr 5 km. Bis zum Festland hingegen sind es 22 km. Amrums höchste Erhebung mit 32 m ist die Aussichtsdüne bei Norddorf. Die Insel gliedert sich in die drei Gemeinden Norddorf, Wittdün und Nebel mit Süddorf und Steenodde. Amrum ist vom Festland aus nur per Schiff zu erreichen, einen Flugplatz gibt es nicht; für Notfälle steht ein Hubschrauberlandeplatz zur Verfügung. In landschaftlicher Hinsicht präsentiert sich das Eiland ausgesprochen abwechslungsreich: Auf der geschützten Wattseite im Osten befinden sich Ackerflächen und Wiesen, westlich davon liegt ein 7 km langer Waldstreifen. In Richtung Westen folgt die Heide-

Abwechslungsreiche Landschaft

? WUSSTEN SIE SCHON ...?

■ Ursprünglich gehörte der Kniepsand gar nicht zu Amrum, sondern war der Insel als breite Sandbank vorgelagert. Erst in der ersten Hälfte des 20. Jh.s rückte sie in ihrer gesamten Länge direkt an die Insel heran.

landschaft und anschließend der 12 km lange und bis zu 1,5 km breite Dünengürtel, der von Wittdün ganz im Süden bis in die Odde, die Nordspitze, hinauf verläuft.

Zur offenen Nordsee hin erstreckt sich der 15 km lange und etwa 1,5 km breite Strand, der sogenannte **Kniepsand**, der allein ein Drittel der gesamten Inselfläche ausmacht. Er umgibt die gesamte Westseite Amrums und bietet so einen natürlichen Inselschutz. Die fünf Inselorte, in denen etwa 2300 Menschen leben, liegen auf der sicheren Ostseite der Insel. Lediglich Wittdün im Südosten musste mit einer Befestigungsmauer gegen die Nordsee geschützt werden.

★★ ◄ Einer der größten Badestrände Europas

1231 wurde Amrum erstmals in einer Bestandsaufnahme über die Einkünfte des dänischen Königs Waldemar II. erwähnt, obwohl es zu diesem Zeitpunkt schon jahrhundertelang existierte und besiedelt war. Bis 1864 gehörte die Insel zum dänischen Reich. Wie Sylt und Föhr erlebte Amrum durch den Walfang ein »Goldenes Zeitalter«: 1769 wohnten hier 600 Menschen, davon war jeder Vierte als Seefahrer an den Grönlandfahrten beteiligt. Nach dem Abflauen des Walfangs und der Handelsschifffahrt versuchten es die Amrumer mit Landwirtschaft und Fischerei. Wesentlich später als auf den Nachbar-

Geschichte

← *Sie bieten Schutz vor Sonne und Wind: Strandkörbe am Kniepsand*

Amrum *Orientierung*

Föhr

Natur- und Seevogel-
schutzgebiet
Odde
△ 21 m

Nordhaken
Weg nach Föhr bei Ebbe

● Vogelwarte

Wattenmeer

● Schwimmbad

Hünengrab
△
32 m
Norddorf

Badestrand

Burg

Annlunn

Batjistig

Quermarken-
feuer
△ Vogelkoje
31 m

Kniepsand

St. Clemens

Nebel

Satteldüne

● Nebeler Mühle

Esenhugh
Steenodde

Badestrand

Süddorf

Kniepsand

Großer △
Leuchtturm 27 m
Alte Vogelkoje
Wittdün

FKK-Zeltplatz Schwimmbad ●
Südhaken

N O R D S E E

Kniepsand

2 km
© Baedeker

inseln setzte hier der Fremdenverkehr ein. Der Hannoveraner Archi-
tekt und Maler Schulze-Waldhausen beantragte 1885 vergeblich eine
Konzession für die Anlage eines Seebades. Erst mit der Einrichtung
des christlichen Seehospizes unter Pastor Bodelschwingh (▶Berühm-
te Persönlichkeiten) begann hier 1890 der Badebetrieb.

Auf Amrum lebt man vom Fremdenverkehr. Neben den Tagestouristen zieht die Insel viele Stammgäste an. 2010 wurden die 12 000 Gästebetten von 136 000 Gästen zu 1,7 Mio. Übernachtungen genutzt. **Wirtschaft**

✴ ✴ Nebel

E 23

Einwohner: 1000

Eine Idylle so schön wie aus dem Bilderbuch: Mit seinen vielen reet-gedeckten Friesenhäusern, den malerischen Vorgärten voller Rosen und Malven und dem historischen Ortskern vermittelt das größte Inseldorf nach wie vor Ruhe und Beschaulichkeit.

Nebel liegt im zentralen östlichen Teil der Insel und ist mit Kirche, Schule und Sitz der wichtigsten Verwaltungsbehörden der Hauptort Amrums. Zum Gemeindegebiet gehören auch die Ortsteile Süddorf und Steenodde. **Malerischer Inselhauptort**

Idyllischer kann man es sich kaum vorstellen: Die alten reetgedeckten **Friesenhäuser** aus dem 18. und 19. Jh. sind alle bestens erhalten, ohne dass sie künstlich herausgeputzt wirken. Rosen, Malven und Hortensien blühen in den Sommermonaten üppig in Gärten und an Hauswänden. Hinter niedrigen Feldsteinwällen und Hecken finden sich malerische Bauerngärten mit vielen Obstbäumen, und die Kirche ist eine Dorfkirche wie aus dem Bilderbuch. Im Osten zieht sich Nebel fast bis an den Rand des Wattenmeeres hin. Die westlichen, neueren Siedlungen liegen zum Teil direkt am Wald.

Nebel ist einer der jüngeren Orte der Insel: Er wurde im 16. Jahrhundert erstmals erwähnt. Auch der Name lässt auf eine relativ späte Entwicklung schließen: »Nebel« leitet sich wie auch Nieblum auf Föhr von »Neues Bohl« ab, was bedeutet, dass Nebel um die schon seit dem 13. Jh. existierende Kirche herum gegründet wurde. Vor allem in der Zeit der Grönlandfahrten wuchs die Gemeinde schnell, da sich hier viele erfolgreiche Seefahrer zur Ruhe setzten.

 NEBEL ERLEBEN

AUSKUNFT

Amrum Touristik Nebel
Hööwgaart 1 A
Tel. (0 46 82) 943 00
Fax 94 30 30
www.amrum.de

ESSEN

► **Erschwinglich**
Seekiste
Smääljaat, Tel. (0 46 82) 6 40
www.seekiste-amrum.de
Gemütliches Friesenhaus mit solider Küche für den kleinen und den großen Hunger.

! *Baedeker* TIPP

Sänger gesucht

Montags trifft sich der Gästechor in St. Clemens: Wer etwas Chorerfahrung hat, ist in den Sommermonaten bei den Montagsproben willkommen und kann die musikalischen Abendfeiern donnerstags mitgestalten. Infos gibt es unter Tel. (0 46 82) 22 07.

Sehenswertes in Nebel

Bis 1992 war das **Haus Waaswai Nr. 1**, ein traditionelles Kapitänshaus aus dem Jahr 1736, noch bewohnt. Heute gehört es dem Amrumer Verein Öömrang Ferian, der sich der Erforschung der friesischen Geschichte und Sprache sowie dem Naturschutz widmet. In dem Gebäude ist ein sehenswertes **Museum** eingerichtet, das die Alltagskultur vergangener Inseljahrhunderte lebendig werden lässt. Der ehemalige Wohnteil des Hauses mit der gefliesten Wohnstube (Dörnsk), Wandbetten (Wochbaad) sowie der Küche (Köögem) ist noch original erhalten (Öömrang Hüs, Waaswai 1; Hauptsaison Mo. bis Fr. 10.30 – 12.30, 15.00 – 17.00, Sa. 15.00 – 17.00 Uhr; Nebensaison Mo. – Sa. 15.00 – 17.00 Uhr).

St. Clemens

Die Kirche St. Clemens ist vermutlich im frühen 13. Jh. gebaut worden, möglicherweise schon Ende des 12. Jahrhunderts. Sie entstand zunächst als Zweigstelle der »Friesendom«-Gemeinde in Nieblum auf Föhr und war damals für Süd- und Norddorf zuständig. Baulich viel verändert wurde im 19. Jh.: Man erweiterte das Kirchenschiff nach Westen und erhöhte die Mauern. Jahrhundertelang hatte das dem Schutzpatron der Seefahrer gewidmete Gotteshaus keinen direkt angebauten Turm, sondern nur ein Holzgestell mit einer Glocke. Erst 1908 entschloss man sich, den steinernen Kirchturm mit seinem

Die Grabsteine erzählen von den Lebenswegen und den Familien der Toten.

spitzen Rhombendach an das Kirchenschiff zu setzen. Von außen erscheint das weiß getünchte und reetgedeckte Gebäude viel lieblicher als beispielsweise die drei streng und spröde anmutenden Backsteinkirchen auf Föhr.

Der einschiffige, recht kleine und niedrige Innenraum wirkt mit seiner dunkelbraunen Balkendecke, der schmalen Empore und den blaugrauen Sitzbänken geradezu anheimelnd. Kunsthistorisch von Interesse ist der dreiflügelige **Renaissance-Altar** aus dem Jahr 1634 mit Darstellungen der Evangelisten und einer Abendmahlszene, vor allem aber eine frühgotische, durch ihre Schlichtheit beeindruckende Apostelreihe an der rechten Wand. Der spätromanische Taufstein aus Granit ist zur Zeit des Kirchenbaus geschaffen worden, während die Kanzel aus dem 17. Jh. stammt. Einen ungewöhnlichen Platz hat die kleine Orgel, die sich im Chor hinter dem Flügelaltar befindet.

Heute ein Heimatmuseum: die alte Nebeler Mühle

Gräberfeld

Beeindruckend ist das Gräberfeld, das sich um die Kirche zieht. Wie auf den Föhrer und Sylter Inselfriedhöfen werden auf den **»Sprechenden Grabsteinen«** die Lebensgeschichten der Inselbewohner erzählt (►Baedeker-Special S. 178). Die ältesten stammen aus dem 17. Jh., viele von ihnen stehen heute unter Denkmalschutz. Eine kleine Berühmtheit ist das Grab von Hark Olufs, der in algerischer Gefangenschaft zu Geld kam (►S. 163).

Amrumer Museum

Am südlichen Ortseingang steht auf einer Erhebung die alte **Nebeler Mühle** (1771), die bis 1964 in Betrieb war und auch heute noch funktionstüchtig ist. Inzwischen wurde in den angrenzenden Räumen ein Heimatmuseum eingerichtet. Zu sehen sind Exponate zur Geschichte, Kultur und Natur, v. a. zur Vogelkunde Amrums (Ualjaat 4; Frühjahr bis Herbst Mo. – Sa. 10.00 – 12.00 u. 14.30 bis 17.00, So. 14.00 – 17.00 Uhr; www.insel-museum.de/museen.php).

Friedhof der Heimatlosen

Gegenüber der Mühle liegt der Friedhof der Heimatlosen. Hier fanden ertrunkene Seeleute, deren Schiffe vor Amrum untergingen, und deren Identität nicht festgestellt werden konnte, ab 1907 ihre letzte Ruhestätte.

Norddorf

D 22

Einwohner: 600

Pastor Friedrich von Bodelschwingh gründete 1890 in Norddorf ein Seehospiz, um dem »unsittlichen« Badeleben Einhalt zu gebieten – inzwischen hat sich Amrums nördlichste Gemeinde zu einem modernen Kur- und Badeort gemausert.

Moderner Kurort　Norddorf wird von völlig unterschiedlichen Landschaften umrahmt. Am westlichen Ortsrand beginnt das Dünengebiet: Viele Häuser stehen direkt mit Blick auf die mit grünsilbrigem Strandhafer überzogenen, sanft gewellten Hügel und Täler. Im Norden schließen sich die flachen Wattwiesen an, die in die sandige Nordspitze Amrums übergehen. Die Wiesen werden nach Osten hin vom Deich begrenzt, von dem aus das benachbarte Föhr zu sehen ist. Im Südwesten erstreckt sich ein ausgedehntes Waldgebiet. In Norddorf geht es ruhig und beschaulich zu, wie es sich für einen Kurort gehört.

Auffälligstes Gebäude ist das alteingesessene **Hotel Hüttmann**. Heinrich Hüttmann war kurz nach der Ära Bodelschwingh nach Norddorf gekommen und gründete 1892 sein Hotelunternehmen. Der lang gestreckte Bau mit den davor gepflanzten Linden vermittelt den Charme eines alten Seebads, wie es ansonsten auf Amrum nicht zu finden ist. Im Zentrum lädt eine schöne, als Fußgängerzone angelegte Einkaufsstraße zum Bummeln ein.

 **NORDDORF ERLEBEN**

AUSKUNFT

Amrum Touristik Norddorf
Ual Saarepswai 7
Tel. (0 46 82) 9 47 00, Fax 94 70 94
www.amrum.de

ESSEN

▶ **Erschwinglich**
Hüttmanns Restaurant
Ual Saarepswai 2–6
Tel. (0 46 82) 92 20
Bekannt für Wildspezialitäten, sehr gute Fischgerichte mit erlesenem Gemüse; nettes Hotel (s. r.).

▶ **Preiswert**
Hotel Seeblick »Jever Deel«
Strandstr. 13

Tel. (0 46 82) 92 10
Mit heiterer Atmosphäre und einer Küche, die leckere, regionale »feinheimische« Qualität serviert.

ÜBERNACHTEN

Baedeker-Empfehlung

▶ **Günstig**
Hüttmann
Ual Saarepswai 2–6
Tel. (0 46 82) 92 20, Fax 92 21 13
www.hotel-huettmann.com
Zentrale Lage, geschmackvoll modernisierter Altbau, hübsche Zimmer und Suiten, Sauna, Dampfbad, Fitness-Studio im Haus.

Heute stellt die Vogelkoje für gefiederte Besucher keine Gefahr mehr dar.

Norddorf ist im Jahr 1464 unter dem Namen Nortorp zum ersten Mal urkundlich erwähnt worden. Archäologische Funde deuten aber darauf hin, dass es hier schon in frühgeschichtlicher Zeit Ansiedlungen gegeben hat, die durch das Vorrücken der Dünen allmählich versandeten. Auf die Zeit um Christi Geburt werden die Reste einer Siedlungsanlage datiert, die im Düüwdääl westlich von Norddorf freigeweht wurden. Von dem im 15. Jh. erwähnten Ort ist heute nichts mehr erhalten, denn Norddorf fiel im Lauf der Jahrhunderte mehrfach den Flammen zum Opfer. Die heutige Siedlung entstand in der zweiten Hälfte des 19. Jh.s, lediglich in dem der Wattseite zugewandten Teil stehen noch einige ältere Friesenhäuser.

Für Aufregung sorgten Ende des 19. Jh.s die Anfänge des **Fremdenverkehrs** auf Amrum. Im Sommer des Jahres 1888 gab es in Norddorf zwei Gästebetten, in Nebel dagegen schon 30. Weil man befürchtete, dass der »unsittliche« Badebetrieb, den es mittlerweile auf Föhr und auf Sylt gab, nun auch in Amrum Einzug halten würde, bat man Friedrich von Bodelschwingh (► Berühmte Persönlichkeiten) um Hilfe. Tatsächlich eröffnete Bodelschwingh hier im Jahre 1890 ein Seehospiz, mit dem ein christliches Gegenkonzept zum aufkeimenden weltlichen Badebetrieb auf der Insel geschaffen werden sollte.

 Baedeker TIPP

Vogelparadies

Der Naturschutzverein Jordsand bietet von Mai bis Oktober Führungen in das Vogelschutzgebiet Odde an. Treffpunkt ist das Vogelwarthaus an der Wattseite (Di. – So. 10.00 Uhr, Tel. 0 46 82 / 23 32).

Bei einer geführten Wattwanderung sieht man einfach mehr und hat, wenn die Flut kommt, eine kundige Begleitung dabei.

Als das 1890 eröffnete Hospiz für die steigende Gästezahl nicht mehr ausreichte, mietete die Gemeinde Privatzimmer an. Nach dem Ersten Weltkrieg erkannten auch viele Inselbewohner das Einnahmepotenzial des Fremdenverkehrs und begannen Zimmer zu vermieten.

Sehenswertes in Norddorf und Umgebung

Naturzentrum
Im Carl Zeiss Naturzentrum Amrum erfährt man Interessantes zu den Lebensräumen Sand, Meer und Luft (Strunwai 31, Tel. 0 46 82 / 16 35, www.naturzentrum-amrum.de; Apr. – Okt. Fr. – Mi. 10.00 bis 17.00, Nov. – März Mi. / Fr. – So. 12.00 – 16.00 Uhr).

Vogelschutz-gebiet Odde
Die Odde, Amrums Nordspitze, steht seit 1936 unter Naturschutz. Bereits damals zeigte sich, dass die brütenden Vögel durch zu viele Besucher empfindlich gestört werden. Zwischen April und August ist das Betreten der Odde verboten, jedoch ist eine Umrundung am Wassersaum erlaubt.

Wattweg
Von der Odde aus werden geführte Wattwanderungen hinüber nach Dunsum auf Föhr angeboten. Wer sich einer solchen Führung anschließt, wird erstaunt sein, wie viele Kleinstlebewesen den Wattboden bevölkern. Eine Wattdurchquerung sollte jedoch nicht auf eigene Faust unternommen werden, da das Wetter hier schnell umschlagen kann. Bei plötzlich aufziehendem Nebel verliert man augenblicklich die Orientierung.

Teestube Burg
Man vermutet, dass auf der heute noch als Burg oder Burghügel bezeichneten Anhöhe auf der Wattseite von Norddorf einst eine aus Erde und Holz errichtete Burg als Schutz vor den Wikingern bestand. Ein Ausflug lohnt sich auch heute noch, denn inzwischen befindet sich hier oben die weithin bekannte Teestube Burg.

Auf halber Strecke zwischen Norddorf und Nebel kommt man zur Vogelkoje, die nach holländischem Vorbild entstand. Von zahmen Enten angelockt, ließen sich auch Wildenten auf dem zentralen Teich nieder. In den von allen vier Seiten abgehenden Reusen wurden sie dann gefangen und getötet. **Vogelkoje**

Heute werden hier keine Enten mehr gefangen – im Gegenteil: An diesem geradezu idyllischen Fleckchen tummeln sich zahlreiche Enten-, Gänse- und Möwenarten in friedlichem Miteinander in dem Teichgehege.

Steenodde

D 24

Einwohnerzahl: 70

In den kleinsten Ort der Insel verirren sich nur wenige Urlauber und Tagesgäste – wer sich nach Ruhe und Abgeschiedenheit sehnt, ist in diesem idyllischen Flecken bestens aufgehoben.

Steenodde ist idyllisch zwischen Nebel, zu dessen Gemeinde es gehört, und Wittdün direkt am Wattenmeer gelegen. Der Geestkern der Insel zieht sich an dieser Stelle bis zum Watt und wurde im Lauf der Zeiten vom Wasser ausgespült, sodass die eiszeitlichen Gesteins- und Geröllmassen zum Vorschein gekommen sind. Daher der Name: **Steenodde bedeutet Steinspitze**. Das kleine Dorf besteht im Wesentlichen aus ein paar reetgedeckten Häusern in Deichnähe. Abgeschiedenheit, Ruhe und die Friedlichkeit der Wattseite mit ihrem bunten Vogelleben bestimmen die Atmosphäre. **Kleinod am Watt**

Auf dem erhöhten Geestrücken gab es schon in der jüngeren Steinzeit und in der älteren Bronzezeit Siedlungen, wie die zahlreichen Grabhügel bei Steenodde zeigen. Die Gründung des heutigen Dorfs geht auf das Haus eines Hamburger Kaufmanns zurück, das 1721 auf der Steenodde gebaut wurde. Erst Mitte des 19. Jh.s entstand ein zweites Haus auf diesem exponierten Fleckchen. Um die Jahrhundertwende wandelte sich Steenodde zum wichtigsten Amrumer Hafenort. Bevor Wittdün diese Rolle übernahm, wurde der gesamte Personen-, Post- und Frachtverkehr über Steenodde abgewickelt. **Geschichte**

Heute existiert nur noch eine kleine Landungsbrücke. In der Bucht zwischen Steenodde und Wittdün gibt es mit dem Seezeichenhafen, der im Ersten Weltkrieg gebaut

 **STEENODDE**

ESSEN

▶ Erschwinglich

Likedeeler
Stianoodswai, Tel. (0 46 82) 7 77
www.likedeeler-amrum.de
Sehr hübsches Ambiente: Man blickt aufs Wattenmeer (ab 16.00 Uhr), im Sommer auch Café- und Biergarten, gute Fisch- und Fleischgerichte.

wurde, eine weitere Hafenanlage. Hier liegen diverse Schiffe: Krabbenkutter, kleine Frachtschiffe, Yachten und ein Seenotkreuzer.

Esenhugh Westlich von Steenodde liegt das mit 4,7 m Höhe und 26,5 m Durchmesser größte Steingrab der Insel, der Esenhugh. Man fand hier u. a. äußerst fein gearbeitete Schwertbeschläge, Schlüssel, Kämme und Schmuckstücke. Das bedeutendste Ausgrabungsstück ist im Dr.-Häberlin-Friesenmuseum in Wyk/Föhr zu besichtigen: ein **4000 Jahre alter Schädel mit Operationsspuren**. Eindrucksvoll ist das Gräberfeld gleich daneben, das ursprünglich aus 88 Grabhügeln bestand. Die Anlage für die Toten stammt aus der Wikingerzeit und ist somit erheblich jünger als der Esenhugh.

Süddorf

E 24

Einwohnerzahl: 300

Süddorf ist mit Norddorf der älteste Ort der Insel und hat sich bis heute seine bäuerliche Gemütlichkeit bewahrt. Hier wird noch Vieh- und Landwirtschaft betrieben.

Die kleine Gemeinde, die zu Nebel gehört, besteht im Kern aus ein paar alten Friesenhäusern, am Ortsrand aber aus neueren Feriensiedlungen. Dennoch spielt der Tourismus hier längst keine so bedeutende Rolle wie in Nebel, Norddorf oder Wittdün. Die Umgebung von Süddorf ist noch vorwiegend von Landwirtschaft mit Viehweiden und Getreideäckern geprägt. Obwohl älteren Ursprungs, wirkt Süddorf nicht so organisch gewachsen wie Nebel. Die soliden reetgedeckten Häuser ziehen sich an den gradlinigen Straßen entlang, ein Dorfkern lässt sich nicht ausmachen. Einige hübsche Friesenhäuser sind aber noch zu entdecken. Im Westen verlieren sich die neueren Wohnstraßen im Wald, die Ostseite des Dorfs ist von einer weitflächigen Wiesenlandschaft umgeben. Von den heute existierenden Inselorten sind Norddorf und Süddorf die ältesten Ansiedlungen: Wie Norddorf wurde auch Süddorf 1464 erstmals urkundlich erwähnt – damals unter dem Namen Suder. Mit Sicherheit hat das Dorf aber schon zu

Der Süddorfer Leuchtturm

Beginn des 13. Jh.s existiert, da in dieser Zeit St. Clemens als Gemeindekirche für Suder und Nortorp gebaut wurde. Dass sich auch im Bereich von Süddorf schon sehr früh Menschen niedergelassen haben, bezeugen die zahlreichen Hügelgräber wie der Klaffhugh nordöstlich und der Heeshugh im Norden des Dorfes.

? WUSSTEN SIE SCHON …?

■ Vom Bild des einsamen Leuchtturmwärters muss man sich verabschieden – das Amrumer Leuchtfeuer wird seit 1983 per Fernbedienung geschaltet. Die schönen Streifen zieren den Turm seit 1952, vorher war er ganz karminrot gestrichen.

Sehenswertes in Süddorf und Umgebung

Auf der Nordseite dieser kleinen Straße steht das Geburtshaus von **Hark Olufs** (1708 – 1754), einem der berühmtesten Amrumer. Als 15-Jähriger wurde der Matrose bei Algier von maurischen Piraten entführt und als Sklave verkauft. Doch Hark Olufs machte eine außergewöhnliche Karriere: Er diente über elf lange Jahre als **Schatzmeister beim Bey** (Herrscher) der algerischen Stadt Constantine und erhielt einen nicht unbedeutenden Posten beim Militär. Erst 1735 kehrte er als reicher Mann nach Amrum zurück. Dem dänischen König war sein Schicksal zu Ohren gekommen und er bat ihn zu sich, um ihm eine gut bezahlte Stelle anzubieten. Doch Hark Olufs blieb auf Amrum, wo er fortan das Amt des Strandvogts versah. Mit 28 Jahren ließ er sich konfirmieren, und zwar in osmanischer Kleidung in der Nebeler Kirche, die bis auf die letzte Bank besetzt war. Hark Olufs ist auf dem Friedhof in Nebel begraben.

Geburtshaus von Hark Olufs

Bis heute ist nicht mit Sicherheit zu sagen, welche Funktion der sogenannte Krümwaal oder auch Krümmwal einmal gehabt haben könnte. Der rund 2 m hohe Wall zieht sich im Nordosten von Süddorf zwischen der Süddorfer Mühle und Steenodde in einem leichten Bogen durch die Landschaft, und man vermutet, dass es sich um eine Wehrwallanlage aus der Wikingerzeit oder um einen Grenzwall gehandelt hat.

Krümwaal

Nahe der Straße nach Wittdün steht unverfehlbar Amrums Leuchtturm, der mit 41,8 m Höhe (66 m ü. d. M.) der höchste an der Nordseeküste Schleswig-Holsteins ist.
Im 1875 wurde der Leuchtturm in Betrieb genomen, das **Wahrzeichen Amrums**. Zuvor gab es kein Leuchtfeuer auf der Insel und immer wieder strandeten Schiffe in den flachen Gewässern vor Amrum. Zunächst brannte auf dem Turm eine Mineralflamme mit fünf Dochten, ab 1905 dann ein Petroleumfeuer, das von mehreren Leuchtturmwärtern in Gang gehalten wurde. Seit 1936 wird der Leuchtturm elektrisch betrieben. Die Reichweite des Lichts beträgt 23 Seemeilen, also gut 42 Kilometer (Öffnungszeiten: April – Okt.  Mo. – Fr. 8.30 – 12.30, im Winter Mi. 9.00 – 12.30 Uhr).

★ Leuchtturm

Wittdün

F 25

Einwohner: 660

Wittdün ist ein Seebad mit Kurmittelhaus, Meerwasser-Hallenbad und vielen Geschäften, Restaurants und Cafés. Bestechend ist vor allem die Lage: Der Ort ist an drei Seiten von Wasser umgeben.

Kleines Seebad mit städtischem Charakter
Über Wittdün (»Weiße Düne«) wird der gesamte **Personen- und Frachtverkehr der Insel** abgewickelt. Um den exponiert gelegenen Ort vor der Nordsee zu schützen, musste 1914 mit sehr hohem Kostenaufwand eine Mauer am Ufer entlang gebaut werden. Heute freuen sich die Urlauber über die Promenade, die um das Seebad herumführt. Im Norden hat man einen Blick auf den Hafen, das Wattenmeer und nach Föhr, im Osten sieht man hinüber auf die Halligen, im Süden verläuft der Weg schließlich parallel zum relativ schmalen Strand, der unmittelbar westlich von Wittdün in den breiten Kniepsand übergeht. Vom Fähranleger aus gesehen wirkt Wittdün nicht besonders einladend, denn gerade im Hafenbereich sind einige architektonische Missgeschicke passiert. Im Vergleich zu den anderen Inselorten macht Wittdün, so klein es ist, einen relativ städtischen Eindruck. Wer abends noch einmal einen Schaufensterbummel machen möchte, ist hier richtig. Schöner als die Bauten am Hafen sind die Häuser an der Mittelstraße und die kleinen Häuser an der oberen Wandelbahn mit herrlicher Aussicht aufs Meer.

Geschichte
Im Jahr 1889 bekam der Amrumer Kapitän Volkert Quedens eine Badekonzession und ließ das erste Hotel in Wittdün errichten. Kurze

 ## WITTDÜN ERLEBEN

AUSKUNFT

Amrum Touristik Wittdün
Am Schwimmbad 1
Tel. (0 46 82) 94 34-0
Fax 94 34-30

ESSEN

▶ **Erschwinglich**
Die Blaue Maus
Inselstr. 107, Tel. (0 46 82) 20 40
www.blauemaus-amrum.de
Seit 50 Jahren Whiskyzentrum der Inseln, mit Oldiemusik, Backgammon, Schach oder Dart. Küche von 20.00 – 1.00 Uhr (außer Do.)

Spökenkieker
Hauptstr. 4
Tel. (0 46 82) 8 66
Urige Bistro-Einrichtung, serviert werden Meeresfrüchte, Steak vom Grill und leckere Salate.

ÜBERNACHTEN

▶ **Günstig**
Vitel-Hotel Weiße Düne
Achtern Strand 6
Tel. (0 46 82) 94 00 00, Fax 94 00 94
Kleines, nettes Hotel mit Schwimmbad, Sauna und Fitnessraum. Gutes Restaurant mit regionaler Küche

Etwa 15 km lang und bis zu 1,5 km breit ist einer der größten Strände Europas: der Amrumer Kniepsand.

Zeit später baute eine eigens gegründete Aktiengesellschaft mit einem Schlag mehrere Hotels und Villen, die vermögende Urlauber auf die Insel locken sollten. Wittdün wurde an den Schiffsverkehr angeschlossen, und eine Inselbahn brachte die Badegäste auf den Kniepsand. In dieser Zeit wollte man mit aller Macht den Vorbildern Westerland und Wyk folgen. Doch bereits 1906 musste die Aktiengesellschaft nach zwei völlig verregneten Sommern Konkurs anmelden.

Durch die beiden Weltkriege wurde eine Weiterentwicklung des Badebetriebs gänzlich verhindert. Erst in den 1950er-Jahren kurbelten private Investoren den Fremdenverkehr langsam wieder an: 1956 wurde das erste Kurmittelhaus eingeweiht. Seit den Siebzigerjahren ging es mit Wittdün wieder aufwärts, nachdem viele Neubauten mit Ferienwohnungen entstanden waren.

Sehenswertes in Wittdün

In der Wittdüner Wattenmeer-Schutzstation werden das Wattenmeer und die Insellandschaft auch für Kinder anschaulich erklärt. (Mittelstr. 34, Tel. 0 46 82 / 27 18; Öffnungszeiten: Apr. – Okt. Di. – So. 10.00 – 12.00, 15.00 – 18.00 Uhr, sonst 13.00 – 17.00 Uhr.
Wattenmeer-Schutzstation ⏱

Einen schönen Spaziergang kann man von Wittdün aus zu dem Dünensee Wriakhörn machen. Der kleine Süßwassersee wurde künstlich angelegt und dient der Vogelwelt als Biotop. An der Nordseite des Sees wurde ein sehr informativer Naturlehrpfad angelegt.
Dünensee Wriakhörn

FÖHR

Vor Wind und Wasser durch vorgelagerte Halligen und Inseln geschützt, herrscht auf Föhr ein für die Nordsee ungewöhnlich mildes Klima. Und so badete schon 1844 der Dichter Hans Christian Andersen, wo heute die »Friesische Karibik« ausgerufen wird.

Föhr liegt in Form eines rundlichen Ovals östlich von Sylt und Amrum im Wattenmeer und hat mit einer durchschnittlichen Länge von 12 km und einer Breite von 6,8 km eine Gesamtfläche von 82 km². Die Hauptstadt der Insel ist Wyk; daneben gibt es insgesamt 16 Dörfer. Verwaltungstechnisch gliedert die Insel in die beiden Gemeinden Wyk und Föhr-Land, deren Verwaltungssitz Midlum ist. Die höchste Stelle (13,2 m) befindet sich südlich von Oevenum. Vom Festland aus, das nur 6 km entfernt ist, lässt sich Föhr per Fähre ab Dagebüll oder per Flugzeug ab Hamburg erreichen.

Grüne Insel mitten im Watt

Anders als Sylt und Amrum ist Föhr eine von Marschwiesen und Äckern geprägte Insel, die ausgesprochen grün und fruchtbar erscheint. Schon immer hat auf Föhr die **Landwirtschaft** eine größere Rolle gespielt als auf den Nachbarinseln. Bis heute wird Getreide angebaut und Vieh gezüchtet. Die meisten der rund 100 landwirtschaftlichen Betriebe haben sich allerdings im Lauf der Jahre zusätzlich auf Urlaubsgäste eingestellt und bieten »Ferien auf dem Bauernhof« oder Ähnliches an. Es gibt auffallend viele Bäume und kleine Wäldchen. Mitunter glaubt man nicht, sich auf einer Insel zu befinden, so binnenländisch erscheint die Landschaft. Sogar ein kleiner Fluss ziert das Eiland: die Godel, die sich idyllisch durch die Salzwiesen schlängelt und bei Witsum im Südwesten ins Meer mündet. An der 37 km langen Küste überwiegen in der Nordhälfte grüne Deichabschnitte, im Südwesten zwischen Utersum und Wyk liegt der 15 km lange Sandstrand. Aufgrund seiner Lage im Schutz von Amrum, Sylt und der Halligen wird die Wucht des Meeres abgefangen, sodass man auf Föhr die typische Nordseebrandung vergeblich sucht. Die wunderschönen, teilweise pittoresk anmutenden Dörfer, die im Süden und Westen auf dem leicht erhöhten Geestrücken angesiedelt sind, bestechen mit reetgedeckten Friesenhäusern, gepflegten Gärten, schattigen Kopfsteinalleen und altem Baumbestand.

Den gesamten Nordosten der Insel nimmt die flache Marsch ein, die Ende des 15. Jh.s eingedeicht wurde. Bis zu diesem Zeitpunkt war sie regelmäßig überflutet; in den Wintermonaten standen die Wiesen oft längere Zeit unter Wasser. Bis 1960 gab es hier kein einziges Haus und keine Straße, heute findet man weit verstreut etwa 20 Höfe.

Bereits um 7000 v. Chr. zogen Jäger und Fischer durch das Föhrer Gebiet, wie die Funde einer **Knochenharpune** und eines kleinen Beils bezeugen, und auch in den folgenden Jahrtausenden siedelten hier

Geschichte

← *Walkieferknochen bilden den Eingang zum Friesenmuseum in Wyk.*

Föhr Orientierung

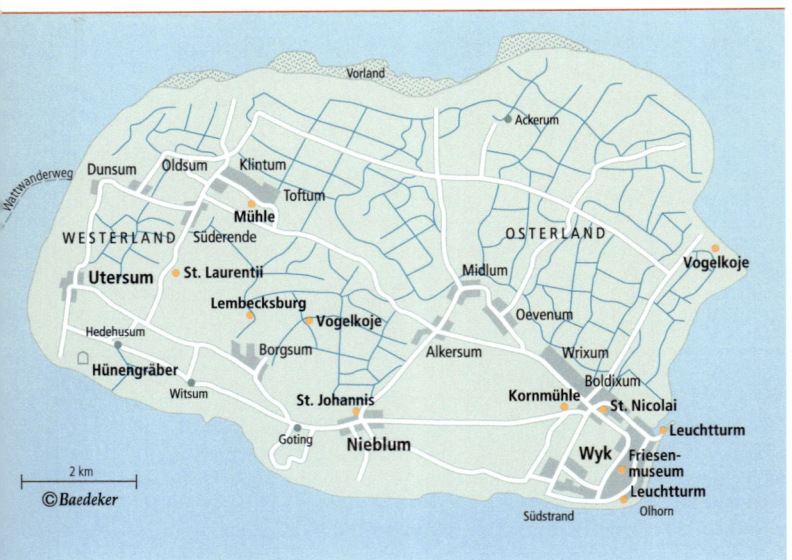

Menschen. Aber wie Amrum ist Föhr erstmals 1231 urkundlich im »Erdbuch« des dänischen Königs Waldemar II. erwähnt. 1435 wurde die Insel geteilt, als Osterlandföhr an das Herzogtum Schleswig fiel, Westerlandföhr dagegen der **dänischen Krone** unmittelbar unterstellt blieb. Nach der Niederlage im Deutsch-Dänischen Krieg (1864) musste Dänemark sämtliche Inseln an Preußen abtreten.

Auf Föhr herrschte lange Zeit bittere Armut; erst mit dem Walfang Mitte des 17. Jh.s kam etwas Wohlstand auf die Insel. 1760 waren von den 4500 Einwohnern etwa 1450 Männer auf Schiffen tätig. Doch nach dem Ende der Walfangära kurz nach Beginn des 19. Jh.s mussten sich die Föhrer wieder nach neuen Verdienstmöglichkeiten umsehen. Viele Familien wanderten, vom Goldrausch angelockt, nach Amerika aus, andere wandten sich der Landwirtschaft zu.

Eine neue Einnahmequelle brachte der Fremdenverkehr – in Sachen Badebetrieb war Föhr die Pionierin der Nordfriesischen Inseln. Bereits am 15. Juli 1819 wurde das Seebad Wyk gegründet, und immerhin 60 Urlauber wurden in der ersten Saison gezählt. Ab 1834 ging alle zwei Wochen ein Dampfschiff von Hamburg über Helgoland nach Föhr. 1880 verzeichnete Wyk 1000 Gäste.

Die erste Motorschiffsverbindung nach Föhr entstand 1911, zwei Jahre später kamen bereits 10 000 Badegäste. Die Autofähren von Dagebüll nach Wyk sind seit 1962 in Betrieb. Heute kommen jedes Jahr rund 180 000 Gäste, die durchschnittlich 14 Tage bleiben.

Alkersum

K 20

Einwohner: 450

Ein wahres Paradies für Ross und Reiter ist das hübsche Dorf Alkersum – in den zahlreichen Höfen im Ort warten über 200 Pferde in den Stallungen auf einen Ausritt über die Insel.

Alkersum, nur wenige Kilometer nordwestlich von Wyk gelegen, ist eines der ältesten Dörfer der Insel. Vermutlich hat es hier einst eine Weberansiedlung gegeben, wie sich aus Funden in der Umgebung schließen lässt. Lange Zeit stand hier das älteste Haus der Insel, das 1617 erbaute Haus Olesen, das heute neben dem Friesenmuseum in Wyk zu besichtigen ist. Der Ort ist heute vor allem für seine vielen Reiterhöfe bekannt, die viele Urlauber anlocken. Anders als die meisten Föhrer Friesendörfer war Alkersum nicht einheitlich bebaut. Mit einer umfassenden Neugestaltung in den 1990er-Jahren ist das Dorf daher planmäßig verschönert worden, wobei man auf ein traditionelles Erscheinungsbild großen Wert legte.

Alte Häuser, viele Pferde

Borgsum

H 21

Einwohner: 340

Neben Meeresluft gibt es in dem urgemütlichen Bauerndorf in Strandnähe auch frische Landluft zu schnuppern. Diesen Standortfaktor wissen vor allem Familienurlauber zu schätzen.

Auf der Geesthöhe im Südwesten liegt Borgsum, das überwiegend noch von Landwirtschaft lebt. Viele der alten reetgedeckten Häuser sind noch als Bauernhöfe in Funktion. In den letzten Jahren hat aber auch hier ein **ländlich geprägter Familientourismus** eingesetzt.

Gemütliches Bauerndorf

Sehenswertes in Borgsum und Umgebung

Am Rand von Borgsum steht eine Mühle mit einer Galerie, die erst 1991 anstelle ihrer vernachlässigten Vorgängerin neu errichtet wurde und heute für Feste, Versammlungen oder zu Ausstellungszwecken vermietet wird.

Mühle

Noch heute kann man die Anlage der Lembecksburg gut erkennen.

Lembecksburg Den Namen Borgsum verdankt der Ort einer Burg (fries. = borig), deren Reste nördlich des Dorfes in den Feldern zu finden sind. Der Ringwall wird seit Jahrhunderten als Lembecksburg bezeichnet. Anfang der 1950er-Jahre wurden umfangreiche Ausgrabungen u. a. von dem Arzt **Dr. Carl Häberlin** und von der Stadt Wyk initiiert. Man stellte dabei fest, dass die Burg nicht erst im 14. Jh. durch den dänischen Ritter Klaus Lembeck gebaut worden war, wie man lange angenommen hatte, sondern im 9. Jh. als Verteidigungsanlage gegen die Wikinger.

Der Umfang der Burganlage misst 450 m, die damalige Höhe des Ringwalls muss ca. 11 m betragen haben. Oben war um den gesamten Wall herum ein Wehrgraben gezogen. Im 14. Jh. war die Burg von dem dänischen Lehnsherrn Klaus Lembeck besetzt, der bei der Bevölkerung wegen seiner diktatorischen Regierung wenig beliebt war. Der Legende nach brach er den Lehenseid gegenüber dem dänischen König Waldemar IV. und wurde 1374 von Föhr vertrieben.

Dunsum

G 19

Einwohner: 86

Abenteuerliche Wattwanderungen, prächtige Sonnenuntergänge und ein bezaubernder Blick auf die Nachbarinseln Sylt und Amrum – Dunsum weiß seine Besucher mit viel Natur zu verwöhnen.

Tor zum Watt Obwohl das zweitkleinste Dorf Föhrs ganz abgeschieden im Nordwesten der Insel liegt, herrscht im Ort reger Urlauberverkehr, da von hier die **Wattwanderung** hinüber zur Amrumer Nordspitze startet.

Zwischen Dunsum und der Amrumer Odde ist das Wattenmeer stellenweise außerordentlich flach, sodass bei Ebbe größere Flächen trockenfallen und eine Wanderung durchs Watt möglich machen. Von Dunsum aus bietet sich ein herrlicher Blick auf die benachbarten Inseln Sylt und Amrum, die nur 7,5 bzw. 4 km entfernt liegen. In dem

! **Baedeker** TIPP

Spaziergang nach Amrum
Eine geführte Wattwanderung sollte sich kein Inselbesucher entgehen lassen. An versunkenen Hünengräbern und Muschelbänken vorbei geht es Richtung Amrum (Reinhard Boyens, Tel. 0 46 82 / 16 69).

Schöpfwerk bei Dunsum wird nach starken Regenfällen das Wasser, das nicht von selbst abfließen kann, abgepumpt.

Midlum

K 20

Einwohner: 490

Mit seinem alten Dorfkern und idyllisch angelegten Parkanlagen lädt der ruhige Ort ganz im grünen Herzen der Insel zum Verweilen und Entspannen ein. Nur das Rauschen des Windes und die Schreie der Vögel unterbrechen die Stille.

Der sprechende Dorfname sagt es selbst – Midlum liegt, umringt von der herrlich grünen Marschlandschaft, in der Mitte der Insel. Es bietet sich als Ausgangspunkt für Touren in den unbesiedelten Nordosten Föhrs an. Bis zum Tod des Künstlers DAX war sein Atelier in der Dörpstraat 53 (zu besichtigen n. V., Tel 0 46 81 / 946), zugleich ein beliebtes Cafe. Erstklassig bedient wird man im Restaurant Midlumer Krog (seit 1850).

Mitten in der Marsch

✶ ✶ Nieblum

J 21

Einwohner: 1100

Von dem Reichtum der Kapitäne, die sich einst in Nieblum niederließen, zeugen die großen, prächtigen Friesenhäuser, die weitgehend erhalten blieben und den Ort heute zum absoluten »Schmuckstück« der Insel machen.

Ohne Zweifel ist Nieblum, das im Süden der Insel liegt, der Vorzeigeort von Föhr – bereits im 18. Jh. wurde es als außerordentlich schönes Dorf erwähnt. Man findet hier **prachtvolle alte Friesenhäuser**, die sich die Kapitäne, die durch Seefahrt und Walfang zu Geld gekommen waren, bauen ließen. Heute ist Nieblum für den Tourismus

Prachtvolle Dorfschönheit

▶ NIEBLUM ERLEBEN

AUSKUNFT

Touristeninformation im Dörpshus
Tel. (0 46 81) 300 oder 25 59
Fax 34 11
www.nieblum.de

ÜBERNACHTEN

▶ Komfortabel

Land- und Golfhotel Witt
Alkersumstieg 4, Tel. (0 46 81) 5 87 70
www.hotel-witt.de
Hübsches Friesenhaus, schöne Gartenanlage, komfortabel ausgestattete Zimmer. Beliebtes Restaurant mit schmackhaften Gerichten.

▶ Günstig

Haus Agge
Wohldsweg 1, www.haus-agge.de
Tel. (0 46 81) 22 29, Fax 5 05 47

Kleines Haus mit angenehm familiärer Atmosphäre, mitten im alten Ortskern in ruhiger Lage, geschmackvoll eingerichtete Zimmer, Garten mit Liegewiese.

ESSEN

Baedeker-Empfehlung

▶ Erschwinglich

Föhrer Teestube
Poststraat 7
Tel. (0 46 81) 58 01 43
www.hof-pergande.de
Nettes Café in einem ehemaligen Stall, leckere Kuchen und feine Torten. Der Nachwuchs kann sich am Kerzenziehen versuchen. Ferienwohnung.

ein wenig herausgeputzt. Die reetgedeckten Häuser erscheinen äußerst gepflegt, die Hauseingänge werden von wunderschönen Rosenstöcken umrankt, verwunschene Bauerngärten ziehen die Blicke der Inselgäste auf sich. In vielen Friesenhäusern sind mittlerweile Gaststätten oder Geschäfte eingezogen. Herrliche alte Ulmen runden die dörfliche Idylle ab. Südwestlich des Ortes schließt sich Goting an, das einst ein eigenständiges Dorf war, inzwischen aber vor allem aus Ferienhäusern besteht.

Geschichte Der Name Nieblum lässt sich auf das friesische »Nei-bohl-em« (»Neues Bohl«) zurückführen, was als »Neue Ansiedlung« zu verstehen ist. Die erste urkundliche Erwähnung von Nieblum geht auf das Jahr 1336 zurück, obwohl man aufgrund der sicheren Geestlage annimmt, dass hier schon in früheren Zeiten Menschen lebten. Im 17. und 18. Jh. vergrößerte Nieblum sich recht schnell, da viele Bewohner der Halligen, deren Haus und Hof durch die Sturmfluten verloren gegangen waren, sich hier niederließen.

✸ Sehenswertes in Nieblum und Umgebung

**St. Johannis
(»Friesendom«)** Am Rand von Nieblum steht St. Johannis, ein mittelalterlicher Backsteinbau, der seiner gewaltigen Ausmaße wegen gerne als »Friesen-

dom« bezeichnet wird. Das heutige Gotteshaus, eines der bedeutendsten Sakralbauwerke in Schleswig-Holstein, entstand weitgehend im 13. Jahrhundert. An der Basis der Mauern sind noch alte Granitquader der Vorgängerkirche auszumachen. Von außen zeigt sich der »**Friesendom**« streng und spröde und für eine Inselkirche außergewöhnlich mächtig. Wie bei allen Föhrer Kirchen ist das Dach eine einfache Satteldachkonstruktion aus Ziegelpfannen. Der schmucklose quadratische Turm erscheint ausgesprochen massiv. Seine Größe lässt auf die damalige Bedeutung des Friesendoms schließen, zumal die anderen Föhrer Kirchen im 13. Jh. gar keinen bzw. nur einen Holzturm hatten.

Der Grundriss der St.-Johannis-Kirche ist kreuzförmig angelegt. Im Innern lässt sich noch ausmachen, dass der ursprüngliche Bau aus einem flach gedeckten Hauptschiff bestand. Im 13. Jh. wurden die Mauern höher gezogen, in der Verlängerung des Hauptschiffes ein neuer Chor und eine neue Apsis errichtet, das Querschiff entstand und damit gleichzeitig die Vierung. Querschiff und Chor tragen eine Gewölbedecke, während man im Hauptschiff bei der Flachdecke geblieben ist. Im Westen wurde die Kirche um den Turm erweitert.

◄ Grundriss

Im Innenraum sorgen die vorherrschenden Farben weiß und taubenblau für eine helle, freundliche Atmosphäre, die die Schätze der Kirche schön zur Geltung bringen. Am ältesten ist der Taufstein (um

◄ Innenraum

Selbst im dunstigen Nachmittagslicht beeindruckend: der »Friesendom« ist die größte Kirche auf Föhr. Fast 1000 Gläubige finden hier Platz.

In solch idyllischer Umgebung Urlaub zu machen, kann einfach nur erholsam sein.

1200), der vermutlich schon in der früheren Kirche seine Dienste geleistet hat. In der Apsis steht ein Flügelaltar aus dem späten 15. Jahrhundert. Er zeigt unter spätgotischen Baldachinen die zwölf Apostel, in der Mitte Maria und Christus sowie Johannes den Täufer und den Papst Silvester (999–1003). Darunter sieht man auf den beiden Predellengemälden das Abendmahl und die Fußwaschung. Im Chor fällt die große farbige Holzfigur Johannes des Täufers (Mitte 15. Jh.) ins Auge. Sie zeigt Johannes mit der Bibel und dem Lamm in der linken Hand, auf die er mit der rechten Hand deutet.

An der Nordseite des Chors befindet sich eine Loge mit sieben Fenstern aus dem 18. Jh., die früher für wohlhabende Insulaner reserviert war. Darunter steht ein sog. Pastorenfrauen-Stuhl (17. Jh.), denn die Frauen der Pastoren hatten ihre gesonderten Plätze. Aus derselben Zeit stammt die Kanzel, deren Renaissance-Schnitzereien biblische Szenen darstellen, die auf Plattdeutsch erläutert werden (aktuelle Informationen zu Öffnungszeiten, Führungen und Konzerten unter www.friesendom.de).

Friedhof
Wie auch auf den anderen Inselfriedhöfen berichten auf dem der St.-Johannis-Kirche viele alte Grabsteine Wissenswertes aus dem Leben der Verstorbenen. Auf dem weitläufigen Gottesacker von St. Johannis sind die ältesten Grabstelen aus dem 17. Jh. noch erhalten.

Goting-Kliff
Heute ist das Goting-Kliff als solches kaum noch auszumachen. Es liegt unweit westlich von Goting an der Küste und ist als steiler Sandabbruch von etwa 8 m Höhe mit einem schmalen vorgelagerten Dünenstreifen zu erkennen. Das Goting-Kliff entstand im Zuge der Saale-Eiszeit aus Gesteinsmassen, die die Gletscher aus dem skandi-

navischen Raum hierher transportierten und ablagerten. Sedimente aus rund 200 000 Jahren sind hier übereinander geschichtet gewesen. Mittlerweile ist das Kliff aber durch Wind und Wetter so bearbeitet worden, dass davon kaum noch etwas zu sehen ist.

Von Goting über Witsum und Hedehusum führt eine knapp 5 km lange »Traumstraße« nach Utersum, die herrliche Ausblicke auf das Wattenmeer und die Dünen bietet. **Toller Spaziergang**

Oevenum

K 20

Einwohner: 600

Im Sommerhalbjahr lockt der berühmte Dorfmarkt jeden Donnerstag zahllose Besucher nach Oevenum, das sich bis heute seinen bäuerlichen Charakter bewahrt hat.

Nur wenige Kilometer nordwestlich von Wyk liegt Oevenum, Föhrs größtes Dorf. Der Stolz der Oevenumer ist die 1882 als **erste in Deuschland gegründete Jugendfeuerwehr**. Oevenum ist ein wunderschönes Bauerndorf mit kleinen entzückenden Friesenhäusern, das wegen seiner Schönheit mehr und mehr Touristen anzieht. Es besteht im Wesentlichen aus zwei parallel verlaufenden Hauptstraßen, der ein wenig höher liegenden Dörpstraat und der Buurnstraat, die sich unten am Rand der Marsch entlangzieht. Die Verbindung zwischen beiden stellen kleine, manchmal höchst verwunschene Sträßchen und Gässchen oder unbefestigte Wege dar.

Im Sommer findet an jedem Donnerstag der traditionelle, bei Einheimischen wie Touristen sehr beliebte Dorfmarkt statt, auf dem neben frischem Obst und Gemüse auch kunsthandwerkliche Schöpfungen aller Art und Souvenirs angeboten werden.

 OEVENUM

ÜBERNACHTEN
► **Komfortabel**
Landhaus Laura
Buurnstr. 49, www.landhaus-laura.de
Tel. (0 46 81) 5 97 90, Fax 59 79 35
Hübsches, reetgedecktes Hotel im Landhausstil, gepflegte Zimmer, einige mit eigener Sauna. Und im Restaurant setzt »Inselkoch« Jörn Sternhagen auf die Gewürze, die auf Föhr wachsen.

Sehenswertes in Oevenum

In der Buurnstraat ist in einem alten Bauernhof ein beachtliches privates Museum eingerichtet worden, das einen Einblick in das alte, ursprüngliche Föhrer Landleben vermittelt. Zu sehen sind neben zahlreichen Geräte aus der Landwirtschaft auch originalgetreu eingerichtete Modellräume mit alten Möbeln, Geschirr und verschiedenen Haushaltsgegenständen. Auch der Walfang und der Deichbau spielen eine Rolle. Eine Führung lohnt sich allein schon wegen der zahlreichen schönen Geschichten und Anekdoten, die man hier mit Augenzwinkern erzählt bekommt (Öffnungszeiten: tgl. 14.00 – 17.00 Uhr).

Oldsum

H 19

Einwohner: 714

In Oldsum, im Westen Föhrs am Rande der Marsch gelegen, haben sich im Lauf der Zeit etliche Künstler und Kunsthandwerker niedergelassen. Aber auch viele Urlauber wissen die ruhige ländliche Idylle des Ortes sehr zu schätzen.

Sehenswertes in Oldsum und Umgebung

Stellys Hüüs Ein liebevoll zusammengewürfeltes **Kuriositätenkabinett**, das seinesgleichen sucht! Schönes, Merkwürdiges und Erbauliches aus aller Welt hat der Sammler Rolf Stelly in rund 50 Jahren zusammengetragen und in dem friesischen Kapitänshaus aus dem Jahr 1837 ausgestellt. Zu einigen internationalen Stücken gesellen sich diverse Inselraritäten – das Spektrum reicht von Seegetier, Steinen, einer im Frankfurter Flughafen erlegten Schlange über Stücke aus der ehemaligen DDR bis hin zu einer kleinen Dokumentation über den Untergang der »Titanic«.
Die Kommentare auf den vergilbten Zeitungsausschnitten sind absolut lesenswert. Angeschlossen sind eine Töpferei und ein gemütliches Café, die von den Töchtern Stellys betrieben werden (Tel. 0 46 83 / 306; Öffnungszeiten: Nov. – März Mi. – So. 14.00 – 18.00 Uhr).

Mühle Die Windmühle, etwas außerhalb von Oldsum gelegen, stammt aus dem Jahr 1901. Bis Mitte der Fünfzigerjahre war sie noch in Betrieb, heute ist sie in Privatbesitz und nicht zu besichtigen. Bereits um 1700 wurde an dieser Stelle eine erste Mühle errichtet, die allerdings im Jahr 1900 bei einem Gewitter abbrannte.

Marys Haus Der Maler Enzian Calvados – ein Künstlername, den eine Insulanerin ihm anhängte, da sie sich den eigentlichen Namen des Chemikers Dr. Boskamp nicht merken konnte – hat sein Atelier in Oldsum am Sütjerstieg eingerichtet. Mitunter sind seine Räume geöffnet, und wer sich für seine Bilder interessiert, sollte auch sonst ruhig einmal anklopfen (Tel. 0 46 83 / 373; Mi. u. Sa. 15.00 – 18.00 Uhr).

Ein beliebtes Föhrer Fotomotiv ist die Mühle bei Oldsum, die bis in die 1950er-Jahre hinein noch in Betrieb war. →

LEBENSGESCHICHTEN IN STEIN

Wälle mit mächtigen Findlingsblöcken umschließen die Friedhöfe von Föhr. Hier gibt es »Sprechende Grabsteine« aus alten Zeiten zu entdecken, die viel vom früheren Leben und Sterben der Insulaner, die vor allem vom Walfang lebten, berichten. Ewig und still liegen sie da, Wind und Wetter gehen über sie hinweg, und die Rufe von Kiebitzen und Austernfischern liegen in der Luft.

Seit dem 17. Jahrhundert haben die Inselfriesen ihren Vorfahren auf den Friedhöfen Denkmäler gesetzt, die vom Leben der Verstobenen berichten. Spröde und bedächtig, geschrieben in Friesisch, Latein oder Hochdeutsch, finden sich auf den **Sprechenden Grabsteinen** Geschichten von Kapitänen und Walfängern, aber auch von den harten Lebensbedingungen auf den Inseln.

Die Sprache der Bilder

Viele **symbolische Bilder** sind auf den Grabsteinen zu sehen: Schiffe sind meistens das Berufszeichen. Fahren sie unter vollen Segeln, stehen sie für den frühen Tod eines Seefahrers. Abgetakelte Schiffe, die vor Anker liegen, werden als Sinnbild für ein langes Leben betrachtet. Das gleiche gilt für die Pflanzendarstellungen: Rosen und Narzissen auf dem rechten Rand des Steines stellen Frauen dar, Tulpen und Eichenblätter auf der linken Seite Männer. Die Zahl der gebrochenen Stängel besagt, wie viele Familienmitglieder zum Zeitpunkt der Grabsteinsetzung bereits verstorben waren. Blumen waren Symbole der Vergänglichkeit, Schmetterlinge ein Bild für die unsterbliche Seele. Kreuz, Herz und Anker stehen für die christlichen Tugenden Glaube, Liebe, Hoffnung.

Einen Besuch auf dem Gottesacker von St. Laurentii mit seinen »Sprechenden Grabsteinen« sollte niemand auslassen. Der Friedhof zählt zu den schönsten der Nordfriesischen Inseln.

Die **Steinmetze** stellten eine wichtige Handwerkszunft dar und genossen hohes Ansehen bei den Inselfriesen. Für die Grabmäler verwendeten sie den Sandstein des Wesergebietes, der für seine Wetterfestigkeit bekannt war.

Glücklicher Walfänger

Einer der schönsten Friedhöfe auf den Nordfriesischen Inseln umgibt die St.-Laurentii-Kirche in Süderende auf Föhr. Hier findet man das Grab des Kommandeurs **Matthias Petersen**, genannt »der Glückliche«. In lateinischer Sprache berichtet der Grabstein vom Leben des erfolgreichen Walfängers aus Oldsum. »Matthias Petersen, geb.: Oldsum d. 24. Dez. 1632; gest.: d. 16. Sept. 1706. Er war in der Schifffahrt nach Grönland sehr kundig, wo er mit unglaublichem Erfolg 373 Walfische gefangen hat, sodass er von da an mit Zustimmung aller den Namen des Glücklichen erlangt hat. Und seine Ehefrau Inge Matthiesen, geb.: d. 7. Okt. 1641, gest.: d. 5. April 1727.«

Unter dem Spruch findet sich das Emblem mit dem Wal, der eine Fontäne bläst und sich unbeeindruckt

... Er war in der Schifffahrt nach Grönland sehr kundig, wo er mit unglaublichem Erfolg 373 Walfische gefangen hat ...

von der Ausgelassenheit der unbekleideten Fortuna über ihm auf den Wellen treiben lässt. Schließlich ist noch zu lesen: »Sicher im Tod ist, wer weiß, dass er im Tod wiedergeboren wird. Tod kann das nicht genannt werden, sondern vielmehr ein neues Leben.«

Süderende

H 19

Einwohner: 220

Ein ursprüngliches Friesendorf wie aus dem Bilderbuch – mit wunderschönen reetgedeckten Häusern, die von steinernen Wällen und duftenden Bauerngärten umgeben sind.

Urgemütliche Idylle

In eine liebliche Landschaft eingebettet, liegt Süderende ruhig und abgeschieden auf der westlichen Hälfte von Föhr. Seinen Namen (fries. = Söleraanj) trägt es, weil es sich im Süden von Oldsum entwickelt hat. Süderende ist eines der typischen urgemütlichen Inseldörfer mit reetgedeckten Friesenhäusern. Viele von ihnen sind von lieblich anmutenden Bauerngärten umgeben, in denen kleine Obstbäume stehen und in den Sommermonaten Rosen, Malven, Margeriten, Hortensien und im Herbst Dahlien und Zinnien blühen. Wer sich vom Stress erholen will, ist hier genau richtig.

Umgebung von Süderende

★★
St. Laurentii

Die kunstgeschichtliche Attraktion von Süderende ist die südlich, **etwa 1,4 km außerhalb des Dorfes** mitten in den Feldern gelegene St.-Laurentii-Kirche. Zu dem Kirchspiel gehören außer Süderende die Dörfer Oldsum, Toftum, Klintum, Dunsum, Utersum und Hedehusum. St. Laurentii wurde wie der »Friesendom« in Nieblum im ausgehenden 12. Jh. gegründet. Damals entstand zunächst ein Bau aus Granitsteinen, der im 13. Jh. umfassend erweitert wurde. Deutlich ist an den Außenmauern das Nebeneinander von Granit- und Backstein zu sehen. Man vergrößerte den Raum nach Westen hin sowie nach Osten um den Chor und die Apsis. Außerdem wurde das Nordquerschiff angefügt. Im 16. Jh. entstanden die Gewölbedecke und der Kirchturm. Dank heller Wände und großer Fenster erscheint der Innenraum licht und klar. Noch aus der Entstehungszeit der Kirche stammt der romanische Granittaufstein. Eine wertvolle Schnitzarbeit ist der dreiflügelige Altar aus farbig bemaltem Eichenholz, auf dem zwölf Figuren dargestellt sind: in der Mitte sieht man Maria und Jesus, weiterhin Apostel- und Heiligenfiguren, ganz rechts den namensgebenden Laurentius, den Patron der Armen, mit Palmzweig und dem Rost, der an seinen Märtyrertod im Jahr 258 erin-

Der schlichte Kirchenraum besitzt schöne Deckenfresken.

nert. Die Kanzel aus Tannenholz ist zu Beginn des 17. Jahrhunderts entstanden; beachtenswert ist auch ihr ausgesprochen kunstvoll geschnitzter Schalldeckel.

Sehr interessant sind die Reste von Deckenmalereien (17. Jh.), die im Zuge von Renovierungsarbeiten entdeckt und restauriert wurden. Relativ gut zu erkennen ist die Darstellung von Jesus mit Arbeitern im Weinberg im dritten Joch. Schließlich fallen die drei flämischen Kronleuchter ins Auge, von denen der erste und der dritte 1677 von dem Föhrer Kapitän Matthias Petersen (s. u.) und seinem Bruder Jon Petersen gestiftet wurden, der mittlere dagegen 1702 von dem Kapitän Peter Petersen (Öffnungszeiten: tgl. 9.00 – 18.00 Uhr; Juni bis Mitte Sept. Kirchenführung in der Saison mit Pastor Dirk Jeß s. Aushänge od. Tel. 0 46 83 / 350. Das gilt auch für die Sommerkonzerte).

✱ ✱
Friedhof

Auf dem Friedhof stehen zahlreiche »Sprechenden Grabsteine« (► Baedeker Special S. 178), auf denen Inschriften und Reliefs vom oft mühsamen Leben der Menschen und v. a. von den Gefahren der Seefahrt berichten. Auch der des berühmten Matthias Petersen ist hier zu finden (Juni – Sept.). Der »**Glückliche Matthias**«, der 373 Walfische erlegte, war der bekannteste und erfolgreichste Walfänger Föhrs. Friedhofsführungen finden jeden Mittwoch um 15.00 Uhr statt.

Utersum

F 20

Einwohner: 530

Es heißt, der weiße Sandstrand von Utersum sei der schönste auf der Insel. Für die sonst relativ milden Verhältnisse auf Föhr herrscht hier eine geradezu lebhafte Brandung.

Grandioser Badestrand

Ganz im Südwesten findet man den kleinen, etwas abgeschiedenen Kur- und Badeort Utersum. Von hier aus zieht sich der 15 km lange Sandstrand bis nach Wyk an der Südküste. Gleichzeitig beginnt hier der Deich, der die Inselnordhälfte schützt. Für einen Kurort gibt sich Utersum noch recht dörflich, lediglich in den Sommermonaten merkt man etwas vom Tourismus. Es gibt ein paar Geschäfte und Restaurants, ein Hotel und das Haus des Kurgastes am Deich. Außerhalb des kleinen Zentrums wurden viele neue Häuser gebaut. Zwischen Utersum und der Kurklinik erkennt man entlang der Stra-

● UTERSUM

AUSKUNFT

Touristikinformation
Haus des Gastes, Klaf 2, Tel. (0 46 83) 3 00, Fax 13 61, www.utersum.de

ESSEN

► **Preiswert**
Altes Zollhaus
Jaardenhuug 18, Tel. (0 46 83) 5 01
Regionale Kost zu soliden Preisen.

Sinfonie in Grau-Beige-Blau – gedämpftes Farbenspiel an der Seebrücke bei Utersum

ße drei Grabhügel: Dies sind die Überbleibsel des bronzezeitlichen Gräberfeldes Triibergem. Reste des Sunberigs (Sandberg), einer **Grabkammer der Megalithgrabkultur** (um 4000 v. Chr.), sind an der Innenseite des Deiches in Höhe der kleinen Seebrücke noch auszumachen. Das Grab wurde 1895 geöffnet: Neben anderen Beigaben wurde ein Feuersteinbeil gefunden, das heute im Wyker Heimatmuseum zu sehen ist.

Traumstraße Empfehlenswert ist auch ein Spaziergang von Utersum über Hedehusum nach Witsum und Goting. Bei Witsum passiert man die Godel, den einzigen Fluss der Insel, der sich durch die Salzwiesen schlängelt und hier ins Meer fließt. Von der ungefähr 5 km langen, hügeligen »Traumstraße« auf dem Geestrücken hat man eine schöne Aussicht auf das Wattenmeer und die Dünen.

Wrixum

L 21

Einwohner: 646

In dem lang gezogenen Straßendorf, das im Mittelalter entstand, steht heute Föhrs einzige Windmühle, deren Innenleben noch besichtigt werden kann.

Ruhiges Dorfleben Das Straßendorf Wrixum geht beinahe in den Wyker Stadtteil Boldixum über. Einige hübsche Häuser sind in dem beschaulichem Ort zu finden, der wie fast alle Föhrer Dörfer auf der Grenze zwischen

Marsch und Geest gebaut wurde, um Weideflächen in der Nähe zu haben, aber auch, um vor Überflutungen geschützt zu sein.

Sehenswertes in Wrixum

Nur vier der einst 40 Mühlen stehen heute auf Föhr. Die einzige, die dank Privatinitiative noch innen zu besichtigen ist, befindet sich in Wrixum. In diesem sogenannten **Erdholländer** aus dem Jahr 1851 kann man bis fast in die Spitze hinaufsteigen und das technische Wunderwerk, das seit 1905 von Motoren betrieben wurde, aus allernächster Nähe anschauen. Im Erdgeschoss ist ein kleines Restaurant eingerichtet (Öffnungszeiten: April – Aug. tgl. 10.00 – 12.00 u. 14.30 – 18.00, Sept./Okt. bis 17.00, Jan./Febr. u. Nov. bis 16.00 Uhr).

WRIXUM

ESSEN

▶ **Erschwinglich**
Die Mühle
Hardesweg 54
Tel. (0 46 81) 87 17
Besonders anheimelndes Ambiente im Erdgeschoss einer alten Mühle, gute Küche, ab 17.00 Uhr geöffnet.

Wyk

L/M 21/22

Einwohner: 4500

An der betriebsamen Kleinstadt Wyk kommt man einfach nicht vorbei, denn der traditionsreiche Bade- und Kurort im geschützten Südosten Föhrs besitzt den einzigen Hafen der Insel und ist somit der absolute Mittelpunkt des öffentlichen Lebens.

Wyk, die einzige Stadt auf Föhr, fällt völlig aus dem Rahmen der sonst so ländlich-beschaulichen Inselwelt. Mit Strandpromenade, Fußgängerzone, Kurmittelhaus, Kino und Kurpark gibt es hier eine Menge Abwechslung, die von den vielen Touristen sehr geschätzt wird. Vom Schiff aus gesehen erscheint die Kleinstadt zunächst wenig einladend. Angesichts des architektonischen Wirrwarrs rund um den Hafen dürfte manch ein Besucher etwas skeptisch von Bord gehen. Aber Wyk hat auch ausgesprochen schöne Ecken: Besonders ansprechend ist die geschmackvoll gestaltete Fußgängerzone mit den hübschen Stadthäusern, die in der Zeit um 1900 entstanden, und die geradezu idyllische Carl-Häberlin-Straße mit ihren kleinen Spitzgiebelhäusern. Ebenso reizend sind die angrenzenden Wohnviertel zur Mühle hin mit ihren vielen großzügigen Villen.

Touristenmagnet

Seit dem 15. Juli 1819 ist Wyk Seebad, und mit der Gründung des Badeorts wurde das bis dahin recht verschlafene Dorf, das sich »an der Bucht« (bi de Wiek), an Föhrs einst natürlichem Hafenplatz, ent-

Geschichte

▶ WYK ERLEBEN

AUSKUNFT

Föhr Tourismus
Postfach 1511
Tel. (0 46 81) 3 00
www.foehr.de

ESSEN

▶ Fein & teuer/Erschwinglich
Alt Wyk
Große Straße 4
Tel. (0 46 81) 32 12
www.alt-wyk.de
Wöchentlich wechselnde Karte mit
regionalen (Fisch, Lamm und Wild)
und anderen Produkten der Saison.
Ausgewählte Weinkarte, behaglich.

▶ Erschwinglich
Restaurant Gode-Wind
Feldstr. 12, Tel. (0 46 81) 55 52
www.restaurant-godewind.de
Leckere Fisch- und Wildspezialitäten;
wenige Minuten vom Ortskern und
dem Südstrand entfernt.

ÜBERNACHTEN

▶ Komfortabel
Kurhaus-Hotel
Sandwall 40
Tel. (0 46 81) 7 92, Fax 15 91
www.foehr-wyksuedstrand.de
An der Strandpromenade gelegen, mit
Blick auf die Halligen, Restaurant.

wickelt hatte, plötzlich lebendig. Die ersten urkundlichen Erwähnungen des kleinen Dorfes gehen bis ins Jahr 1240 zurück. Im Jahre 1704 baute man die ersten befestigten Hafenanlagen. Wie auch in Nieblum siedelten sich in Wyk im 17. und 18. Jh. viele Halligbewohner an, die sich durch die großen Sturmfluten bedroht und auf Föhr sicherer fühlten. Die Naturkatastrophen richteten aber auch hier größere Schäden an; so wurde der Hafen mehrmals zerstört, Ende des 18. Jh.s sogar durch eine übermäßige Sandanschwemmung vor der Einfahrt für einige Zeit stillgelegt.

Anfänge des Badebetriebs

Durch den Aufstieg zum Seebad konnte sich Wyk nach dem Abflauen des Seehandels mit der Zeit ein neues Standbein schaffen. Der Badebetrieb begann sehr viel versprechend: Zwischen 1842 und 1848 kam der **dänische König Christian VIII.** regelmäßig einmal im Jahr hierher und begründete den Ruf Wyks als Seebad für den gehobenen Adel. Allerdings nur für kurze Zeit, denn mit seinem Tod 1848 blieben nach und nach auch die anderen vornehmen Sommergäste aus, und Wyk versank erst einmal wieder im Dornröschen-

Baedeker TIPP

Eine Seefahrt, die ist lustig …
Die Wyker Dampfschiff-Reederei bietet zahlreiche Ausflugsfahrten an: Sylt, Amrum, Helgoland und die Halligen stehen auf dem Programm, ebenso Exkursionen zu den Seehundbänken (Infos: 8.00 – 18.00 Uhr; Tel. 0 18 05/08 01 40, www.faehre.de).

schlaf. Der Badebetrieb ging zwar weiter, doch erst mit den Ärzten Carl Gmelin und Carl Häberlin wurde kurz nach der vorigen Jahrhundertwende die Basis für eine Entwicklung gelegt, die schließlich in den heutigen Tourismus mündete. Beide Ärzte machten sich mit grundlegenden Forschungen zu Meeresheilkunde und Seeklima um Föhr verdient, Gmelin gründete 1898 das Nordseesanatorium. Eine 1926 eröffnete Forschungsstelle stand in regem Austausch mit Universitäten auf dem Festland. Vor allem die Jahre während und nach dem Zweiten Weltkrieg waren für Wyk noch einmal sehr schwierig; in den Sechzigerjahren nahm der Tourismus aber dann einen starken Aufschwung.

Sehenswertes in Wyk und Umgebung

Neben dem modernen **Fähranleger** gibt es den 1984 in Betrieb genommenen Yachthafen und den alten Fischereihafen, in dem man den Krabbenfischern bei der Arbeit zusehen und oft auch direkt vom Kutter den frischen Fang erwerben kann. Im Sommer findet hier jeden

Lädt zum Flanieren ein: die Seepromenade von Wyk

Sonntag ein Fischmarkt statt. An einer Flutmarkierung sieht man den Pegelstand, den die Wassermassen bei Sturmfluten erreichen können. Den höchsten Stand gab es im Jahr 1825.

Rathaus/ Naturparkhaus

Durch den Deichdurchlass, der bei Fluten geschlossen wird, kommt man vom Hafen aus in das Zentrum. Sehr sehenswert ist das Naturparkhaus im Rathaus (Sandwall 38), das einen guten Einblick in die Entstehungsgeschichte und Naturwelt der Region gibt (Öffnungszeiten: Apr. – Okt. So. – Fr. 10.00 – 17.30, Nov. – März Mi. – Sa. 14.00 bis 17.00 Uhr).

Sandwall

Das Prachtstück von einst war die wundervolle Ulmenallee auf der Uferpromenade. 1000 junge Ulmen soll der dänische König dem Seebad 1820 vermacht haben, die aber alle dem Splintkäfer zum Opfer fielen, sodass sie nach und nach durch Kastanien ersetzt werden mussten. Alte, vornehme Hotels sind an Wyks Uferpromenade zu finden, ein kleiner Musikpavillon, außerdem natürlich eine Menge Restaurants und Cafés. Am Horizont sieht man die Warften der Hallig Langeneß aufgereiht im Meer liegen.

Aquaföhr

Zur »perfekten Welle« wird das Bade-, Gesundheits-, Thalasso- & Wellnesscenter Aquaföhr mit Meerwasserwellenbad, Wasserrutsche und Aquafit Fitnesscenter. Oder mit Sprudel-Liegen und Whirlpool. Oder man taucht ein in die Saunawelt (Stockmannsweg 1, Öffnungszeiten: Mo. – Mi., Fr. 11.00 – 19.00, Do. bis 17.00, Sa., So. bis 19.00 Uhr).

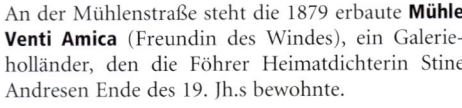

Carl-Häberlin-Straße

Die nach dem berühmten Arzt (s. u.) benannte Straße zweigt direkt vom Sandwall ab. Sie ist bekannt wegen der schmucken kleinen Giebelhäuschen, vor denen im Sommer die Rosen in Hülle und Fülle blühen. Viele Häuser sind neueren Datums, dennoch erinnert die Straße an die Idylle alter Wyker Zeiten.

Glockenturm

Das Wahrzeichen von Wyk, der Glockenturm, steht an der Ecke Große Straße/Mittelstraße. An dieser Stelle wurde 1701 ein Holzgestell mit einer Glocke gebaut. Er diente als Kirchturm, da die Wyker bei entsprechender Windrichtung die Glocken der damals noch auf freiem Feld stehenden St.-Nicolai-Kirche nicht hören konnten. Stürme zerstörten zwei dieser hölzerne Türme, sodass 1892 schließlich der heute bestehende Turm aus Backstein erbaut wurde.

Glockenturm von Wyk

An der Mühlenstraße steht die 1879 erbaute **Mühle Venti Amica** (Freundin des Windes), ein Galeriehölländer, den die Föhrer Heimatdichterin Stine Andresen Ende des 19. Jh.s bewohnte.

Der Arzt **Dr. Carl Häberlin** (1871–1954) hat sich nicht nur den Forschungen der Meeresheilkunde intensiv gewidmet, sondern auch Studien zur Heimatkunde und zur friesischen Geschichte betrieben. Er gehörte 1902 zu den Gründern des naturwissenschaftlich-kulturhistorischen Vereins, der sechs Jahre später das Friesenmuseum, das heute seinen Namen trägt, ins Leben rief. Von der Straße

Friesenmuseum

Rebbelstieg aus ist der Eingang an den 6,30 m hohen Unterkieferknochen eines Blauwals zu erkennen, die zu einem Tor aufgestellt worden sind (► Abb. S. 166). Für Inselgäste, die sich für friesische Bräuche sowie Geschichte und Natur von Föhr interessieren, ist der Besuch des Museums, das die Alltagskultur früherer Zeiten in ihrer ganzen Vielfalt lebendig macht, ein absolutes Muss – auch Kinder kommen hier voll auf ihre Kosten (Rebbelstieg 34, Tel. (046 81 / 25 71; Öffnungszeiten: 16. März – Okt Di. – So. 10.00 – 17.00, Juli, Aug. Mo. – So. 10.00 – 17.00, Winter Di. – So. 14.00 – 17.00 Uhr). Neben dem Museum steht das älteste Friesenhaus der Insel, das Haus Olesen aus Alkersum (Baujahr 1617), das hierher umgesetzt wurde, um es vor dem allmählichen Verfall zu retten.

Boldixum

Im heute eingemeindeten Ortsteil Boldixum steht eine der drei historischen Kirchen Föhrs, die St.-Nicolai-Kirche. Wie die beiden anderen auch, befand sie sich früher auf freiem Feld, da sie von den Bewohnern mehrerer Dörfer (Boldixum, Wyk und Wrixum) aufgesucht wurde. Im Jahr 1707 stieß man bei Erweiterungsbauarbeiten auf ein Behältnis mit drei Silbermünzen, deren Inschrift den Hinweis auf einen Baubeginn Mitte des 13. Jh.s gibt. So ist St. Nicolai in der **Übergangszeit zwischen Romanik und Gotik** entstanden. Der schlichte und strenge Backsteinbau besteht aus einem Kirchenschiff, Chor und halbrunder Apsis. Jünger als der Kirchenkörper ist der schmucklose Turm, der der Hochgotik zuzurechnen ist. Drei Glocken, eine ältere von 1767 und zwei aus dem Jahr 1963, sind im Glockenstuhl aufgehängt.

Auch der helle, einschiffige Innenraum ist schlicht gehalten. Auffällig ist vor allem der Altar, der im Jahr 1643 von einem Stedesander Handwerker geschnitzt wurde. Auf unterschiedlich großen Relieftafeln sind biblische Szenen zu sehen, die mit Inschriften auf Plattdeutsch erläutert werden; im Zentrum steht die farbig herausgehobene Abendmahlszene. Aus derselben Zeit stammt die Kanzel, ebenfalls mit Reliefbildern. Im Chor besticht eine Holzfigur des heiligen Nikolaus (um 1300), dem Schutzpatron der Kirche und der Seefahrer, durch ihre Schlichtheit. Vollkommen neu gestaltet wurde die ursprünglich barocke Orgel auf der Westempore Mitte des 20. Jh.s, die sie sich seither durch eine angenehme Klangfülle auszeichnet (Kirchenbüro Tel. 0 46 81 / 36 50; Mo. 17.00 Uhr Kirchen- u. Orgelführungen, im Sommer Mi. 10.00 Uhr auch für Kinder).

Auch der St.-Nicolai-Kirche ist ein alter Friedhof angeschlossen, dessen älteste Grabsteine aus der zweiten Hälfte des 17. Jh.s stammen.

Etwa 4 km nordöstlich von Boldixum kann man eine der letzten Vogelkojen auf Föhr besichtigen. Mit Hilfe dieser ausgeklügelten Fanganlagen wurden Wildenten auf einen Teich gelockt und vom Kojenwärter »gekringelt«, d. h. ihnen wurde der Hals umgedreht. Mit ehemals sechs Vogelkojen hatte Föhr die größte Anzahl an Entenfanganlagen auf den Nordfriesischen Inseln. Als erste war die Borgsumer Vogelkoje gebaut worden, am ertragreichsten waren die Alte und die Neue Oevenumer Vogelkoje, in denen jeweils bis zu 12 000 Enten jährlich gefangen wurden. Insgesamt ließen hier über 3 Mio. Enten ihr Leben.

Vogelkoje

Noch heute ist eine dieser Anlagen auf Föhr »in Betrieb«. Ein Modell einer solchen Entenfanganlage, die nach holländischem Vorbild errichtet wurden, ist im Friesenmuseum in Wyk zu sehen. Die Boldixumer Vogelkoje kann in den Sommermonaten auch besichtigt werden (Öffnungszeiten: April bis Okt. Mo. – Fr. 10.00 – 12.00 Uhr).

Vogelkoje

Pfeife

Pfeife

Kojenteich

Pfeife

Pfeife

Entenhaus

Kojenwarthaus

© Baedeker

Brücke

HALLIGEN

Wie ankernde Schiffe auf hoher See erscheinen einem die Häuser auf den Halligen – die kleinen Inseln im Wattenmeer stellen ein auf der ganzen Welt einzigartiges Naturphänomen dar.

Die Halligen liegen im Wattenmeer vor der Westküste Schleswig-Holsteins, zwischen der Halbinsel Eiderstedt im Süden und den Inseln Amrum und Föhr im Norden. Die zehn Inselchen umfassen insgesamt 2282 ha mit etwa 250 Einwohnern: Gröde-Appelland, Habel, Hamburger Hallig, Hooge, Norderoog, Nordmarsch-Langeneß, Nordstrandischmoor, Oland, Süderoog und Südfall. Sie entstanden bei der Sturmflut von 1362 und sind **Relikte des Festlandes**, das sich einst viel weiter nach Westen zog als heute. Während das Meer immer weiter landeinwärts vordrang, blieben die kleinen Eilande stehen. Für Besucher sind die Halligen gar nicht so einfach zu erreichen. Regelmäßige Fährverbindungen gibt es lediglich nach Hooge, die anderen vier bewohnten Halligen Gröde, Langeneß, Nordstrandischmoor und Oland werden nur von Ausflugsschiffen angefahren.

★ ★
Relikte des Festlandes

»Land unter« heißt es auf den Halligen etwa 40-mal im Jahr. Trotz dieser unwirtlichen Bedingungen ist man wegen der Küstenschutzfunktion auch heute noch daran interessiert, dass die Inseln bewohnt bleiben und bewirtschaftet werden. Auf Gröde, Hooge, Langeneß, Nordstrandischmoor und Oland leben 300 Menschen. Die Häuser stehen auf künstlich aufgeworfenen Hügeln, sogenannten **Warften**, die auch bei starken Fluten noch aus dem Meer herausragen. Das Dach der Häuser ruht auf einer fest im Boden verankerten Ständerkonstruktion (s.a. S. 48), sodass es selbst dann noch stehen bleibt, wenn die Mauern darunter vom Wasser eingedrückt werden. So konnten die Bewohner bei Sturmfluten auf den Dachboden fliehen. Heute werden auch aus Beton gegossene, flutsichere Schutzräume im Giebel eingerichtet. sogenannte Fethinge (Süßwasserbrunnen) versorgten die Bewohner früher mit Wasser, heute gibt es Trinkwasserleitungen. Seit den Fünfzigerjahren sind Hooge, Langeneß und Oland mit Strom versorgt, Gröde erhielt erst Mitte der Siebzigerjahre Elektrizität. Für die wenigen Kinder wurden eigene Grundschulen auf den Halligen eingerichtet. Zur weiterführenden Schule müssen die Schüler allerdings hinüber auf eine der Inseln.
Norderoog und Habel sind unbewohnt; nur in den Sommermonaten leben hier Vogelwarte des Naturschutzvereins Jordsand. Die Hamburger Hallig hat im eigentlichen Sinn keine Bewohner mehr, jedoch wird das Ausflugsrestaurant dort noch bewirtschaftet.

Leben auf den Halligen

In den letzten Jahren haben sich die Halligen mehr und mehr auf den **Tourismus** konzentriert. Landwirtschaft, einst Haupterwerbs-

Wirtschaft

Halligen Orientierung

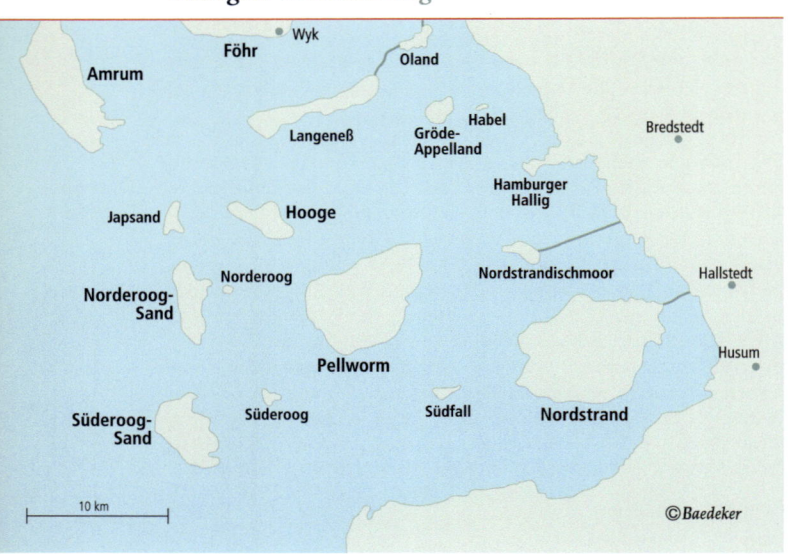

quelle, wird kaum noch betrieben. Diese Entwicklung gefährdet aber die kleinen Inseln in ihrer Existenz. Ohne landwirtschaftliche Nutzung der Flächen drohen sie zu verstepppen, wodurch sie für die Fluten der Nordsee angreifbarer werden. Ein Verschwinden der Halligen hätte aber zur Folge, dass die schleswig-holsteinische Küste nicht mehr durch die natürlichen »Wellenbrecher« geschützt wäre.

Gröde

Q/R 24/25

Kleinste Gemeinde Deutschlands (www.groede.de)

Gröde ist mit 17 Einwohnern die kleinste Gemeinde Deutschlands. Sie ist vor allem durch die **Bundestagswahlen** bekannt – als der Wahlkreis, dessen Stimmen am schnellsten ausgezählt sind. Genau genommen besteht das 280 ha große Eiland aus den zwei Halligen Gröde und Appelland, die aber seit rund 100 Jahren miteineander verbunden sind. Auf der Knutswarft stehen vier Wohnhäuser, auf der Kirchwarft gibt es nur ein Gebäude, in dem Schule, Kirche und die Wohnung des Pastors (heute des Lehrers) untergebracht sind.

Im Frühjahr kann man auf Gröde Tausende von Ringelgänsen beob-

! **Baedeker TIPP**

Informationszentrum

Monikas Kiosk versorgt Urlauber und Tagesgäste nicht nur mit Getränken und Souvenirs, sondern auf Wunsch auch mit sämtlichen Informationen rund um die Welt der Halligen.

achten, die, von Sibirien kommend, hier Rast machen. Wenn die Salzwiesen im Sommer zur Zeit der Fliederblüte lila gefärbt sind, ist die Hallig bsonders hübsch. Schafe kann man das ganze Jahr über auf den Wiesen grasen sehen, im Sommer auch Pensionsvieh aus Pellworm und vom Festland. Hier wird heute noch ein Teil des Landes gemeinschaftlich bewirtschaftet, d. h. es gibt keine Zäune und die Anzahl Vieh, die jeder Bauer weiden lassen darf, wird nach den Besitzverhältnissen festgelegt. Gröde wird (wie Oland und Langeneß) normalerweise jeden Tag vom Postschiff angelaufen, das auch Lebensmittel mitbringt. Da es aber keine regelmäßige Fährverbindung mit Schlüttsiel gibt, sollte man sich wegen Unterkunft und Anreise bei Volker u. Monika Mommsen unter Tel. (0 46 74) 393 erkundigen.

Kirche

Die Kirche wurde etliche Male durch Überflutungen zerstört. Aus dem Jahr 1779 stammt der heutige reetgedeckte Bau, der ebenfalls mehrmals unter den Sturmfluten zu leiden hatte. In den Siebzigerjahren wurde das Gotteshaus wiederum renoviert. Im Innern ist vor allem ein Flügelaltar sehenswert, der Ende des 16. Jh.s entstand. Noch älteren Datums ist das Kreuz, das um 1500 gearbeitet wurde.

Habel

S 24

Mini-Hallig

Habel ist die **kleinste der Halligen**. Gerade einmal 7,4 ha kann sie noch aufweisen – Tendenz abnehmend. Zu Beginn des 20. Jh.s waren es immerhin noch 18 ha. Heute besteht hier noch eine Warft mit einem Haus, das in den Sommermonaten von einem Vogelwart des Vereins Jordsand bewohnt wird. Da die kleine Hallig in der Zone 1 des Nationalparks liegt, ist das Betreten verboten.

Ein kurzer Blick auf die Besucher, und die Schafe ziehen gemächlich weiter.

KAMPF GEGEN DEN BLANKEN HANS

Im stürmischen Winter 1824/1825 kam es in der Nacht vom 3. auf den 4. Februar zu einer verheerenden Springflut, der größte Flutkatastrophe im 19. Jahrhundert an der Nordseeküste. Der erschütternde Bericht eines Jungen, der dieses dramatische Naturschauspiel mit seiner Familie auf der Hamburger Hallig überlebte, lässt das Szenarium solcher Orkannächte lebendig werden.

»Der **Flutkalender** zeigte für 12 Uhr Mitternacht Hochwasser an. Die alte Standuhr hatte aber erst acht geschlagen. Da glaubte mein Vater bereits das Klatschen der Flut am Fuß der Warft zu hören. Er stand daher auf, nahm seine Mütze vom Nagel und ging vor die Tür, um nach dem Wasser zu sehen. Kaum hatte er aber Umschau gehalten, als er mit bleichem Antlitz wieder hereinkam und mit tiefster Stimme sagte: Es gibt eine hohe Flut. In vier Stunden kann das Wasser noch steigen, jetzt ist es schon am Fuß der Warf. (...) Die Flut stieg jetzt immer höher und höher. Um 9 Uhr spritzte die Gischt bereits an die Fenster; nicht eine halbe Stunde, da schlugen die Wellen bereits an die Haustür (...) Was für schauerliche Stunden wir dort verbracht haben, vermag sich jeder wohl auszudenken. Immer höher steigt die Flut, das Angstgebrüll der Tiere im Stall wird übertönt von dem Gebrüll der wilden Wasserwogen, die unser Haus zu vernichten drohen. Schon ist das Wasser durch die Türspalten ins Haus gedrungen.

Da, gegen zehn Uhr, wälzt sich eine wuchtige **Sturzwelle** heran. Sie schlägt die Westmauer ein und zertrümmert alle Sachen im Pesel und wirft sich mit lautem Gepolter gegen die Scheerwand und die Tür der Vorstube (...) Die einzige Hoffnung setzen alle darauf, dass die **Ständer** dem Anprall standhalten und das **Dachgeschoss** stehen bleibt. Mein Vater reißt uns Kinder aus dem Bett und will uns auf den Heuboden tragen. Bevor er ihn erreicht, wälzt sich eine zweite Sturzsee heran, schlägt die Südermauer, die Scheerwand und die Bodentreppe weg und wirft alles Hausgerät durcheinander. Mein Vater kommt zu Fall, meine Schwester Anna entgleitet seinen Armen und treibt im Wasser. Aber Sönke Peters ist hinzugesprungen und hat die bereits Ohnmächtige gepackt. Dem jungen Matrosen als dem Gewandtesten gelingt es auch zuerst, auf den Boden zu gelangen, er hilft nun auch den anderen hinauf und so sind wir bald oben geborgen. (...) Noch hat die Flut ihren Höhepunkt nicht erreicht. Da donnert eine

*»Im letzten Augenblick« –
Holzstich nach einer Zeichnung
von E. Knudsen.*

dritte, gleich hinterher eine vierte Sturzsee heran. Das Gebrüll der Tiere verstummt, sie sind alle verendet bis auf ein Pferd (...). Gegen 11 Uhr konnte man wahrnehmen, dass die Flut zum Stehen gekommen war und dann allmählich wieder zurückging. Um 2 Uhr war das Wasser so weit zurückgetreten, dass die Männer sich vom Boden wagten und das Zerstörungswerk der Sturmflut sehen konnten. Ein **schreckliches Bild** bot sich ihren Augen dar: Alle Mauern des Hauses waren eingeschlagen, alle Hausstandssachen waren weggeschwemmt, sämtliche Schafe ertrunken, desgleichen die Kühe bis auf eine. Drei Pferde waren umgekommen; doch wir Menschen hatten das Leben behalten dürfen. Es hatte uns weniger hart getroffen als die Bewohner anderer Halligen, von denen viele in der Sturmflut dieser fürchterlichen Nacht umkamen.«

Die Familie musste noch drei Tage auf der Hallig ausharren, bis es möglich war, über das Watt zum Festland zu gelangen. Dort wurde sofort Hilfe angeboten. Und Ende Mai ging es zurück auf die Hallig.

Unbeugsame Bewohner

Es ist eigentlich unvorstellbar, was die Menschen in dieser stark gefährdeten Region jahrtausendelang auf sich genommen haben. Immer wieder schlug der Blanke Hans zu, riss Bewohner und Tiere mit sich in die Fluten, vernichtete einzelne Gehöfte und ganze Dörfer.

Irgendetwas musste die Inselbewohner – der antike Historiker **Plinius** bezeichnete sie als »Schiffsbrüchige« – aber in den ungemütlichen Gefilden gehalten haben. Denn statt einfach aufs Festland zu ziehen, bot man dem Blanken Hans trotzig die Stirn und nahm den Kampf gegen ihn auf. Zuerst zogen sich die Friesen auf die höchsten Stellen im Flachland der Hallig zurück, wo sie künstliche Hügel aufhäuften, die sogenannten **Warften**. Auf ihnen errichteten sie ihre Wohnhäuser. Schließlich wurden Verbindungswege zwischen den Siedlungen angelegt und so das Prinzip der Deiche geschaffen.

Bald erkannte man auf den Halligen, dass die **Deiche** nicht nur zum Schutz gegen Überflutungen dienten, sondern auch zur Landgewinnung verhalfen. Zur Verwaltung und Organisation des Deichwesens bildete man größere Interessengemeinschaften, in denen die Rechte und Pflichten der einzelnen Landeigentümer genau geregelt wurden. Die Aufsicht über die Deiche hatten Beamte, die in den einzelnen Distrikten unterschiedliche Bezeichnungen trugen: so z. B. Deichvogt, Deichhauptmann, Deichrichter oder Deichgraf.

Hamburger Hallig

Mit dem Festland verbunden

Ob man die Hamburger Hallig noch als Hallig bezeichnen kann, ist eher fraglich: Seit 1859 ist sie durch einen Damm, der sogar mit dem Auto zu befahren ist, mit der Küste fest verbunden. Da die Fahrt auf der einspurigen Straße sehr abenteuerlich werden kann, empfiehlt es sich, an der Schranke zu einer geringen Gebühr ein Fahrrad zu mieten. Die Hallig dient seit 1930 als **Vogelschutzgebiet**. Drei Häuser gibt es, eines davon ist ein Restaurant. Besucher vom Festland werden jedoch vor allem durch die Bademöglichkeit angelockt.

Fahrradtour

Die Tour mit dem Fahrrad auf die Hallig ist etwa 8 km lang und führt durch die Salzwiesen des Nationalparks Schleswig-Holsteinisches Wattenmeer. Informationen zu Flora und Fauna erhält man auf Schautafeln am Wegesrand. Im Norden sind die Halligen Habel, Gröde, Oland und Langeneß zu erkennen, im Süden sieht man die Warften von Nordstrandischmoor, Nordstrand und Pellworm.

Hooge

K–M 23–25

Als »Königin der Halligen« wird das Mini-Eiland gern bezeichnet, das seinen Besuchern gesundes Nordseeklima, behagliche Unterkünfte und einen unendlich weiten Himmel bietet.

Highlight eines Halligausflugs: der Königspesel auf Hooge

► HOOGE ERLEBEN

AUSKUNFT

Touristikbüro Hallig Hooge
Hanswarft 1
Tel. (0 48 49) 255, Fax 201
www.hooge.de

ESSEN

► Erschwinglich
Restaurant Friesenpesel
Backenswarft
Tel. (0 48 49) 2 50

www.friesenpesel.de
Gaststätte mit einem gemütlichen
Pesel aus dem 18. Jh., nordfriesische
Spezialitäten.

► Preiswert
Frerks Buernhus
Lorenzwarft, Tel. (0 48 49) 2 54
Sonnenterrassen mit Blick auf das
Wattenmeer. Gutbürgerliche und
halligtypische Küche.

Hooge ist sicher die hübscheste, aber auch die touristischste der kleinen Inseln. Sie entstand während der Sturmflut von 1362, der »Großen Mandränke«, und ist bis ins 20. Jh. hinein immer wieder von Flutkatastrophen heimgesucht und beschädigt worden. Der tobenden Nordsee versucht man sich hier durch Deiche, Erhöhungen der Warften und Betonmauern zu widersetzen. Auf den neun bewohnten Warften der rund 560 ha großen Hallig leben 110 Menschen. Zwei Bauern haben noch rein landwirtschaftliche Betriebe.

Königin der Halligen

Ihren Besuchern hat die Hallig neben viel Natur auch einige kulturelle Sehenswürdigkeiten zu bieten. Da Gästeautos auf der Hallig unerwünscht sind, kann man am Fähranleger an der Backenswarft, wo sich auch mehrere Restaurants befinden, Fahrräder mieten. Zudem werden Kutschfahrten über die Insel angeboten.

Backenswarft

Das Gotteshaus (1637) auf der Hooger Kirchwarft wurde zum Teil aus Relikten einer älteren Kirche gebaut, die einst in Osterwoldt auf der Insel Strand stand und 1634 in den Fluten unterging. Der niedrige Raum ist mit einer schönen Holzdecke ausgestattet, hübsch sind die **blauen Kirchenbänke** – alles in allem wirkt der Innenraum geradezu anheimelnd. An der Renaissance-Kanzel sollte man die kleine Tür (1743) beachten: Sie zeigt einen Wal mit Jungtier und wurde angeblich fernab der Heimat von einem Walfänger gearbeitet. Sehenswert ist auch das hölzerne Taufbecken aus dem Jahr 1624.

★ **Kirchwarft**

Eine regelrechte Hallig-Attraktion ist der sogenannte Königspesel aus dem 18. Jh. im Kapitänshaus Tade Hans Bendiks auf der Hanswarft, in dem der dänische König **Friedrich VI.** im Jahr 1825 eine Nacht verbrachte. Er wollte die Schäden, die durch die schwere Februarsturmflut entstanden waren, persönlich begutachten und konnte am Abend wegen des schlechten Wetters Hooge nicht verlassen.

★ **Hanswarft, Königspesel**

Der Königspesel, die gute Stube des Hauses, ist vollständig mit blauweißen Fliesen verkleidet, wie es die Nordfriesen in Holland kennengelernt hatten. Der Raum steht unter Denkmalschutz, da hier ein Stück friesischer Wohnkultur der damaligen Zeit hervorragend bewahrt wird. Das **Mobiliar ist original erhalten** geblieben. Auf engstem Raum ist alles Nötige untergebracht: Das Bett, der Alkoven, und ein Schränkchen für Geschirr sind in die Wand eingebaut. Hübsch ist der gusseiserne Ofen mit dem Fliesenbild darüber.

Heimatmuseum Einblicke in das Halligleben gibt auch das Heimatmuseum auf der Hanswarft. Zudem sind Wattenfunde untergegangener Warften zu sehen. Für Urlauber werden Veranstaltungen wie Dia- und Filmvorführungen und Wanderungen angeboten.

Langeneß

K-P 24-25

Aus drei Eilanden ist Langeneß zusammengewachsen und ist heute die größte der nordfriesischen Halligen.

Mit Schienenverbindung zum Festland Die 10 km lange und im Schnitt gut 1 km breite Hallig Langeneß (Lange Nase) ist aus drei kleineren Eilanden zusammengewachsen. Vor etwa 100 Jahren waren die drei Halligen Butwehl, Langeneß und Nordmarsch noch voneinander getrennt. Erst durch systematische Landgewinnung wuchsen sie zu einer einzigen zusammen. Heute besteht diese aus 18 Warften, auf denen etwa 121 Menschen leben. Hier gibt es noch fünf landwirtschaftliche Betriebe, ein wenig Fremdenverkehr und allerlei Sehenswertes. Wer sich etwas länger auf Langeneß aufhält, kann auch abends mit Abwechslung rechnen: Es werden Diavorträge und sogar Theatervorstellungen veranstaltet. Eine naturkundliche Ausstellung kann in der Schutzstation Wattenmeer auf der Rixwarft besucht werden. Als Ausflugsziel bietet sich die benachbarte Hallig Oland an, auf die man **zu Fuß über den Lorendamm** gelangt.

▶ LANGENESS

AUSKUNFT

Tourismusbüro Langeneß & Oland
Ketelswarf 3, Tel. 0 46 84 / 217, Fax 2 89
www.langeness.de

✱ **Kapitän-Tadsen-Museum** Über das frühere Halligleben informieren auf Langeneß gleich zwei Museen: das Kapitän-Tadsen-Museum auf der Ketelswarft und die Friesenstube auf der Honkenswarft. In dem mit Möbeln und Gegenständen aus dem 18. Jh. ausgestatteten Kapitän-Tadsen-Museum sind u. a. ein typischer Beilegeofen und ein Grasterloch, in das sich die Hausfrau setzen konnte, um es beim Brotbacken bequemer zu haben, zu sehen (Infos: Kapitän-Tadsen-Museum Tel. 0 46 84 / 217, Friesenstube Tel. 0 46 84 / 235).

Auch in die Kirche auf der Kirchwarft sollte man einen Blick werfen: **Kirche**
Sie wurde 1894 gebaut. Mehrere Vorgängerkirchen sind zerstört worden, Teile des Inventars wurden übernommen. Auffällig ist die be-
malte Holzdecke mit Szenen aus dem Alten und Neuen Testament.

Norderoog

Nur etwa 9 ha groß ist die Hallig Norderoog, die einst aus einer Dü- **Von Seevögeln**
ne südwestlich von Hooge entstanden ist und durch Befestigung des **dicht besiedelt**
Uferstreifens allmählich vergrößert wurde. Als einzige Hallig
im nordfriesischen Wattenmeer wurde Norderoog nicht durch Dei- ◄ www.nordfrie
che oder Steinböschungen befestigt. Zum Schutz baute man sog. sische-halligen.de/
Lahnungen, d. h. kilometerlange Reihen von Rundhölzern, die mit 6_norderoog.html
Zweigen angefüllt wurden.

Norderoog ist Naturschutzgebiet und dient zur Brutzeit Tausenden **Naturschutz-**
von Vögeln als Brutstätte. Der Naturschutzverein Jordsand hat die **gebiet**
Betreuung des Vogelreservats übernommen. Im Sommer lebt ein Vogelwart hier und überwacht die Brutplätze. Norderoog kann nur unter fachkundiger Führung besucht werden. Von der Hallig Hooge aus
kann man an einer Wattwanderung (5 km) teilnehmen, allerdings
nur außerhalb der Brutzeit (Juli bis Sept.).

Nordstrandischmoor

Bis 1634 existierte im Wattenmeer **die Insel Strand**, die bei der Bu- **Relikt der**
chardi-Flut auseinandergerissen wurde. Ein Überbleibsel ist neben **Insel Strand**
den Inseln Pellworm und Nordstrand die 175 ha große Hallig Nordstrandischmoor. Nach dem Auseinanderbrechen Strands flüchtete ◄ www.nordstrand
ein Teil der überlebenden Insulaner in das etwas erhöht gelegene ischmoor.de
Moorgebiet und siedelten sich hier an. Heute leben 27 Einwohner
auf der Hallig, es gibt fünf Häuser, eines davon ist die Grundschule.

Ungefähr 50-mal im Jahr – noch öfter als die anderen Halligen – **»Land unter«**
liegt Nordstrandischmoor »Land unter«. Aus diesem Grund findet
man auf dem Friedhof auch keine aufgestellten Grabsteine, sondern
nur liegende Grabplatten, die nicht vom Wasser weggeschwemmt
werden können. Aufgrund des salzigen Charakters der Hallig bietet
sie einen idealen Lebensraum für Seevögel.

Über einen Lorendamm ist die Hallig mit dem Festland verbunden; **Lorendamm**
Feriengäste können von der Motorlore abgeholt werden. In der Zeit
von März bis Oktober werden Ausflugsfahrten nach Nordstrandischmoor von Nordstrand aus angeboten.

Oland

O/P 19

Die Hallig Oland entstand im Zuge der »Großen Mandränke« im Jahr 1362; sie wurde damals von einer größeren Insel abgetrennt.

Auf Oland (ca. 1 km²) stehen ungefähr 20 Häuser sowie eine Kirche aus der ersten Hälfte des 19. Jahrhunderts. Vorgängerkirchen waren ein Bau aus dem frühen 18. Jh. und eine erste kleine Holzkirche aus dem Jahr 1430. Sehenswert sind ein romanisches Taufbecken und ein spätgotisches Kruzifix. Die Apostelfiguren sind im 15. Jh. gearbeitet worden, die Renaissance-Kanzel stammt aus der ersten Hälfte des 17. Jahrhunderts. Zudem ist der **Halligfriedhof** sehr interessant und sehenswert.

Oland ist mit dem Festland und mit der Hallig Langeneß durch einen Lorendamm verbunden, der lediglich für Frachtgut und nicht für den Personenverkehr bestimmt ist. Gäste können allerdings nach Absprache mit dem Vermieter mit der Lore vom Festland abgeholt werden. Besonders für Kinder ist das ein Riesenspaß.

OLAND

AUSKUNFT
Tourismusbüro Langeneß & Oland
Tel. (0 46 84) 2 17, Fax 2 89
www.langeness.de

Ganz zerbrechlich erscheint Oland aus der Vogelperspektive.

Süderoog

Südwestlich von Pellworm liegt die 62 ha große Hallig Süderoog. Auf dieser nahe zur offenen See liegenden Hallig wurde schon in früheren Zeiten immer viel Strandgut angetrieben. So ist heute noch ein Überrest des spanischen Schiffs »Ulpiano« erhalten, das im Jahr 1870 vor der kleinen Insel auf Grund lief: In die Tür des **Paulsen-Hauses**, eines alten Kapitänshauses, ist die Heckfigur dieses Schiffs integriert. Süderoog ist heute als Vogelreservat (Zone 1) unter Naturschutz gestellt und kann nur im Rahmen von Führungen besucht werden (von Pellworm aus 7 km).

Vogelreservat

Übrigens soll Theodor Storm durch einen Besuch auf Süderoog zu seiner Novelle »Eine Halligfahrt« inspiriert worden sein.

Südfall

Südfall ist reines Naturschutzgebiet, lediglich das Haus eines Vogelwärters steht auf dem 57 ha großen Inselchen. Man kann Südfall besuchen, allerdings nur im Rahmen von Führungen. Die Hallig wird per **Pferdewagen** von Nordstrand aus angefahren (Familie Andresen, Tel. 0 48 42/3 00, www.suedfall.de).

Naturschutzgebiet

REGISTER

a

Alkersum **169**
Altfriesisches Haus **51, 129**
Amrum **96, 153**
Angeln **86**
Anreise **60**
Apotheken **73**
Archsum **111**
Archsumburg **111**
Ärzte **73**
Auskunft **62**
Austernfischer **26**
Austernzucht **133**
Avenarius, Ferdinand **53, 129**

b

Backenswarft **195**
Baden **63**
Bäumchenröhrenwurm **28**
Behindertenhilfe **68**
Besenheide **19**
Biike-Brennen **51**
Biologische Station **134**
Blasentang **24**
Blidselbucht **101**
Bodelschwingh **154**
Bodelschwingh, Friedrich
  Christian Carl von **53, 159**
Boie, Margarete **45**
Boldixum **186**
Borgsum **169**
Braderuper Heide **113**
Bräuner, Wilma **54**
Bronzezeit **33**
Buchardi-Flut **38**
Buntes Kliff **137**
Burgen **43**
Burghügel **160**
Büchereien **68**

c

Carl-Häberlin-Straße **183, 186**
Christian VIII. **54**
Christianisierung **34**

d

Dänemark **35, 99**
Deichbau **34, 110**

Denghoog **43, 100, 144**
Deutsch-Dänischer Krieg **39**
Drachensteigen **86**
Dreißigjähriger Krieg **38**
Dunsum **170**
Dünen **15**
Dünenflora **19**
Dünenrose **19**

e

Eiderenten **26**
Eidum **115, 147**
Einkaufen **84**
Eisenberg, Matthias **47, 127**
Eisenzeit **33**
Eiszeit **15**
Ellenbogen **101, 134**
Erster Weltkrieg **39**
Esenhugh **162**
Essen und Trinken **69**
Events **71**

f

Fahrradfahren **86**
Fähranleger **195**
Feste **71**
Fethinge **189**
Fisch **69**
Fische **24**
Fischmarkt **185**
FKK **63**
Fliesen **51**
Freikörperkultur **135**
Friedhof der Heimatlosen **157**
Friesen **34**
Friesendom **172**
Friesenmuseum **186**
Friesentorte **70**
Friesentrachten **50**
Föhr **96, 167**

g

Geld **73**
Gert, Valeska **55**
Gezeiten **18**
Glockenheide **19**
Glockenturm **186**
Gmelin, Dr. Carl **184**
Godel **167**
Goldenes Zeitalter **38**
Goting **172**

Goting-Kliff **174**
Grabsteine **157, 174, 178, 181**
Grasnelke **23**
Grog **71**
Gronau, Wolfgang von **133**
Große Mandränke **35, 110, 194**
Gröde **190**
Grönlandfahrten **110**

h

Habel **191**
Hafen **164, 185**
Hahn, Lorens Petersen de **140**
Halligen **16**
Hamburger Hallig **194**
Hansen, Christian Peter **45, 55, 125, 129, 137**
Hanswarft **195**
Harhoog **126, 131**
Häberlin, Dr. Carl **170, 184**
Heimatverein Öömrang
  Ferian **156**
Heimatverein Söl'ring
  Foriining **129**
Heimstätte für Heimatlose **151**
Heimvolkshochschule **135**
Heringsmöwe **26**
Heringszeit **35**
Herzmuschel **28**
Himmelsleiter **150**
Honkenswarft **196**
Hooge **51, 194**
Hörnum **115**
Hörnum-Odde **117**
Hünengräber **43**

i

Ingwersen, Jörn **45**
Insel Strand **17**
Inseln, Nordfriesische **15**

j

Jenner, Otto **47**
Jungsteinzeit **33**

k

Kampen **100, 117**
Kapitän-Tadsen-Museum **196**
Kapitänshäuser **125**

VERZEICHNIS DER KARTEN & GRAFISCHEN DARSTELLUNGEN

BILDNACHWEIS

AKG S. 21, 37, 55, 64, 193
Baedeker-Archiv S. 30, 49 (u li), 95, 102, 118, 148
Bilderberg S. 5 (o), 12 (o)
Celentano, Raffaele/laif S. 11 (u), 113
Dumont Bildarchiv (Sabine Lubenow) S. 70, 77, 84, 147, 152
Dumont Bildarchiv (Karl-Heinz Raach) S. 94/95, 97 (u), 117, 138, 174, 194
Dumont Bildarchiv (Marc-Oliver Schulz) S. 99
Dumont Bildarchiv (Hartmut Schwarzbach) S. U2, 5 (u li/re), 12, 14, 32, 42, 49 (o li), 51, 57, 96, 97 (m), 102 (r), 133, 161, 177, 179, 188, 191
Engler, Michael/Bilderberg S. 105 (o re), 170
Hub, Andreas/laif S. 17, 50, 103, 166
Huber S. 6 (u), 185
IFA S. 25, 142, 198
Interfoto S. 40, 52, 122
Jessel, H. S. 2, 3 (o/u), 4 (u), 7, 11 (o), 12 (o/u), 16, 100 (re), 137
Kreuels, Ralf/laif S. 105 (u li)

Lade S. 114
Mauritius S. 65, 66, 121
Missler, Dr. Eva S. 112, 178, 182
Morascher, Arnold/Bilderberg S. 151
Pasdzior, Michael S. 4, 97 (o), 102 (u li), 116, 134, 162
Sackermann, Jörn/Bilderberg S. 159
Silvester, H. S. 22
Sylt Marketing GmbH S. 6 (o), 8/9, 10, 13, 67, 75, 87, 88, 100 (o li), 150,
Szerelmy, Beate S. 1, 9, 11 (m), 23, 24, 36, 44, 49 (re), 56, 58/59, 59, 83, 100 (u li), 106/107, 107, 124, 127, 129, 130, 132, 143, 148 (u), 156, 165, 180, 186
Thomas-Mann-Archiv S. 123
Wandmacher S. 149, 173
Wothe, Konrad/look S. 140, 157
ZEFA S. 105 (o li, u re),

Titelbild: Sabine Lubenow/look-foto

IMPRESSUM

Ausstattung: 137 Abbildungen, 20 Karten und grafische Darstellungen, eine große Reisekarte
Text: Dr. Eva Missler
Überarbeitung: Ulf Hausmanns
Bearbeitung: Baedeker Redaktion (Beate Szerelmy)
Kartografie: Christoph Gallus, Hohberg MAIRDUMONT GmbH & Co KG; Ostfildern (Reisekarte)
3D-Illustrationen: jangled nerves, Stuttgart
Gestalterisches Konzept: independent Medien-Design, München; Kathrin Schemel

Chefredaktion: Rainer Eisenschmid, Baedeker Ostfildern

8. Auflage 2012

Urheberschaft: Karl Baedeker Verlag, Ostfildern

Anzeigenvermarktung:
MAIRDUMONT MEDIA
Tel. 0049 711 4502 333
Fax 0049 711 4502 1012
media@mairdumont.com
http://media.mairdumont.com

Printed in China
Gedruckt auf 100% chlorfrei gebleichtem Papier

atmosfair

Reisen bereichert und verbindet Menschen und Kulturen. Jedoch wer reist, erzeugt auch CO_2. Dabei trägt der Flugverkehr mit bis zu 10% zur globalen Erwärmung bei. Wer das Klima schützen will, sollte sich somit nach Möglichkeit für die schonendere Reiseform entscheiden (wie z. B. die Bahn). Wenn keine Alternative zum Fliegen besteht, kann man mit atmosfair handeln und klimafördernde Projekte unterstützen.

atmosfair ist eine gemeinnützige Klimaschutzorganisation unter der Schirmherrschaft von Klaus Töpfer. Die Idee: Flugpassagiere spenden einen kilometerabhängigen Beitrag für die von ihnen verursachten

nachdenken · klimabewusst reisen

atmosfair

Emissionen und finanzieren damit Projekte in Entwicklungsländern, die dort den Ausstoß von Klimagasen verringern helfen. Dazu berechnet man mit dem Emissionsrechner auf **www.atmosfair.de** wieviel CO_2 der Flug produziert und was es kostet, eine vergleichbare Menge Klimagase einzusparen (z.B. Berlin – London – Berlin 13 Euro). atmosfair garantiert die sorgfältige Verwendung Ihres Beitrags. Auch Karl Baedeker Verlag fliegt mit *atmosfair*. Unterstützen auch Sie unser Klima. Alle Informationen dazu auf www.atmosfair.de.

BAEDEKER VERLAGSPROGRAMM

- Ägypten
- Algarve
- Allgäu
- Amsterdam
- Andalusien
- Argentinien
- Athen
- Australien
- Australien • Osten
- Bali
- Baltikum
- Barcelona
- Bayerischer Wald
- Belgien
- Berlin • Potsdam

- Bodensee
- Brasilien
- Bretagne
- Brüssel
- Budapest
- Bulgarien
- Burgund
- Chicago • Große Seen
- China
- Costa Blanca
- Costa Brava
- Dänemark
- Deutsche
  Nordseeküste
- Deutschland

- Deutschland • Osten
- Djerba • Südtunesien
- Dominik. Republik
- Dresden
- Dubai • VAE
- Elba
- Elsass • Vogesen
- Finnland
- Florenz
- Florida
- Franken
- Frankfurt am Main
- Frankreich
- Frankreich • Norden
- Fuerteventura
- Gardasee
- Golf von Neapel
- Gomera
- Gran Canaria
- Griechenland
- Griechische Inseln
- Großbritannien
- Hamburg
- Harz
- Hongkong • Macao
- Indien
- Irland
- Island
- Israel
- Istanbul
- Istrien •
  Kvarner Bucht
- Italien
- Italien • Norden
- Italien • Süden
- Italienische Adria
- Italienische Riviera
- Japan
- Jordanien

- Kalifornien
- Kanada • Osten
- Kanada • Westen
- Kanalinseln
- Kapstadt •
  Garden Route
- Kenia
- Köln
- Kopenhagen
- Korfu •
  Ionische Inseln
- Korsika
- Kos
- Kreta
- Kroatische Adriaküste
  • Dalmatien
- Kuba
- La Palma
- Lanzarote
- Leipzig • Halle
- Lissabon
- Loire
- London
- Madeira
- Madrid
- Malediven
- Mallorca
- Malta • Gozo •
  Comino
- Marokko
- Mecklenburg-
  Vorpommern
- Menorca
- Mexiko
- Moskau
- München
- Namibia
- Neuseeland
- New York

- Niederlande
- Norwegen
- Oberbayern
- Oberital. Seen • Lombardei • Mailand
- Österreich
- Paris
- Peking
- Piemont
- Polen
- Polnische Ostseeküste • Danzig • Masuren
- Portugal
- Prag
- Provence • Côte d'Azur
- Rhodos
- Rom
- Rügen • Hiddensee
- Ruhrgebiet
- Rumänien
- Russland (Europäischer Teil)
- Sachsen
- Salzburger Land
- St. Petersburg
- Sardinien
- Schottland
- Schwäbische Alb
- Schwarzwald
- Schweden
- Schweiz
- Sizilien
- Skandinavien
- Slowenien
- Spanien
- Spanien • Norden • Jakobsweg
- Sri Lanka
- Stuttgart
- Südafrika

- Südengland
- Südschweden • Stockholm
- Südtirol
- Sylt
- Teneriffa
- Tessin
- Thailand
- Thüringen
- Toskana
- Tschechien
- Tunesien
- Türkei
- Türkische Mittelmeerküste
- Umbrien
- Ungarn
- USA
- USA • Nordosten
- USA • Nordwesten
- USA • Südwesten
- Usedom
- Venedig
- Vietnam
- Weimar
- Wien
- Zürich
- Zypern

BAEDEKER ENGLISH

- Andalusia
- Australia
- Austria
- Bali
- Barcelona
- Berlin
- Brazil
- Budapest
- Cape Town • Garden Route

- China
- Dresden
- Dubai
- Egypt
- Florence
- Florida
- France
- Gran Canaria
- Greece
- Greek Islands
- Iceland
- India
- Ireland
- Italian Lakes
- Italy
- Japan
- London
- Madeira
- Mexico
- Morocco
- Naples, Capri & Amalfi Coast
- New York
- New Zealand
- Norway
- Paris
- Portugal
- Prague
- Rome
- South Africa
- Spain
- Sri Lanka
- Thailand
- Turkish Coast
- Tuscany
- Venice
- Vienna
- Vietnam

LIEBE LESERINNEN, LIEBE LESER,

ein herzliches Dankeschön, dass Sie sich für einen Baedeker Allianz Reiseführer entschieden haben. Er wird Sie zuverlässig auf Ihrer Reise begleiten und Sie nicht im Stich lassen.

Natürlich beschreibt er die wichtigen Sehenswürdigkeiten, aber er empfiehlt auch die nettesten Kneipen und Bars, dazu Hotels für den großen und kleinen Geldbeutel, gibt Tipps für Restaurants, Shopping und für vieles mehr, was eine Reise zum Erlebnis macht. Dafür haben unsere Autoren Sorge getragen. Sie sind für Sie regelmäßig auf die Nordfriesischen Inseln gereist und haben all ihre Erfahrungen und Kenntnisse in diesen Reiseführer gepackt.

Trotzdem: Die Erfahrung zeigt, dass Fehler und Änderungen nach Drucklegung, für die der Verlag keine Haftung übernehmen kann, nicht ausgeschlossen werden können. Für Kritik, Berichtigungen und Verbesserungsvorschläge sind wir Ihnen außerordentlich dankbar. Schreiben Sie uns, mailen Sie uns oder rufen Sie an:

▶ **Verlag Karl Baedeker GmbH**
Redaktion
Postfach 3162
D-73751 Ostfildern
Tel. (0711) 4502-262, Fax -343
E-Mail: info@baedeker.com

Besuchen Sie uns auch im Internet unter www. baedeker.com. Hier finden Sie jeden Monat den aktuellen Reisetipp der Redaktion und das gesamte Verlagsprogramm. Hier können Sie auch lesen, wer Karl Baedeker war und wie er seinen ersten Reiseführer geschrieben hat. Mit seinen über 180 Jahren ist der Karl Baedeker Verlag der älteste Reiseführer-Verlag der Welt.

www.baedeker.com

◑ ZU GEWINNEN: STADTREISE NACH LONDON

Unter allen Einsendungen verlost der Verlag am Jahresende – unter Ausschluss des Rechtswegs – eine Städtekurzreise für zwei Personen nach London.
Freuen Sie sich auf ein spannendes Wochenende in London. Natürlich ist ein Baedeker Allianz Reiseführer London auch dabei!